ein Ullstein Buch

ÜBER DAS BUCH:

Der erste Roman von Alexander Kent über die Blackwood-Familie und den Einsatz der Royal Marines im Kampf gegen den Sklavenhandel und im Krimkrieg spielte in der Mitte des neunzehnten Jahrhunderts. Die deutsche Ausgabe erschien unter dem Titel *Die Ersten an Land, die Letzten zurück* (UB 20511).
Der zweite Roman dieser Reihe setzt fünfzig Jahre später ein, im letzten Regierungsjahr der Königin Viktoria. Die Hauptperson, David Blackwood, ist wieder ein Angehöriger dieser Familie und der Royal Marines. Der siebenundzwanzigjährige Hauptmann ist bereits Träger des Viktoriakreuzes, der höchsten Tapferkeitsauszeichnung seines Landes. Doch vor ihm liegen noch eine gefährliche Leidenschaft und höchste Anforderungen an seinen Mut und sein Durchhaltevermögen. Um 1900 begann das sich schnell ausweitende britische Empire überall auf Widerstand zu stoßen. Noch beherrschte die Royal Navy die Weltmeere, doch fast jede Woche mußten vollbeladene Truppentransporter das britische Mutterland verlassen, um auf fernen Unruheherden im Namen einer kränkelnden Königin zu kämpfen. Die gegen die »fremden Teufel« gerichteten Haß- und Wutausbrüche in China bezeichnete man anfangs spöttisch als örtliche Geplänkel. Erst als der Boxer-Aufstand sich zu einem blutigen Krieg entwickelte, schickte die Navy ihre Royal Marines, unter ihnen auch Hauptmann Blackwood, um einem fanatischen und grausamen Gegner in fremder Landschaft entgegenzutreten. Denn sie sind die Faust der Marine.

ÜBER DEN AUTOR:

Alexander Kent nahm am Zweiten Weltkrieg als aktiver Marineoffizier teil und erwarb sich danach einen weltweiten Ruf als Verfasser authentischer Seekriegsromane. Seine marinehistorische Romanserie um Richard Bolitho machte ihn zum meistgelesenen Autor dieses Genres neben C. S. Forester. Seit 1958 sein erstes Buch erschien, hat er über dreißig Romane veröffentlicht, von denen die meisten bei Ullstein vorliegen bzw. vorbereitet werden. – Alexander Kent, dessen wirklicher Name Douglas Reeman lautet, ist aktiver Segler, lebte mit seiner Frau Winifred jahrelang an Bord seiner Yacht und wohnt heute in Surrey, England. Er ist Mitglied der Royal Navy Sailing Association.

Alexander Kent

Die Faust der Marine

Hauptmann Blackwood im Boxer-Aufstand

Roman

ein Ullstein Buch

ein Ulstein Buch/maritim
Nr. 20715
Herausgegeben von J. Wannenmacher
im Verlag Ullstein GmbH,
Frankfurt/M. – Berlin
Titel der bei Hutchinson & Co.
(Publishers) Ltd. of London
erschienen Originalausgabe:
The First to Land
von Douglas Reeman
Aus dem Englischen
von Hans und Hanne Meckel

Deutsche Erstausgabe

Umschlagentwurf: Hansbernd Lindemann
unter Verwendung einer Farbillustration
von Edward Mortelmans/Hutchinson
Alle Rechte vorbehalten
© Highseas Authors Ltd. 1984
© Übersetzung 1986
Verlag Ullstein GmbH,
Frankfurt/M. – Berlin
Printed in Germany 1986
Gesamtherstellung:
Clausen & Bosse, Leck
ISBN 3 548 20715 4

November 1986

Vom selben Autor
in der Reihe der
Ullstein Bücher:

Die Feuertaufe (3363)
Klar Schiff zum Gefecht (3376)
Die Entscheidung (3402)
Zerfetzte Flaggen (3441)
Bruderkampf (3452)
Der Piratenfürst (3436)
Strandwölfe (3495)
Fieber an Bord (3522)
Nahkampf der Giganten (3558)
Feind in Sicht (20006)
Der Stolz der Flotte (20014)
Eine letzte Breitseite (20022)
Galeeren in der Ostsee (20072)
Kanonenfutter (20144)
Rendezvous im Südatlantik (20318)
Kanonenboot (20302)
Duell in der Tiefe (20339)
Finale mit Granaten (20423)
Wrack voraus! (20437)
Admiral Bolithos Erbe (20485)
Die Ersten an Land, die Letzten zurück (20511)
Unter stählernen Fittichen (20549)
Aus der Tiefe kommen wir (20574)
Der Brander (20591)
Ein Schiff soll sterben (20646)

Kent/Mayger
Bolitho-Bildmappe (20187)

CIP-Kurztitelaufnahme
der Deutschen Bibliothek

Kent, Alexander:
Die Faust der Marine :
Hauptmann Blackwood
im Boxer-Aufstand; Roman /
Alexander Kent.
[Aus dem Engl. von
Hans u. Hanne Meckel]. –
Frankfurt/M; Berlin : Ullstein, 1986.

(Ullstein-Buch; Nr. 20715)
Einheitssacht.: The first to land ‹dt.›

ISBN 3-548-20715-4
NE: GT

Inhalt

I Generationen 7

II Der Brief 21

III Enterkommando raus! 32

IV Ein kleiner Spaß 42

V Nur zehn gute Männer 54

VI Ein Spaziergang in der Sonne 66

VII Unter Feuer 77

VIII Ein Stück Geschichte 90

IX Hin- und hergerissen 103

X Kein Erbarmen 115

XI Der Held 126

XII Das Hornsignal 137

XIII Landkampf 151

XIV Liebe und Haß 163

XV Durchhalten und kämpfen 175

XVI Wenn die Worte fehlen 190

XVII Freiwillige vor! 203

Ausklang 220

Für Caroline Dawnay in Liebe

Major Tony Brown MBE, RM, und seinem Stab beim Royal Marines Museum in Eastney, allen früheren und heutigen Angehörigen des Corps, die mich bei dieser Serie bereitwillig unterstützt haben, möchte ich meinen Dank sagen.

A. K.

I Generationen

Aus dem nächtlichen Nebeldunst hob sich die Landschaft von Hampshire trübe in den Tag. In dem großen, das Gut Hawkshill und die umliegenden Bauernhäuser überragenden Haus herrschte trotz der offenen Kaminfeuer, die bereits seit Tagesanbruch brannten, feuchte Kühle.

Von einem Fenster seines Arbeitszimmers blickte Generalmajor Harry Blackwood hinaus auf die grauen Wolken und runzelte die Stirn. November. Eigentlich genoß er als Jagdführer des örtlichen Reitervereins sonst immer diesen Monat mit dem ersten Jagdreiten. Heute jedoch konnte er eine ihn bedrängende und irritierende Besorgnis nicht vertreiben. In wenigen Wochen begann nicht nur ein neues Jahr, sondern auch ein neues Jahrhundert. Dieser Gedanke beunruhigte ihn mehr, als er Deirdre, seiner Frau, oder jemand anderem eingestanden hätte. Irgendwie würde mit dem Ende des Jahres 1899 sein Leben Zweck und Ziel verloren haben. Vielleicht war dies sogar sein letzter November. Er wandte sich vom Fenster ab und sah sich im Raum mit den dunkel getäfelten Wänden und dem fröhlich flackernden Kaminfeuer um. Dienerschaft und Besucher in Hawkshill nannten es immer das Generalszimmer. Es barg zahllose Andenken und Erinnerungen aus seinem Leben und seiner Laufbahn bei den Royal Marines. An der Wand hing ein Porträt seines Vaters aus guten Tagen, nicht aus der Zeit, als er hier in diesem großen Haus gestorben war. Es zeigte ihn mit ernstem Gesicht, stolz aufgerichtet, in seinem scharlachroten Waffenrock, die eine Hand auf den Säbel gestützt. Auch dieser Säbel lag hier in einer Glasvitrine. Dazu Bilder, Waffen, Fuchsköpfe, ein Horn, in das ein Loch gestanzt war. Man konnte sich ohne Schwierigkeiten den Jungen vorstellen, als er, zum Angriff blasend, von einer Kugel niedergestreckt wurde.

Harry Blackwood war siebenundsechzig Jahre alt; kerzengerade stand er in seinem tadellos geschnittenen Gehrock da, schmuck wie an dem Tag, als er im Corps, das er so sehr liebte, Major geworden war. Doch seine Gesichtszüge redeten eine andere Sprache. Tiefe Krähenfüße um seine Augen zeugten von greller Sonne auf vielen Schiffen und Feldzügen in allen Teilen der Welt. Haar und sauber geschnittener Schnurrbart waren weiß und standen in starkem Gegensatz zu seiner Haut, die wie gegerbtes Leder wirkte.

Er ging hinüber zum Feuer, um sich zu wärmen. Hier in diesem Haus war er geboren, seit vier Generationen gehörte es der Blackwood-Familie, ursprünglich vom alten Samuel Blackwood, dem letzten in einer langen Reihe von Armeeoffizieren, gekauft. Danach hatten die Blackwoods bei den Royal Marines gedient; Harry war nie hinter den Grund für diesen Wechsel gekommen. Das Haupthaus, ein großes, verschachteltes Gebäude, war ursprünglich ein befestigtes Tudorgut gewesen. Durch Anbauten dehnte es sich im Lauf der Jahre in verschiedene Richtungen aus, mit Kellern und kleinen Dachstuben, die einst die Blackwood-Kinder wie ein Zauberschloß begeistert hatten. Sogar ein Burggraben war da, doch heutzutage, halb gefüllt, nur noch ein Platz für Gänse und Schwäne.

Draußen vor der Tür hörte er seine Frau mit einem der Mädchen sprechen und hoffte im Stillen, sie würde ihn nicht stören. Sie war eine in sich gekehrte, verblaßte Lady, man konnte sie sich nur schwerlich als das lebensprühende Mädchen von einst vorstellen. Drei Söhne hatte sie ihm geschenkt. Alle dienten sie jetzt im Corps. Der Jüngste, Jonathan, war gerade vor zwei Wochen in Portsmouth auf seinem ersten Schiff eingestiegen.

Für Deirdre war das sehr schmerzlich gewesen, doch sie hatte nicht protestiert, als ihr Mann darauf bestand, daß seine Söhne der Familientradition folgten.

Der General hatte mancherlei fixe Ideen. Eine davon war, man dürfe es niemals zulassen, daß Frauen Macht, welcher Art auch immer, in die Hand bekamen. Sogar die Königin, der er sein ganzes Leben gedient hatte, irritierte ihn. Nach einundsechzig Jahren saß sie noch immer auf dem Thron, schier unglaublich. Das britische Empire, das sich immer weiter über die ganze Welt ausbreitete, bedurfte einer starken und entschlossenen Führung.

Die Jahre schienen von ihm abzufallen, während er grimmig lächelte. Die Sonne, hieß es, ging im Empire niemals unter. Und das würde sie auch nicht, solange es noch Royal Marines gab.

Die Tür öffnete sich. Es war Briggs, einst vertrauter Bursche und Ordonnanz, jetzt sein Diener, sein Schatten.

»Na, was gibt's?« Blackwoods Stimme hatte einen scharfen Klang. Den nächsten Augenblicken sah er nicht freudig entgegen. Der Gedanke daran hatte ihm schon den ganzen Morgen verdorben. Möglicherweise war Deirdre aber anderer Meinung.

»Der junge Mr. Blackwood ist hier, Sir.« Briggs sah ihn argwöhnisch an. Er kannte alle Launen des Generals, war an seiner Seite gewesen auf blutgeröteten Decks, wenn rundum der Teufel los war, in der Wüste und im Dschungel, überall, wohin man die Marines zum Kampf gerufen hatte.

»Laß mir noch ein paar Minuten, Briggs.«

Briggs zog sich zurück, auch dies war ihm wohlbekannt. Laß einen jungen Offizier warten, selbst wenn er zur Familie gehört. Soll er ein bißchen schwitzen.

Wieder allein, ging der General zum Ehrenplatz seiner Sammlung. Das große Gemälde zeigte eine Schlacht, die auf der Krim getobt hatte: Schnee, feuernde Geschütze, Marines mit grimmigen Gesichtern und aufgepflanzten Bajonetten, zum Gipfel dieser schrecklichen Schanze stürmend und fallend. Vor dem Schein einer schweren Explosion zeichnete sich ein einzelner Offizier ab, der mit über dem Kopf erhobenem Säbel seine spärliche Truppe antrieb, die Russen von ihren Kanonen zu verjagen.

Dieser Offizier war Philip Blackwood gewesen, Harrys Halbbruder, und heute wie damals in den Augen des Generals ein Held.* Als Harry vor langer Zeit ein junger Leutnant gewesen war wie der, den er jetzt erwartete, war Philips Leben schon von Leid gezeichnet gewesen. Seine Frau Davern war im Kindbett gestorben und Philip zehn Jahre später an einem Fieber, das er sich in Indien zugezogen hatte.

Der General hatte Philips einzigen Sohn Ralf aufgenommen und erzogen. Vielleicht hatten Deirdre und er wegen dieser Vorgeschichte den Jungen verwöhnt. Er hatte seine Mutter nie gekannt und wenig genug von seinem Vater gesehen, der wie alle aktiven Offiziere mehr außer Landes gewesen war als zu Hause.

Ralf Blackwood war jetzt achtzehn, genauso alt wie Jonathan, und bis vor kurzem in Woolwich gewesen. Sonst bestand keine Ähnlichkeit mit dem jüngsten Sohn des Generals. Ralf sah wie sein Vater gut aus, doch er haßte Disziplin und neigte dazu, beleidigt zu sein, wenn man ihn rügte.

Obwohl die militärischen Aktivitäten des Generals nun auf gelegentliche Veranstaltungen in London oder auf die zwanzig Meilen entfernten Kasernen der Royal Marines in Portsmouth beschränkt waren, hielt er doch enge Verbindung zum Corps und hatte noch viele Freunde im aktiven Dienst.

Er war genau über Ralfs Spielleidenschaft in der Messe unterrichtet, seine häufigen Temperamentsausbrüche, wenn man ihn des Mogelns beschuldigte. War man ein schlechter Verlierer, so führte das häufig zu Schlimmerem. Wären Frauen seine Schwäche gewesen, dann hätte der General das verstanden. Als Junge hatte er seine erste

---

* siehe *Die Ersten an Land, die Letzten zurück*, Ullstein Buch Nr. 20511

Erfahrung mit einem der Dienstmädchen hier in Hawkshill gemacht. Danach waren es Dutzende gewesen, jeder Klasse und Hautfarbe.

Deirdre war seine Vergangenheit bekannt, aber wie vieles andere erwähnte sie sie nie.

Die Tür öffnete sich, und Ralf Blackwood trat ein. Er war in Uniform, der rote Waffenrock leuchtete im schwachen Licht.

»Du siehst gut aus«, sagte der General.

»Ich komme aus Portsmouth, Onkel«, entgegnete Ralf. Das klang, als sei es ihm selbst unverständlich. »Ich wurde gestern in die Kaserne geschickt. Keine vorherige Ankündigung, gar nichts. Der Oberst muß verrückt geworden sein.«

»Sei nicht so unverschämt«, sagte der General schroff. »Du wurdest nach Portsmouth geschickt, um mit einem neuen Detachement nach Übersee zu gehen.« Trocken setzte er hinzu: »Ich merke, du weißt das schon. Aber ich war es, der das veranlaßt hat. Zu deinem eigenen Besten.«

Gefaßt, mit bleichem, erstauntem Gesicht, stand Ralf da. »Ich möchte meinen Abschied nehmen, Onkel.«

»Rede mich gefälligst mit ›Sir‹ an. Du bist zwar mein Neffe, heute spreche ich mit dir jedoch als Vorgesetzter. Du hast wieder gespielt. Schon wieder!«

»Das tun doch alle.« Er zuckte unter dem kalten Blick des Generals zusammen. »Sir.«

»Dreihundert Pfund, vermute ich.« Das saß wie eine Kugel. »Und wie hast du vor, diese Schuld zurückzuzahlen?«

»Ich – ich – ich werde mir das Geld leihen.«

Der General beachtete ihn gar nicht, sondern blickte erneut das Bild an, das im flackernden Feuerschein zu leben schien. Manchmal durchlebte er erneut das schreckliche Krachen der Handgranaten, mit denen er das Munitionslager in der Schanze hochgejagt hatte, den Schock, als er seinen Helden Philip verwundet in den blutigen Schnee sinken sah.

»Das Viktoriakreuz hätte dein Vater für seine Taten erhalten müssen.« Er faßte an seinen Rock, als suche er die wertvolle Auszeichnung. »Statt dessen hab' ich es bekommen. Mit dem meines ältesten Sohnes David haben wir nun zwei Viktoriakreuze in der Familie. Nicht schlecht, meinst du nicht?« Nur so konnte er die Bitterkeit beim Gedanken an seine Mutter überwinden: elegant, bildschön, aber trotz allem eine Hure. Der Gesellschaft waren ihre Beziehungen zu dem verstorbenen Lord Cleveland und anderen seines Schlages nicht verborgen geblieben. Man sprach nie darüber, hatte sie jedoch ausgeschlossen. Harry zürnte ihr für das, was sie ihm angetan hatte. Ein Generalmajor mit der höchsten Auszeichnung, die sein Land zu vergeben hatte, war er doch ohne Adelstitel geblieben, wie ihn einige seiner Jahrgangskameraden erhalten hatten, obwohl sie keine ähnlichen Verdienste hatten.

Der Ritterschlag wäre die Krönung seines Lebens gewesen; auch Deirdre hätte das sehr gefallen. Er dachte an ihre Toleranz, mit der sie manches in seinem Leben hingenommen hatte. Ja, sie hätte es wirklich verdient. Er mußte plötzlich an seinen ältesten Sohn David denken, der als Hauptmann befehlsgemäß auf der Reise nach Hongkong war.

Er runzelte die Stirn, ohne Ralfs plötzliche Befangenheit zu bemerken. David hatte sein Viktoriakreuz bei der Eroberung von Benin erhalten. Jetzt war er auf dem Weg in den Fernen Osten und weiter nach China, wenn sich die Lage dort nicht entspannte. Die chinesischen Mandarine waren wieder unruhig geworden, und es gab Anzeichen dafür, daß sie die britischen Handelsmissionen und ausländischen Gesandtschaften angreifen würden. Warum mußte sich David dort verzetteln? Bei seiner bisherigen Karriere – Hauptmann mit siebenundzwanzig Jahren – hätte man ihn auf eines der neuen, stählernen Schlachtschiffe schicken sollen, damit er dort weitere Erfahrungen sammelte und befördert würde. Nach dem, was er in Afrika geleistet hatte, schien dies fast wie eine Strafe.

»Du gehst nach Fernost mit einem Truppentransporter«, sagte er knapp. »Wenn du Glück hast, kommst du unter Davids Kommando. Ich sage, wenn du Glück hast, weil es Leute gibt, die deine Manieren sehr schnell als Unverschämtheit auslegen würden. Ich werde diese Spielleidenschaft nicht länger tolerieren, sie bringt Schande über die Familie. Habe ich mich klar ausgedrückt?«

»Ja, Sir.« Ralf sah zu Boden, die Mundwinkel wie ein schmollendes Kind herabgezogen.

»Den Abschied nehmen! Das fehlte noch!« schnaubte der General. Seltsam, auch Philip, sein geliebter Halbbruder, hatte einst die Absicht gehabt, aus dem Corps auszuscheiden. Philip hatte sich eingebildet, er sei auf Kampf zu versessen gewesen. Ob David seine Erlebnisse in Afrika auch verhärtet hatten?

»Ich werde noch mit Mutter sprechen, ehe ich gehe, Sir.«

Der General wurde ein wenig milder. Aber es stand mehr auf dem Spiel als familiäre Gefühle. »Tu' das, und dann zurück in die Kaserne. Ich wünsche dir alles Gute.«

Als er sich umwandte, war der Raum wieder leer. Müde setzte er sich. Das kurze Gespräch hatte ihn erschöpft. Er wurde alt, das Leben war vorbei. Er würde Ralfs Schulden bezahlen. Ein wehmütiges Lächeln spielte um seinen Mund. Es hätte schlimmer sein können.

Briggs trottete in den Raum, ein Glas Sherry auf einem kleinen Silbertablett balancierend.

Harry starrte ihn an. »Die Sonne steht noch nicht über der Rahnock, Mann.«

»Kann man bei diesem Wetter nicht genau sagen, Sir«, grinste Briggs. Er bemerkte, daß die Hand des Generals leicht zitterte, als er das Glas nahm.

»Ich sollte wohl heute morgen mal mit dem Verwalter sprechen«, sagte Harry. Diese Seite von Hawkshill, die Landarbeiter und all den Kleinkram, das haßte er. Immer beklagten sie sich, verlangten neue Dächer, mehr Vieh, nie hörte das auf. Bereits ein Vermögen hatte er für den Besitz ausgegeben, für die Reitjagd, die Hunde und eine üppige Gastlichkeit, über die man im ganzen Lande sprach.

Trent, der Gutsverwalter, war ein altes Weib. Stets drohte er mit dem Bankrott, hielt es für nötig, Land zu verkaufen, um die Kosten für Dinge aufzubringen, die er Extravaganzen nannte.

Der General dachte an Ralfs bleiches, trotziges Gesicht und stand plötzlich auf.

»Vielleicht sollte der Junge noch etwas essen, ehe er geht.«

Briggs sah zur Seite. »Er ist bereits weg, Sir.«

»Verdammt!« Der General verließ das Zimmer und sah, daß ihn seine Frau von der Eingangshalle beobachtete. Vorwurfsvoll, verletzt? Schwer zu sagen.

»Ich mußte ihn zurechtweisen, meine Liebe.« Es klang abwehrend, und das ärgerte ihn wieder. »Er ist ein junger Dummkopf.«

»Ganz recht, Liebster.« Sie lächelte freundlich. »Aber dennoch wirst du seine Schulden bezahlen, wie ich dich kenne.«

Der General richtete sich auf und strich sich über den sauber geschnittenen Schnurrbart; ihre Bemerkung gefiel ihm.

Er nahm ihren Arm und führte sie in den großem Wohnraum, dessen Fenster auf eine gefliese Terrasse und eine Reihe kahler Bäume schauten. Wie kalt und scheußlich ist es außerhalb dieser starken Wände, dachte er.

Sie setzten sich, und Harry streckte die Beine aus. »Habe ich dir eigentlich schon erzählt, wie Philip und ich ein paar Sklavenhändler quer durch Afrika jagten?«

»Erzähl's mir noch mal, Lieber«, lächelte sie. Hundertmal und öfter hatte sie es schon gehört, aber er brauchte das zu seiner Selbstbestätigung. Diese Augenblicke immer wieder zu durchleben, wurde mit jedem Monat wichtiger für ihn.

Der General lehnte sich zurück. »Das war so ...«

Briggs ging hinaus; manchmal brachte der General bei seinen Erzählungen die Tatsachen durcheinander. Nur seine Sehnsucht, wieder beim Corps zu sein, blieb gleich.

Hauptmann David Blackwood lag reglos auf seiner vibrierenden Koje und starrte zum Deckenventilator auf. Er war völlig nackt, seine gebräunten Glieder hatte er von sich gestreckt, um auch die leichteste Kühle wirken zu lassen; doch selbst das brachte keine Erleichterung.

Um ihn herum und unter ihm quietschte und ratterte der kleine Raddampfer *Cocatrice*, wenn sein Rumpf in die lange Dünung des Indischen Ozeans tauchte.

Blackwood begann sich zu fragen, ob er mit dem Entschluß, den kleinen Post- und Passagierdampfer zu nehmen, die richtige Entscheidung getroffen hatte. Als er den Befehl erhielt, sich nach Hongkong zu begeben, tat er Dienst als Stellvertretender Major an Bord des großen Schlachtschiffes *Royal Sovereign* im Mittelmeer. Nach all den Landkämpfen, die er bei der Eroberung und Niederbrennung von Benin im Protektorat Niger mitgemacht hatte, fühlte er sich auf dem großen Kriegsschiff, dem Symbol der unangefochtenen Seeherrschaft Großbritanniens, seltsam fehl am Platz.

Selbst im Mittelmeer war eine Menge los gewesen. Die Royal Navy hatte begonnen, die Christen, die den schrecklichen türkischen Massakern entkommen waren, zu evakuieren.

Er hätte auf eine Überfahrt mit einem Kriegsschiff warten können; die *Cocatrice* war jedoch schneller, allerdings ohne Bewaffnung.

Er berührte seine nackte Haut, sie war nach dem langen, heißen Tag im Indischen Ozean noch immer schweißnaß.

Er dachte an Hawkshill, das Tausende von Meilen entfernt lag. An die Gärten, die Terrassen, die zeitlosen Räume mit ihren großen Bildern und stolzen Porträts.

Auch sein jüngster Bruder Jonathan würde wohl, wenn nichts dazwischen gekommen war, jetzt auf See sein. Neil, der mittlere Bruder, dreiundzwanzig Jahre alt, diente wahrscheinlich weiterhin als Premierleutnant in Indien auf einer Fregatte. Die Nachrichtenverbindungen waren weit besser als zu Zeiten seines Vaters, es dauerte jedoch immer noch eine ganze Weile, bis man erfuhr, was in der Flotte geschah.

Er schloß die Augen und hörte mit halbem Ohr auf das Rumpeln der großen Schaufelräder. Ihm schien, die Reise werde niemals enden. Eine Woche hatten sie in Trincomalee verbracht, hier hatte man ihn mehrmals zu Bällen oder Empfängen an Bord der dortigen Schiffe eingeladen. Gott sei Dank gab es jetzt den Suezkanal, dachte er. Er verkürzte die eintönige Reise um Wochen.

In Hampshire mußte es kalt und frostig sein. Kahle Bäume, triefende Hecken. Er lächelte. Mein Gott!

Als nächstes kam Singapur, dann Hongkong. Und danach? Sinnlos, darüber hinauszudenken. Vielleicht hatte sich die Lage in China bis dahin entspannt. Vielleicht schickte man ihn nach Hause, nach England, oder auf ein anderes Schiff.

Er dachte an den Tag, an dem er in Gibraltar auf die *Royal Sovereign* gekommen war, an die Blicke in der Messe, die Art, wie sie von seinem Viktoriakreuz in sein Gesicht sahen, um herauszufinden, ob er sich verändert hatte. Sogar der Kommandant hatte ihn mit Hochachtung empfangen.

»Zwei Viktoriakreuze in einer Familie.« Und trocken hatte er hinzugefügt: »Reicht das jetzt?«

Aber das einzige, was dieses Gefecht auf dem Niger für Blackwood von den anderen unterschied, war seine Wildheit; und seine feste Überzeugung, daß er fallen werde.

Sein Hauptmann war nach wenigen Minuten tot, der Hauptfeldwebel und zwei erfahrene Marineinfanteristen fielen kurz darauf; dann erst hatte der Premierleutnant David Blackwood begriffen, daß die ganze Flanke nun von ihm und einer kleinen Gruppe Marineinfanteristen abhing.

Seine Hand tastete hinauf zur Schulter und blieb einen Augenblick auf einer bleichen Narbe liegen. Einen ganzen Tag lang hatte die Kugel in seinem Körper gesteckt, ehe er einen Arzt fand. In diesem Klima und unter den Bedingungen war es ein Wunder, daß ihm der Arzt den Arm nicht amputiert hatte. Gelegentlich spürte er noch Schmerzen.

Die Schatten wichen aus seinem Gesicht und ließen ihn jünger aussehen als seine siebenundzwanzig Jahre. Da war diese Frau in Trincomalee gewesen, verheiratet mit einem Zahlmeister, der ins Landesinnere gereist war, um ein paar abgelegene Heereseinheiten zu besuchen. Durch sie, die Heftigkeit ihrer Leidenschaft und ihr Verlangen nach ihm war ihm der Aufenthalt in Ceylon unvergeßlich geworden. Ihr Mann war entweder wesentlich älter als sie oder hatte keine Ahnung von dem Glück, das sie geben konnte. Eines Nachts hatte sie in dem großen, kühlen Raum über ihm gekniet, ihr gelöstes Haar streichelte seinen Körper, bis seine Begierde nach ihr erneut entfacht war. Sie hatte die Narbe geküßt, so daß die Scham, die er empfand, verschwunden war.

Er blickte auf seine Uhr. Wäre es nicht eine solche Unbequemlichkeit gewesen, man hätte darüber lachen können: Selbst auf der kleinen *Cocatrice* zog man sich zum Dinner um. Swan, sein Diener und Begleiter, würde in Kürze erscheinen, um ihm ein Bad einzulassen und saubere Kleider herauszulegen.

Danach mußte er dann in dem überfüllten Salon am Kopf der Tafel mit dem Kapitän scharfen Curry sowie eine Konversation ertragen, die mit jeder zurückgelegten Meile gespreizter wurde.

Zehn Passagiere waren es, darunter zwei katholische Nonnen, auf dem Weg zu einer Mission irgendwo in China. Die eine war alt, die andere recht jung und hübsch. Den Seeleuten hatte der Kapitän befohlen, bei der Arbeit ihre Zunge zu hüten. Er selbst jedoch, im Salon ein Musterbeispiel guten Benehmens, legte sich auf der Brücke keine Zügel an.

Blackwood schob die Beine über den Kojenrand, fuhr sich durch das dunkle Haar und musterte sich im Spiegel über dem kleinen Waschbecken. Dunkelbraune Augen wie die seiner Mutter, ein ganz gewöhnliches Gesicht, sagte er sich, mit scharfen Linien um den Mund, die von seiner Verwundung herrührten.

Wie üblich erschien im Spiegel Swans Kopf in der geöffneten Tür; das Ritual konnte beginnen.

Marineinfanterist Jack Swan von der RMLI* hatte ein rundes, freundliches Gesicht, wie ein polierter Apfel. Geboren und aufgewachsen in Hampshire, entstammte er einer Familie von Marineinfanteristen. Das war so allgemein üblich im Corps, daß man es selten erwähnte, es sei denn, ein erboster Exerziergefreiter auf dem Kasernenhof brüllte: »Du glaubst doch nicht, daß du jemals einen Vater oder eine Mutter gehabt hast, oder?«

Swan war intelligent und behende, sowohl im Dienst wie im Kampfgetümmel, und im gleichen Alter wie Blackwood, der es aufgegeben hatte, ihn zur Beförderung zum Korporal vorzuschlagen. Seit drei Jah-

---

* Royal Marine Light Infantrie (Anm. d. Übers.)

ren war er bei ihm; immer, wenn Blackwood auf dieses Thema gekommen war, hatte Swan mit seinem Hampshiredialekt entgegnet: »Lieber noch ein bißchen abwarten, Sir. Wir haben noch Zeit.« Es war hoffnungslos.

Swan griff in den Segeltuchschrank und holte das Messejackett heraus. Wie alles, wofür er sorgte, war es tadellos in Ordnung. Dabei warf er einen Blick auf seinen Herrn, nicht den jungen Hauptmann mit dem Viktoriakreuz, sondern auf den Mann selbst.

Seine unbekümmerte Art machte ihn so anziehend für die Frauen. Swan wußte das besser als die meisten. Auch trieb er seine Leute nicht an, wenn sie ohnehin ihr Bestes taten, doch wenn man ihm falsch kam, lernte man ihn sehr bald kennen. Es hieß, sein Vater, der alte Generalmajor, sei genauso gewesen: temperamentvoll, schneidig und ein Weiberheld.

Swan lächelte heimlich. Beförderung? Das hätte ihm noch gefehlt! Mit dem jungen Hauptmann zusammen zu sein, das wog alle Streifen des Corps auf. Afrika, dann das Mittelmeer und jetzt China. Im Corps nahm man das alles als selbstverständlich hin, nach dem Wahlspruch: »Über See und Land.« Kasernen oder Fregatte, Lehmhütten oder Palisaden, man blieb immer ein Marineinfanterist.

Aber die nächste Verwendung des Hauptmanns störte Swan ein wenig. Er war schließlich ein Held. Swan war sehr stolz gewesen, als er von der Auszeichnung in den Zeitungen gelesen hatte, und irgendwie strahlte sie ein bißchen auch auf ihn aus. Als die verdammten Schwarzen versucht hatten, die Royal Marines fertig zu machen, war er an des Hauptmanns Seite gewesen. Swan hatte ein paar gute Freunde an diesem schrecklichen, blutigen Tag verloren. Das würde er nicht so schnell vergessen.

Ohne daß sie es voneinander wußten, hatten Swan und Hauptmann Blackwoods Vater ziemlich die gleiche Ansicht über die neue Verwendung.

Im sogenannten *Arrow*-Krieg in den fünfziger Jahren hatten die Chinks* einen Denkzettel erhalten. 1856 hatten sie ein britisches Schiff dieses Namens gekapert, was zur Beschießung von Kanton mit einer beträchtlichen Anzahl von Toten geführt hatte. Nach Swans unkomplizierter Logik war es wenig wahrscheinlich, daß sich so etwas wiederholen würde.

---

* verächtliche Bezeichnung für Chinesen (Anm. d. Übers.)

Später, beim Dinner im Salon der *Cocatrice*, hatte Blackwood alle Mühe, die Augen offen zu halten. Der Curry war besonders scharf und der Wein schal und warm.

Die beiden Nonnen schwiegen, die Augen durch den Schleier verdeckt. Nur einmal blickte die Jüngere auf, als Blackwood auf eine Bemerkung des Kapitäns über den Burenaufstand in Südafrika antwortete.

Blackwood hatte an etwas ganz anderes gedacht, an Hawkshill und an das, was sein Bruder Neil ihm über die kostspieligen Liebhabereien seines Vaters geschrieben hatte. Die Bauern ärgerten sich, wenn die Reitjagd ihre Felder zertrampelte, konnten jedoch nichts dagegen tun. Sie stießen auch auf schroffe Ablehnung, wenn sie um die notwendigen Reparaturen ihrer Häuser baten. Trent, der Gutsverwalter, hatte ihnen gesagt, sie sollten den Mund halten oder abhauen; doch andere Arbeitsstellen waren jetzt, da der Winter hereinbrach, nicht so schnell zu finden.

Irgend etwas mußte geschehen, wenn Hawkshill nicht hoch verschuldet werden sollte.

Nun hatte er den Kapitän angesehen und erwidert: »Wenn es zum Aufstand kommt, werden wir uns vermutlich einschalten müssen und die Armee raushauen.« Das hatte wohl schärfer geklungen als beabsichtigt, vielleicht war er auch einfach zu müde. Nun sah er, wie sich die junge Nonne ihm zuwandte. Ihr leerer, ruhiger Blick hatte ihm das Gefühl gegeben, sich plump und kindisch benommen zu haben.

Der Kapitän hatte gelacht. »Immer kampflustig. Typisch.«

Einer der Passagiere, ein Gummipflanzer, der mit seiner jungen Frau aus England nach Singapur zurückkehrte, beugte sich über den Tisch und sagte laut: »Ich sehe, Sie haben das Viktoriakreuz, Hauptmann Blackwood. Könnten Sie uns nicht erzählen, wie Sie es sich verdient haben?«

Blackwood blickte ihn kühl an. »Nein.«

Der Pflanzer lächelte seiner Frau zu. »Bescheiden ist er auch.«

Blackwood stand ruckartig auf. »Bitte entschuldigen Sie mich.«

Er hörte den Kapitän murmeln: »Er hat schlimme Zeiten hinter sich, der arme Kerl. Das muß man berücksichtigen.« Auch des Pflanzers lautes Gelächter war zu vernehmen. Plötzlich hatte David das Bedürfnis, in den Salon zurückzukehren und ihnen in einfachen, ungeschminkten Worten zu sagen, wie es wirklich war, nicht nur in dem Augenblick, in dem einem jemand eine Auszeichnung verlieh, sondern bei all den vielen anderen Geschehnissen an Orten, von denen die meisten Briten noch nie etwas gehört hatten. Welches Recht hatten die Nonnen, ihn so anzuschauen als sei er ein wildes Tier?

Er ging zur Reling und beobachtete das breite, schäumende Kielwasser, das von jedem der Schaufelräder nach achtern zog. Schiffe wie diese setzten der Segelschiffahrt ein Ende. Die Dampfmaschine und die Öffnung des Suezkanals, den die Rahsegler nicht befahren konnten, waren ein überzeugender Beweis.

Seit neun Jahren diente Blackwood im Corps; das erste Mal war er auf einer Segelfregatte zur See gefahren. Er erinnerte sich noch ganz deutlich: die knarrenden Rahen und die gebauschte Leinwand, das Mysterium, das die Segelschiffe immer noch umgab. Was hatte ein alter Seebär gesagt? Ein Segelschiff ist eine Lady, ein Dampfschiff ein Haufen Eisen. Lächelnd ging er zum Niedergang.

Wenige Minuten, nachdem sein Kopf das Kissen berührt hatte, lag Hauptmann David Blackwood von der Royal Marine Light Infantry, ausgezeichnet mit Viktoriakreuz und Erwähnung in Tagesbefehlen, in tiefem Schlaf.

Der Kommandeur der auf dem großen Truppentransporter *Aurora* eingeschifften Heerestruppen lehnte sich in seinem Sessel zurück und legte die Fingerspitzen aneinander. Die Wände seiner Kammer bebten unter den Stiefeln der letzten an Bord kommenden Soldaten, dem Rattern der Winschen und den gebrüllten Befehlen.

Die *Aurora*, ein sehr altes Schiff, hatte nur eine einzelne Schraube, die wahrscheinlich, ehe sie die Biskaya erreichten, ausfallen würde. Er hoffte allerdings, daß der Transporter durchhielt, denn er war bis zu den Decksbalken mit Soldaten, Geschützen, Versorgungsgütern, ja sogar mit ein paar Mauleseln und Pferden beladen; ein Großteil der Ladung war wegen der kürzlichen Unruhen für Südafrika bestimmt. Und als letztes war eine ganze Kompanie Royal Marines an Bord gekommen. Der Kommandeur schätzte die Royal Marines nicht besonders, nach seiner Ansicht waren sie weder Seeleute noch Infanteristen.

Gedämpft hörte er von außen eine Militärkapelle, die ihr Repertoire fröhlicher und patriotischer Lieder abspielte. Auf der Hafenmauer und der Pier hatte sich eine große Menschenmenge versammelt, um das alte Schiff auslaufen zu sehen: Mütter und Kinder, Ehefrauen und Freundinnen. Auslaufende Truppentransporter waren etwas ganz Normales, sie fuhren bis zum anderen Ende des Empire, stellten Ruhe und Ordnung wieder her oder griffen die Feinde der

Königin an und vernichteten sie. Für die zuschauende Menge jedoch war jedes Schiff etwas Besonderes.

Es regnete in Strömen, der Kommandeur wartete ungeduldig, daß es endlich losging. Doch erst mußte er einen jungen Sekondeleutnant der Royal Marines empfangen. »Herein«, knurrte er.

Ralf Blackwood trat durch die Tür und blieb in gebührendem Abstand vor dem Schreibtisch stehen.

Kühl sagte der Kommandeur: »Es wäre besser, Sie sprächen mit einem Ihrer eigenen Offiziere. Ich habe tausend Dinge zu erledigen.«

Am liebsten hätte er ihn hinausgeworfen, ein Freund hatte ihm jedoch erzählt, daß dieser junge Offizier aus einer wichtigen Familie kam.

Ralf Blackwood, der mit einer ganzen Kompanie von der Kaserne in die Werft von Portsmouth marschiert war, drehte sich bereits hier im Hafen der Magen um. All dieser Gestank: Pferde und Menschen, Kohlbrühe, Teer und Schweiß! Auf See würde er wahrscheinlich krank werden. »Meine Unterbringung ist unangemessen, Sir«, sagte er.

»Was?« Der Kommandeur unterdrückte mühsam seinen Ärger. »Vier Offiziere in einer Kammer. In Ihrem Alter und mit Ihrem Dienstgrad war ich froh, wenn ich überhaupt eine Koje hatte!«

Ralf senkte den Kopf. »Und ich bin nicht mal mit einem Marineinfanteristen zusammen, Sir.«

Das reichte. »Nicht gut genug für Sie, was?« Er wischte einige Papiere beiseite und starrte wütend auf eine Liste mit Namen und Kammern. »Es sind drei Sekondeleutnants von der Schützenbrigade. Die hätten Grund, Einspruch zu erheben!«

Ralf Blackwood starrte das linke Schulterstück des Offiziers an. Hol' ihn der Teufel und seinen Onkel dazu, der ihn in dieses Elendsquartier gebracht hatte. Er dachte an London, an die strahlenden Frauen, die Musik und die Bälle, die er so genossen hatte.

Er kannte seinen Vetter David nicht gut, aber nach dem, was er gehört hatte, war er keiner, der Fehlverhalten duldete. Es war alles so verdammt ungerecht. Seine Augen brannten vor Zorn. Ein Kriegsschiff wäre wenigstens noch erträglich gewesen, aber wo sie jetzt hingingen, das klang wie das Ende der Welt.

Der Kommandeur zuckte zusammen, etwas Schweres war auf das Oberdeck gekracht, gefolgt von einem Strom Flüche. Er hatte keine Zeit mehr für den jungen Laffen.

»Ich habe mit Ihrem Corps wenig zu tun.« Sein Ton war eisig. »Aber ich kann Ihnen nur den guten Rat geben, weniger an sich selbst und ein bißchen mehr an Ihre Verantwortung zu denken, wenn Sie überhaupt ein Gefühl dafür haben.«

Ralf schlug die Hacken zusammen und verließ mit ausdruckslosem Gesicht, aber innerlich kochend, die Kammer.

»Wo, zum Teufel, sind Sie gewesen?« rief ihm der Major, der die Marines anführte, zu. Wie der Kommandeur der Heerestruppen war auch er vor allem damit beschäftigt, seine Leute in den überfüllten Unterkünften unterzubringen. »Melden Sie sich beim Adjutanten*, aber etwas hastig, Sir!«

Ein Artillerieleutnant berührte Ralf am Ärmel, während der wütende Major davonschritt. »Ärgern Sie sich nicht über ihn. Ich habe gehört, Sie sind ein guter Kartenspieler?«

Ralf war überrascht und geschmeichelt, daß der andere Offizier dies wußte. Er dachte an das Generalszimmer, an das große Haus, das, wären seine Eltern nicht gestorben, jetzt ihm gehört hätte.

Sie behandelten ihn wie ein Kind: Tante Deirdre mit ihrer verträumten Gleichgültigkeit, sein Onkel, der ihm ständig zusetzte, an die Familie zu denken und die Ehre des Corps hochzuhalten. Der war gerade der richtige, ihm Vorhaltungen zu machen. Ralf hatte einiges über die Mutter des Generals gehört und über seine Affären mit Huren, die nicht viel besser waren als sie.

»Jederzeit bereit zu einem Spielchen«, erwiderte Ralf ruhig.

Der Artillerieleutnant grinste. »Sobald wir den Hafen verlassen haben.«

Ralf blickte dem Davongehenden nach. Diesmal mußte das Glück auf seiner Seite sein.

Sein Sergeant trat zu ihm und grüßte.

»Die Männer warten, Sir.« Kritisch und besorgt betrachtete er den Leutnant. Den würde er mit durchziehen müssen; alle Anzeichen sprachen dafür: verwöhnt, arrogant, faul. Doch wenn der Zug auffiel und der Adjutant das erfuhr, würde man *ihm* die Schuld geben.

»Können Sie das nicht selbst erledigen, Sergeant?«

Der Sergeant merkte, daß einer seiner Gefreiten ihn anstarrte. Auf der Pier draußen stand seine eigene Frau mit zwei Kindern, die er vielleicht niemals wiedersehen würde.

Doch der Name Blackwood hatte einen guten Ruf im Corps. Der

---

* Bei den Royal Marines ist der Adjutant Stellvertreter des Kommandeurs oder des Kompaniechefs (Anm. d. Übers.).

Sergeant schnallte den Leibriemen enger und verzog das Gesicht. In jedem Korb gab es gewöhnlich einen faulen Apfel, das war nicht zu ändern.

Kurz vor Einbruch der Dunkelheit glitt die *Aurora* zwischen Portsmouth Point und Fort Blockhouse hinaus, ihr schwarz-weißer Rumpf glänzte im Regen wie Glas. Auf den Decks standen dichtgedrängt Soldaten in Scharlachrot und Grün, Blau und Khaki; die große anonyme Masse ihrer Gesichter schaute bei den Abschiedsklängen der Kapelle nach einem lieben oder vertrauten Gesicht aus. Hunderte von Truppentransportern waren schon so ausgelaufen, und viele weitere würden folgen. Doch an den Augenblick des Abschieds würden sie später alle denken.

II Der Brief

Swan nahm Säbel und Helm, legte sie sorgfältig auf eine Kiste und versuchte gleichzeitig, die Stimmung seines Herrn abzuschätzen.

Außerhalb des weiß gestrichenen Raumes vibrierte die Luft noch immer vom traurigen Schlag der Trommeln und den langsamen Schritten der Marineinfanteristen und Soldaten. Über Hafenbecken und Paradefeld trieb der Staub, der im Sonnenlicht in verschiedenen Farben irisierte.

Blackwood ließ sich von Swan den Waffenrock aufknöpfen und abnehmen. Wie eine zweite Haut klebte ihm das Hemd am Körper. Nach dem Exerzieren empfand er den Raum fast als kühl.

Was auch im Empire geschehen mochte, an erster Stelle stand stets das Zeremoniell. Fast über Nacht, so schien es, hatte sich Hongkong zum Ausgangspunkt entwickelt, über den England seine Macht in den Fernen Osten und darüber hinaus erweiterte. Politiker und hohe britische Offiziere kamen häufig zu Besuch, und im Frühjahr würde man den Geburtstag der kränkelnden Königin feiern. Das hieß noch mehr Exerzieren und weitere Paraden.

In Südafrika hatte sich das Scharmützel zum blutigen Krieg ausgeweitet. Die britischen Truppen zogen dabei oft den kürzeren, und damit konnte sich England unmöglich abfinden: ausgebildete Berufssoldaten und Marineinfanteristen gegen Burenfarmer und Renegaten? Doch mehr als einmal hatten sich die feindlichen Scharfschützen der Kavallerie und der seit dem Krimkrieg unveränderten Taktik gewachsen gezeigt.

Blackwood seufzte, als Swan ihm seine Stiefel auszog. Man schrieb jetzt Februar 1900; seit er mit der *Cocatrice* in Hongkong angekommen war, hatte er wenig zu tun gehabt.

Hafen und Werft lagen voller Kriegsschiffe, strahlend weiß oder schwarz-braun, die die neue eiserne Flotte repräsentierten. Hier und da, wie Andenken an eine vergangene Epoche, dümpelten noch einige der »hölzernen Wälle«, jetzt meist als Lager- oder Lazarettschiffe benutzt.

Blackwood dachte an seinen Bruder Neil, den man nach Südafrika geschickt hatte. Ein Brief von ihm beschrieb die Angriffe auf Burenstellungen und die ständigen Schüsse aus dem Hinterhalt, die unter den britischen Truppen schwere Verluste verursachten.

Der Brief war sehr bitter und voller Zorn auf die Generale, die keine Vorstellung von modernen Kampfmethoden hatten. Er beschrieb, wie gefährlich es war, eine große Anzahl von Männern über offenes Gelände marschieren zu lassen und selbst unter Feuer die Formation nicht aufzulösen.

Kein Wunder, daß sich die Nachrichten von überall aufflammenden Unruhen mehrten, dachte David. Von allen Seiten schien das Empire bedrängt, beobachtet mit unverhohlener Genugtuung von den Großmächten Frankreich und Deutschland. Ein Aufstand in China würde die Verbindung zwischen diesen beiden Mächten nur festigen. Bis sie merkten, daß Gefahr, ebenso wie Wohlstand, von allen getragen werden mußte, konnte es zu spät sein.

Er hörte Swan vor der Tür seines Zimmers flüstern und hoffte, daß nicht noch ein Zeremoniell für heute befohlen wurde. Nach der gelösten Atmosphäre in Singapur kam ihm Hongkong vor wie ein überfüllter Bienenstock. Täglich zogen Männer und Kanonen über die Queen's Road, und die Reede füllte sich mit Schiffen jeder Art und Klasse.

Mit mißbilligendem Gesicht kehrte Swan zurück. »Der Major läßt Sie zu sich bitten, Sir.«

Blackwood erhob sich; sein treuer Bursche ging derweil in den Nebenraum, um eine frische Uniform und ein Hemd herauszulegen. Bekam er jetzt endlich seine Befehle? Alles war besser, als hier in Hongkong zu sitzen und zu schwitzen. Seit seinem ersten Besuch als junger Premierleutnant war die Stadt auf den doppelten Umfang angewachsen. Neue Hafenbecken, größere Kasernen, ein Kricketfeld, er hatte sie kaum wiedererkannt. Auch der Hafen war von größeren Gebäuden umgeben. Reiche Kaufleute bauten Lager- und Geschäftshäuser, der Handel des Empire weitete sich immer stärker nach Osten aus.

Zwanzig Minuten später wurde er in das kleine Haus seines Kommandeurs geführt, das neben der Kaserne und doch abgesondert lag.

Major James Blair stand an einem großen Fenster mit Blick über den Hafen, als Blackwood von einem chinesischen Diener ins Zimmer geführt wurde. Er wandte sich um und nickte. »Ah, David. Möchten Sie einen Drink?« Er wartete nicht auf Antwort. »Die Parade hat ausgezeichnet geklappt, finde ich. Was meinen Sie?«

»Jawohl, Sir.« Blackwood mochte den Major, obwohl er ihn nicht recht verstand. Man hatte ihn als »old China hand« beschrieben, einer, der China liebte und vor dem Gedanken zurückschreckte, wieder heimgeschickt zu werden. Man sagte, er habe eine schöne chinesische Geliebte. Heute wirkte er besorgt, und daß er vor dem Mittagessen einen Drink vorschlug, war völlig ungewöhnlich.

Blair winkte seinen Diener hinaus und wartete, bis er die Tür geschlossen hatte. Dann sagte er knapp: »Es fällt mir nicht leicht, David... Ich habe es gerade erfahren und möchte es Ihnen lieber selbst sagen, als es irgendeinem Idioten vom Stützpunkt zu überlassen.«

David Blackwoods Finger preßten das Glas fast bis zur Bruchgrenze. »Es handelt sich um meinen Bruder Neil, nicht wahr, Sir?«

Blair nickte. »Er ist gefallen. An irgendeinem verdammten Ort, von dem ich noch nie gehört habe. Durch Heckenschützen.«

Langsam atmete Blackwood aus. In seinem Inneren hatte er es irgendwie die ganze Zeit geahnt. Neil hatte ihm nähergestanden als irgend jemand sonst: ein lebhafter, freundlicher Mensch, der in der ganzen Welt keinen Feind hatte. Das mußte ein schwerer Schlag für ihre Mutter sein. Der General würde in sein Zimmer gehen und vor dem Gemälde stehen, um dem jüngsten Toten der Familie seine Reverenz erweisen.

»Ich danke Ihnen, daß Sie es mir persönlich gesagt haben«, sagte er leise. »Ich möchte um sofortige Versetzung bitten.« Seine Finger lösten sich, er stellte das leere Glas auf den Tisch. Das einzige, an das er jetzt denken konnte, war Rache. Rache an den mörderischen, wilden Buren.

Traurig sah Blair ihn an. »Unmöglich. Sie sollen nach Peking gehen, sobald alle Vorbereitungen getroffen sind.«

»Nach China?« Er starrte ihn an. »Was soll ich da, Sir? Wagensitze für die Damen unserer Gesandtschaft abwischen und Ehrenwache für fremde Staatsbesuche stellen? Ist das alles, wozu ich nütze bin?«

Blair goß ihm erneut Whisky ein und wartete, bis der Hauptmann seine Fassung wiedergewonnen hatte.

»Tut mir leid, Sir.«

»Macht nichts.« Eindringlich fuhr er fort: »Sie haben viel Schlimmes erlebt, aber wir sind alle stolz auf Sie. Ich möchte nicht, daß Sie sich nutzlos eingesetzt oder in die Wüste geschickt fühlen. Seit dem *Arrow*-Krieg 1858 hat es wenig Ärger mit den Mandarinen gegeben, aber seither hat sich vieles geändert. Man nennt China einen schlafenden Tiger, dem man ruhig einmal zuviel auf den Schwanz treten darf. Doch wenn es dort wirklich Unruhen gibt, dann müssen einige erfahrene Offiziere, die ihr Handwerk verstehen, eingreifen. Nicht hier oder in England, sondern an Ort und Stelle.« Er versuchte vergeblich zu lächeln. »Sie, zum Beispiel.«

Wie aus tausend Meilen Entfernung hörte Blackwood draußen den gleichmäßigen Marschtritt der Marineinfanteristen beim Exerzieren in der erbarmungslosen Sonne. Noch immer trugen sie ihre feierlichen, scharlachroten Röcke und ihre neu eingeführten Helme, genau wie seine Männer bei der Niger-Expedition. Damit waren sie leichte Ziele für jeden verborgenen Scharfschützen.

Er dachte an Neils Brief, an seinen Zorn darüber, daß sie von einer Denkweise, die der neuen Kriegführung nicht gewachsen war, geopfert wurden.

Im Gedanken an seinen jüngsten Bruder brannten seine Augen plötzlich vor innerer Bewegung. Nun war Jonathan sein einziger Bruder.

»Wie viele Mann bekomme ich, Sir?« fragte er dumpf.

»Neunzig. Ich könnte Ihnen mehr mitgeben, doch die anderen Gesandtschaften würden dann ein mächtiges Aufheben davon machen. Selbst neunzig könnten bereits zuviel sein.«

David Blackwood nickte.

»Gehen Sie in Ihre Unterkunft, David«, fuhr Blair fort. »Bis ich etwas Endgültiges höre, sind Sie freigestellt. Man weiß nie ...« Er beendete den Satz nicht.

Draußen vor dem Haus blieb Blackwood stehen, um sich wieder zu fangen. Noch vor einer Stunde hatte er sein Schicksal verflucht; nun ließ Neils Tod seinen eigenen Kummer fast kindisch erscheinen.

Er mußte an das Mädchen denken, das Neil nach Hawkshill mitgebracht hatte, beide lachend und glücklich. Er hatte sie heiraten wollen. »Wenn du erst Hauptmann bist, mein Junge«, hatte ihn der General vertröstet. Aber selbst er war wohl ganz zufrieden gewesen.

Wer würde es ihr sagen?

»Sir?«

Er sah sich um und erblickte die hohe, steil aufgerichtete Gestalt von Fox, dem Hauptfeldwebel, der hinter ihm herging. Bei den vielen neuen Rekruten im Corps waren Altgediente wie Fox Gold wert. Aber wie konnte er sich jetzt auf den Dienst konzentrieren? Sollte jemand zur Beförderung vorgeschlagen oder zum Rapport gestellt werden? Ging es um die Befehle für morgen? All das schien ihm jetzt so belanglos.

»Was gibt's, Hauptfeldwebel?«

Fox blieb hackenknallend stehen und grüßte. Keine überflüssige Bewegung, keine Knitterfalte in seinem Waffenrock, obwohl er seit mehreren Stunden, während der ganzen Parade, auf dem Platz gewesen war.

»Ich wollte nur sagen, wie leid es mir tut, Sir.« Fox beobachtete ihn unter seinem Helm hervor. »Das mit Mr. Neil, Sir.«

Blackwood starrte ihn an. Natürlich, Neil hatte mit dem baumlangen Hauptfeldwebel Dienst getan, er als Sekondeleutnant, der andere als Sergeant. Fox wußte also bereits Bescheid. So war das im Corps, in der Familie, wie sie es nannten.

»Danke.« Mehr konnte er nicht sagen.

Fox nahm Gleichschritt mit ihm auf, seine Finger umfaßten den Stock unter seinem Arm.

»Ich hasse diese verdammten Hunde«, sagte Fox mit ungewöhnlicher Heftigkeit. »Sie schießen unsere Jungs in den Rücken und winseln dann um Gnade, wenn man sie faßt.« Seine Faust schloß sich fester über dem Silberknopf des Stockes. »Gnade? Ich würde diesen blatternarbigen Hunden schon Gnade beibringen!«

Jetzt standen sie beide, ohne sich anzusehen, vor den Offiziers-Unterkünften.

»Der alte Truppentransporter *Aurora* soll heute einlaufen, Sir«, sagte Fox. »Es ist wohl am besten, ich gehe mit ein paar Sergeanten hinunter und fische die Neuankömmlinge heraus.«

»Ich werde auch da sein.«

Fox kniff die Lippen zu einer dünnen Linie zusammen. »Nein, Sir. Ich werde den jungen Premierleutnant Gravatt mitnehmen. Es wird Zeit, daß er das eine oder andere lernt.« Und mit einem kaum merkbaren Lächeln: »Wenn Sie erlauben, Sir, Sie brauchen wir zu einem späteren Zeitpunkt.« Die Hand schoß zu einem tadellosen Gruß an den Helm, und ehe Blackwood Einspruch erheben konnte, schritt er davon.

Swan hielt ihm die Tür auf, ein Glas und eine Karaffe standen bereits auf dem Tisch.

Auch Swan konnte ihn nicht ansehen.

Schwer setzte sich Blackwood nieder. »Du hast's gehört?«

»Ja, Sir.« Mit zitternder Hand schenkte er ihm Scotch ein. »Kann ich etwas tun, Sir?«

»Nein.«

Swan blieb an der Tür stehen und sah, daß der Hauptmann einen Brief entfaltete. Es war der, den er von seinem Bruder aus Südafrika erhalten hatte.

Blackwood starrte auf den Brief nieder und hörte nicht mehr, daß sich die Tür schloß. Auf seines toten Bruders Schrift fiel eine Träne. Dann goß er den Scotch hinunter und schloß fest die Augen.

»Wie ging's der Familie, als du von England abfuhrst?«

David Blackwood bot seinem Vetter einen Stuhl an und musterte ihn interessiert. Ralfs Ankunft in Hongkong war für ihn eine Überraschung, doch dessen Gehabe und Haltung fand er noch erstaunlicher.

Er hatte den jungen Sekondeleutnant seit langem nicht gesehen. Damals war er noch ein Junge gewesen, von dem man glaubte, daß er den Vorbildern der Familie auf den Porträts in Hawkshill folgen würde. Auf der Überfahrt von Portsmouth hierher hatte er sich einen kleinen Schnurrbart wachsen lassen, doch der machte ihn noch jünger und irgendwie verletzlicher.

»Ich glaube, es geht ihnen allen gut, Sir«, erwiderte Ralf mit mißtrauischem Blick, als erwarte er einen Zusammenstoß.

Blackwood hörte, wie sich die anderen Offiziere seiner neuen Abteilung in der benachbarten Messe versammelten, und beschloß, nach diesem Beisammensein den Sekondeleutnant nicht anders zu behandeln als die übrigen. Zu viele Zusammenkünfte dieser Art konnten als Günstlingswirtschaft ausgelegt werden. So etwas haßte er, das mußte jede kleine Einheit spalten. Warum hatte sein Vater die Versetzung von Ralf wohl veranlaßt?

Seit dem Einlaufen der *Aurora* hatte es weitere Anzeichen und Gerüchte über die wachsende Gefährdung der »fremden Teufel« sowohl in Peking als auch in den verschiedenen europäischen und japanischen Siedlungen an der Küste gegeben. Major Blair hatte recht gehabt: Wenn nicht unverzüglich etwas unternommen wurde, waren größte Schwierigkeiten zu erwarten.

Zwei Wochen hatte die neue Kompanie nun geübt, in den Bergen oberhalb von Hongkong oder von Booten im Aberdeen-Hafen aus. Das hatte bereits Wunder gewirkt, es waren jedoch zu viele junge Rekruten dabei, als daß sich David schon seiner Sache sicher sein konnte.

Ralf Blackwood aber schien an all dem nicht interessiert. Über Neils schrecklichen Tod hatte er nur ein paar Worte gemurmelt, dann eine lange Liste seiner eigenen Beschwerden vorgebracht und seine Versetzung auf eines der großen Kriegsschiffe im Hafen beantragt.

Major Blair hatte es nicht einmal in Betracht gezogen. »Machen Sie was aus ihm, David«, hatte er knapp geäußert. »Er soll erst mal lernen, Soldat zu sein.«

David versuchte es erneut. »Wie hast du dich eingewöhnt, Ralf?«

Der Leutnant zog die Mundwinkel herab. »Ich glaube, sie mögen mich hier nicht.«

»Warum nicht?« Aber es war falsch, ihn überhaupt zu fragen. Irgend etwas Unaufrichtiges war um diesen jungen Mann; er glich einem schlecht gelaunten Kind.

»Es liegt nicht an mir«, meinte er trotzig. »Ich ... Ich glaube, es ist wegen der Familie, wegen des Namens Blackwood. Sie sind neidisch, vermute ich.«

Blackwood setzte sich.

»Ich möchte nicht noch mal solchen Unfug von dir hören, hast du mich verstanden?«

Eine plötzliche Unruhe, Zorn, seine Karten zu schnell und ungeschickt offengelegt zu haben, sprach aus Ralfs Augen.

Blackwood versuchte es nochmals. Der Junge hatte ihm immer leid getan; nun, da er erwachsen war und als Offizier unter seinem Befehl stand, konnte er verstehen, was er in den ganzen Jahren gelitten haben mußte.

»Ich habe deinen Vater nicht gekannt, Ralf. Aber er war ein großartiger Mann, auf den man stolz sein kann. Halte sein Andenken in Ehren.« Doch auch das machte keinen Eindruck. Ralfs Augen wurden plötzlich starr und dunkel wie farbiges Glas. Müde sagte David: »Wegtreten. Ich sehe dich nachher, wenn ich zu den anderen spreche.«

Ralf verließ den Raum und schloß die Tür so laut er konnte.

Blackwood lächelte nachdenklich. Den würde er besonders im Auge behalten müssen.

In der kleinen, seiner neu aufgestellten Kompanie zugewiesenen Offiziersmesse ließ Blackwood den Blick über die erwartungsvollen Gesichter gleiten. Die übliche Gefühlsmischung, dachte er: Erregung, Besorgnis, Bereitschaft. Er fühlte Ralfs Augen auf sich, als er kurz die Befehle durchging.

Morgen sollten sie sich auf den Kreuzer *Mediator* einschiffen und tausend Meilen in nordöstlicher Richtung, an der Küste des Festlands entlang, nach Taku an der Mündung des Flusses Pei-ho laufen. Dort würde man vor Anker gehen und weitere Anweisungen erwarten.

Während David sprach, ruhten seine Augen auf seinen Offizieren; wenn er und andere gefallen waren, mußten sie die Befehle weitergeben und die Führung übernehmen. Die drei Premierleutnants Gravatt, Bannatyre und de Courcy, der aus einer alten Familie von Marineinfanteristen stammte, hatten bereits Kampferfahrung, wenn auch nur in sehr begrenztem Umfang. Dazu zwei Sekondeleutnants, Ralf sowie ein Junge namens Earle.

»Wir stehen unter dem Befehl von Kapitän Masterman, dem Kommandanten der *Mediator*«, fuhr Blackwood fort. »Wenn wir jedoch landeinwärts nach Peking rücken müssen, erhalten wir unsere Befehle von den Militärs der Botschaft.«

Einige verzogen das Gesicht. Die Royal Marines nahmen es hin, Befehle von einem Schiffskommandanten zu erhalten, dem Heer gegenüber hatten sie jedoch eine Menge Vorbehalte.

Premierleutnant Gravatt fragte höflich: »Wie kommen wir nach Peking, Sir?«

Eine gute Frage, dachte Blackwood.

»So weit wie möglich per Schiff flußaufwärts. Dann über Land mit der Eisenbahn.« Von den Panzerzügen in Südafrika hatte er eine klare Vorstellung. Neil hatte sie beschrieben. Aber in China?

Gravatt, sein Adjutant und Stellvertreter, grinste. »Da setz' ich mich aber mit dem Rücken zur Maschine.«

Alle lachten außer Ralf, der kaum eine Miene verzog.

»An eines sollten Sie denken.« Davids ernster Ton ließ das Gelächter augenblicklich verstummen. »Wir werden uns an eine neue Art der Kriegführung gewöhnen müssen. Wachen sowie Trupps in Marschkolonne sind hervorragende Ziele. Unsere roten Waffenröcke haben bereits zu viele das Leben gekostet. Auf See stehen wir Schulter an Schulter mit den Seeleuten, aber an Land werden wir kämpfen wie der Gegner. Allerdings auf unsere Art.«

Die *Mediator*, ein Leichter Kreuzer von etwa dreitausend Tonnen, war noch kein Jahr alt und nicht zu vergleichen mit den alten gepanzerten Schiffen, die einst das Rückgrat der Flotte gewesen waren. Während die Marines mit Ausrüstung und Waffen an Bord gingen, fand David Blackwood Zeit, die schlanken und eleganten Linien des Kreuzers zu bewundern.

Nun lag er auf seiner bequemen Koje und überlegte, wodurch er wach geworden war. Von Neil hatte er geträumt, hatte ihn mit unglaublich traurigem Blick zurückweichen sehen.

Blackwood drehte sich seufzend nach der Kojenlampe um. Es war stockdunkel, der Morgen dämmerte noch nicht einmal.

Als er den Rand der Koje packte, fühlte er, wie die *Mediator* unter seinen Händen bebte; er hörte am Zischen und Eintauchen des Rumpfes, daß der Kreuzer seine Fahrt erhöht hatte.

Seit vier Tagen waren sie in See, doch niemals schneller als zehn Knoten gelaufen. Kapitän Masterman wollte für einen plötzlichen Alarmfall Kohlen sparen.

Blackwood stieg aus der Koje und fühlte das Beben durch die Stahlplatten. Das Schiff lief jetzt erheblich mehr als zehn Knoten.

Als wolle sie jede Ungewißheit ausräumen, schrillte die Pfeife des Sprachrohrs über seiner Koje.

Er machte Licht und blinzelte zur Wanduhr. Erst vier Uhr früh.

»Hauptmann Blackwood.« Er hielt den Sprachrohrschlauch ans Ohr.

»Hier Brücke, Sir.« Der Seemann hatte einen starken Cockney-Akzent, genau wie der Hauptfeldwebel. »Der Kommandant läßt Sie bitten, zu ihm auf die Brücke zu kommen.«

»Was ist los?« Das Sprachrohr war jedoch schon wieder verstummt.

Blackwood zwängte sich in seine Uniform. Ganz bestimmt wollte Masterman auf der Brücke nicht nur mit ihm plaudern.

Der Kreuzerkommandant war groß und so schlank, als sei jedes überflüssige Gramm Fett abgeschliffen worden. Eine scharfe Adlernase, beherrscht von täuschend milden blauen Augen, und ein wehender, eisengrauer Backenbart stachen aus seinem sonnengebräunten Gesicht hervor.

David hatte erst zweimal mit ihm gesprochen, seit er an Bord war. Ein Mann, der weder Kohlen noch Worte verschwendete, der aber in einer Krise fest wie ein Fels stehen würde.

Schnell kletterte er auf die Brücke und sah Mastermans hohe Gestalt sich gegen das weiße Brückenkleid abheben. Die Brücke war voller Menschen. Ein Großteil der Schiffsoffiziere, der Signalmeister, Ausguckposten, alle.

Masterman warf ihm einen Blick zu. »Morgen, Hauptmann. Tut mir leid, daß ich Sie wecken mußte.«

»Dort, Sir, an Backbord!«

Der Ausguck zeigte mit einem Arm über das Brückenkleid.

Blackwood erkannte eine Rakete oder Leuchtkugel, die langsam in weiter Ferne dahintrieb. Da keine Wolke das Licht reflektierte, wirkte sie kümmerlich und unwirklich.

Masterman atmete hörbar aus. Zu Blackwood gewandt, bemerkte er: »Die zweite. Dachte schon, die Ausguckposten hätten sich alles nur eingebildet.« Er kicherte, und einige der Offiziere neben ihm waren sichtlich erleichtert.

»Welcher Kurs liegt an?«

Der Navigationsoffizier hatte zu seinem Glück die Antwort parat. »Nord fünfzehn West, Sir.«

»Kursänderung auf das Notsignal.«

Blackwood hörte, wie die Befehle nach unten an den Rudergänger weitergegeben wurden, und fühlte, wie sich das Deck leicht anhob.

»Schanghai liegt etwa achtzig Meilen nordwestlich unserer augenblicklichen Position«, sagte Masterman knapp. »Das Schiff da steht irgendwo dazwischen.«

»Alle Maschinen Große Fahrt voraus«, entschied er. »Klar Schiff zum Gefecht!« Als einer der Royal Marines von der *Mediator* dröhnend zur Rückseite der Brücke schritt und das Mundstück seines Horns mit dem Mund befeuchtete, fuhr er herum.

»Das nicht, verdammt noch mal!« Und mit einem Blick zum Ersten Offizier: »Ich möchte nicht, daß die ganze Welt uns hört.«

Die Bootsmannsmaaten hasteten von der Brücke, und wenige Augenblicke später strömten Seeleute und Marineinfateristen aus den Decks und rannten auf ihre Stationen, andere besetzten die Geschütze zu beiden Seiten.

»Wahrscheinlich ist es die *Delhi Star*«, sagte Masterman. »Mit Passagieren und Post. Sie ist zwei Tage vor uns ausgelaufen.«

Blackwood sah das Bild vor sich, wie der Kreuzer nun durch das Wasser zischte, die Geschwindigkeit auf beeindruckende zwanzig Knoten erhöht: weißer Rumpf, zwei braune Schornsteine, in der pechschwarzen Dunkelheit mußte er wie ein Gespenst wirken. Auch wenn er ein Leichter Kreuzer war, konnte er sich doch mit seiner Bewaffnung von 15-cm-Geschützen, dazu kleineren Kalibern, Geltung verschaffen.

Bisher hatte Blackwood gezögert und Mastermans Schweigen respektiert. Nun fragte er: »Schiffbruch, Sir?«

Der Kommandant schüttelte den Kopf. »Unwahrscheinlich. Ich kenne den Kapitän, ein gerissener alter Knabe.«

»Besatzung auf Gefechtstation, Sir«, hörte man eine Stimme.

Masterman nahm keine Notiz davon. »Ich vermute Piraten. Diese Küste ist verseucht von ihnen.«

Die Brücke bebte so heftig, daß man glauben konnte, jede Niete werde abspringen. Das breite, schäumende Kielwasser schnitt eine gerade Linie nach achtern in die See, darüber quoll eine dichte Rauchwolke empor, als Beweis für die Anstrengungen der Heizer tief unten.

Piraten? Sie würden eine böse Überraschung erleben.

»Ich möchte, daß Sie das Prisenkommando übernehmen, Blackwood«, sagte Masterman plötzlich. »Meine Leute sind ziemlich jung und unerfahren.« Fast lächelte er, beherrschte sich jedoch. »Es wird nützlich für sie sein, von einem leibhaftigen Helden kommandiert zu werden.«

Blackwood sah zu ihm hinüber. Das war weder Sarkasmus noch Bosheit. Er meinte es ehrlich.

Verlegen entgegnete er: »Ich gehe und ziehe mich um.«

»Bleiben Sie nicht zu lange. Binnen kurzem werden wir dran sein. Dann wird es gerade hell. Wenn an Bord der *Delhi Star* noch Überlebende sind, stecken sie jetzt in erheblichen Schwierigkeiten.«

Blackwood eilte eine Leiter hinunter und sah Swan neben dem vorderen Schornstein warten.

»Wir gehen rüber, Sir?«

»*Ich* gehe.« Doch er wurde sofort weich. Ein Einsatz ohne Swan war, als trüge er einen ungeladenen Revolver bei sich. Er grinste. »Hol deine Sachen.«

Unter Deck war es unnatürlich lebhaft, alle Blenden über den Bulleyes waren schon geschlossen. Neben seiner Kammer waren einige Seeleute mit den Flaschenzügen für den Munitionsaufzug beschäftigt. Daß er direkt über dem Pulvermagazin schlief, war David nicht klar gewesen.

Im Wohndeck der Marineinfanteristen zog Swan seine Stiefel an und schnallte Koppel und Bajonett um. Dann schnappte er sich sein Gewehr aus dem Gestell und klapperte wieder die Leiter hoch, um nach den anderen vom Prisenkommando zu suchen.

Blackwood stürzte aus seiner Kammer und stieß beinahe mit Ralf zusammen. Wie die anderen der neuen Gruppe hatte er keine richtige Gefechtstation und schien sich etwas überflüssig vorzukommen.

»Ist das wahr? Handelt es sich um Piraten?«

Blackwood zog seinen schweren Revolver und prüfte die Munition. Unnötig, Swan hatte sich auch darum gekümmert.

»Ja. Willst du mitkommen?«

Er hatte die Frage als Scherz gemeint, aber sie wirkte, als hätte er Ralf einen Schlag versetzt.

»N ... nein, Sir.«

Eine Stimme brüllte: »Steuerbord-Walboot aussetzen! Prisenkommando zur Musterung!«

Blackwood hastete am Munitionsaufzug vorbei, ohne etwas anderes als Ralfs tieferschrockenes Gesicht wahrzunehmen. Und in wenigen Wochen mußten sie vielleicht um ihr Leben kämpfen!

Einer der Offiziere des Kreuzers, Pistole am Gürtel, sah ihn und grinste. »Hier sind wir, Sir!«

Die Bootsbesatzung saß bereits auf ihren Plätzen, weitere bewaffnete Seeleute auf der Heckbank.

»Schlippt die Zurrings! Klar zum Fieren!«

Blackwood kletterte über das Dollbord. Die große, schäumende Bugwelle fiel langsam zusammen, die *Mediator* ging mit der Geschwindigkeit herunter, so daß das Boot ohne Kentergefahr ausgesetzt werden konnte.

»Fier langsam weg. Vorsichtig!« Das war der Erste Offizier. Masterman hatte ihn wohl geschickt, um sicherzustellen, daß keine Fehler gemacht wurden.

Langsam sank das Boot an der weißen Bordwand der *Mediator* hinab. Die See schlug ihnen entgegen.

»Festfieren!«

Die Sicherungsstifte waren gezogen, das Boot hing einen knappen halben Meter über dem Wasser.

»Schlipp!« Sie waren frei. Die Ruder fielen geschickt in die Rundseln, die Pinne wurde hart übergelegt. Doch Blackwood hatte immer noch Ralfs entsetztes Gesicht vor Augen.

III Enterkommando raus!

Oberleutnant Hudson, Prisenoffizier der *Mediator*, erhob sich, um sich über die Richtung zu vergewissern, während das Boot in der kurzen, kabbeligen See schlingerte und stampfte.

Er legte eine Hand auf Blackwoods Schulter, nur so konnte er aufrecht stehen bleiben. »Ich habe Schüsse gehört!« rief er.

Blackwood nickte. Also wurde auf dem kleinen Dampfer noch Widerstand geleistet. Wie schnell sich jetzt das Licht vom Horizont her ausbreitete, wie schnell die Ereignisse abliefen, seit das Walboot ausgesetzt worden war! Ein Blick nach achtern zeigte ihm, daß der Kreuzer keine Fahrt mehr machte; er vermutete, daß Kapitän Masterman dabei war, ein zweites Boot zu ihrer Unterstützung auszusetzen.

»Paßt auf den Schlag auf, verdammt noch mal«, rief der Oberleutnant.

Das Boot schien über das Wasser zu fliegen, Spritzwasser sprühte von den Ruderblättern, die Seeleute warfen ihr ganzes Gewicht in die Riemen: keine einfache Aufgabe mit einem Sieben-Meter-Boot voller Menschen und Waffen.

Wieder fielen Schüsse. Blackwood fuhr sich mit der Zunge über die Lippen und löste die Klappe an seiner Revolvertasche. Er tat es fast unbewußt, nicht einmal der Schlagmann merkte es.

Als der elegante Rumpf des Walbootes von einer hohen See angehoben wurde, erblickte er den kleinen Dampfer *Delhi Star* zum erstenmal: klein, mit nur einer Schraube, bestimmt zum Transport von Passagieren und leichter Ladung für den sich immer weiter ausdehnenden Handel mit dem Osten. Die weiße Bordwand schimmerte schwach im ersten Sonnenlicht, der Schornsteinrauch trieb mit dem Wind davon; doch auch anderer Rauch war dabei, ob von inneren Bränden oder von Explosionen, war schwer zu sagen.

»Das wird dem Alten nicht gefallen«, rief ein Seemann heiser.

»Halt die Klappe«, stieß Hudson hervor. Aber auch er starrte nach achtern. Auf dem zweiten Boot, dem Kutter des Kreuzers, herrschte heilloses Durcheinander. Die Riemen schlugen über kreuz und zeitweilig in die Luft. Einige Männer beugten sich über den Heckspiegel und versuchten offenbar, das Ruder wieder einzuhängen, das beim Fieren herausgesprungen war.

Der Seemann hatte recht: Masterman würde kochen.

David blickte in Hudsons angespanntes Gesicht. Anscheinend fürchtete er sich fast zu Tode. Aber unter diesen Bedingungen wäre es schon schwierig genug gewesen, selbst eine simple Dschunke zu entern, geschweige denn einen Dampfer. Erneut fielen Schüsse, kurz und scharf. Ein letzter Widerstand. Vielleicht hatte die Besatzung den Leichten Kreuzer gesichtet, als sich die erste Sonne wie dünnes Gold über das Schiff legte, und neue Hoffnung geschöpft.

Blackwood wandte den Kopf zur Küste. Das Festland konnte er nicht erkennen, nur mehrere verstreute Inseln, einige so klein, daß sie wie große Wale aussahen. Regungslos wie schwarze Seezeichen lagen Fischerboote zwischen den Inseln.

Hudson kauerte sich neben ihn. »Sollen wir auf den Kutter warten, Sir?«

Blackwood konnte seine Furcht fast riechen. In Kürze würde sie sich mit Blitzgeschwindigkeit durch das Boot ausbreiten.

Wahrscheinlich stand der Kutter unter dem Befehl eines Fähnrichs oder bestenfalls eines Leutnants. Hudson würde also nach wie vor das Kommando haben.

»Wir gehen ran wie befohlen«, erwiderte er. Wenn er bloß den Vornamen des Oberleutnants gewußt hätte. Das war in solchen Momenten oft hilfreich. Er blickte seinen Burschen an und wußte, daß Swan sich ebenso an alte Zeiten erinnerte: wenn Furcht in Haß umschlug, Vorsicht der Wildheit wich. Swan hatte bereits sein Bajonett gelockert, riß, als Blackwood ihm zunickte, den Verschluß seines Gewehrs auf und schob ein Geschoß in die Kammer. Das wirkte besser als jedes Hornsignal. Das Boot schoß vorwärts. Blackwood spähte über die Schultern der Crew und sah die Angreifer der *Delhi Star* wie eine wilde Horde über die ihnen abgewandte Bordwand klettern.

Piraten und Dschunken gehörten zusammen. Der Kapitän des kleinen Dampfers hätte das wissen sollen. Jetzt zahlte er teuer für seine Vertrauensseligkeit.

Eine Kugel schlug ins Dollbord des Walbootes und warf Splitter auf. Im ganzen Boot zogen die Männer die Köpfe ein.

»Swan!«

Swan kletterte geschickt über die schwingenden Riemen und keuchenden Seeleute, bis er ganz vorn am Bug war. Wie eine Galionsfigur schien er zu steigen und zu sinken, doch das schimmernde Gewehr blieb ganz ruhig.

Ein Schuß fiel, und Swan bemerkte gelassen: »Einer weniger!«

»Weiterschießen, Swan. Verjag sie von der Reling!«

Der Befehl war unnötig, trug jedoch dazu bei, die Disziplin im Boot zu erhalten.

Die Sirene der *Mediator* zerriß den Morgen mit heiserem Schrei; die Luft erzitterte, Vögel hoben sich klatschend von den nächsten Inseln und protestierten kreischend gegen den Lärm.

Der Bootssteurer rief: »Gleich schießt sie auf diese Bastarde, Sir!«

Ein heftiger Knall, und aus einem der 15-cm-Geschütze des Kreuzers zuckte ein leuchtend orangefarbener Blitz.

Als risse ein riesiges Segeltuch entzwei, so hörten sie das Geschoß über sich hinwegzischen, ehe es weit hinter den Fischerbooten und den Inseln in einer riesigen Wassersäule explodierte.

»Die Dschunke wirft los.« Hudson schüttelte die Faust. »Wir werden sie in die Luft jagen.«

Blackwood hielt den Blick fest auf den Dampfer gerichtet, bemerkte jedoch deutlich Hudsons Erleichterung. Er begriff, daß der Kapitän der Dschunke die *Delhi Star* als Deckung benutzte, bis er zwischen den Inseln und Fischerbooten verschwunden war.

Doch für einen Triumph war es noch zu früh. Die Dschunke mußte, als die *Mediator* ihre Ankunft angekündigt hatte, mit solcher Hast losgeworfen haben, daß einige der Piraten möglicherweise an Bord zurückgeblieben waren.

»Bugmann, Achtung«, rief Hudson. »Klar bei Wurfanker.«

Man sah ihm die Erleichterung an; seit das Geschütz gesprochen hatte, waren all seine Ängste dahin.

Die Seeleute nahmen die Riemen ein, und als der Wurfanker über die Reling schnellte und hielt, stießen sie heftig gegen die Bordwand.

»Enterkommando raus!« Hudson hatte den Revolver gezogen und kletterte mit seinen schreienden und ihre Entermesser schwingenden Männern über die Bordwand. Das Schiff hatte einen niedrigen Rumpf mit nur einer Reihe Bullaugen. Hinter der Brücke erhob sich ein zweites Deck.

Blackwood warf schnell einen Blick zum Kutter; er war noch eine Kabellänge entfernt, kam jedoch flott näher. Im Bug hatten sie ein Maschinengewehr montiert.

Ein kurzes Nicken zu Swan, dann kletterten sie beide hinter den anderen her. Die plötzliche Stille, die sie oben empfing, war fast schlimmer als eine Gewehrsalve.

Blackwood hörte einen Mann würgen und sah neben der Reling einen derartig zusammengehauenen und verstümmelten Körper liegen, daß er kaum noch als menschlich zu erkennen war. Blut strömte aus den Speigatten.

Hudson riß den Blick davon los. »Auf die Brücke! Martin, nimm drei Mann und geh auf die andere Seite, aber flott!«

Aus dem Augenwinkel nahm Blackwood eine Bewegung an einem Niedergang wahr. Er zog seinen Säbel. »Swan, du kommst mit mir.«

Es war sinnlos, Hudson, der bereits zur Brücke stürmte, noch etwas davon zu sagen. Das hätte die Dinge nur verzögert. Aber jemand war nach unten gelaufen. Zu welchem Zweck? Um das ganze Schiff in die Luft zu jagen?

Fast stürzte er den Niedergang hinunter, weil er auf Blut ausrutschte.

»Mein Gott!« hörte er Swan aufstöhnen. Es mußte schon eine Menge geschehen, um Swan derartig zu beeindrucken.

An den Wänden des langen Mittelganges, hochgespritzt bis zur Decke, klebte überall Blut; unglaublich verstümmelte Leichen, eine sogar ohne Kopf, lagen im Gang.

»Mindestens einer muß noch hier unten sein«, sagte Blackwood heiser.

Er fuhr zusammen, als die *Mediator* erneut feuerte. Das Geschoß detonierte mit derartiger Wucht in der See, daß man glauben konnte, der Dampfer sei auf Grund gelaufen.

Aus einer Kabine stürzte eine Gestalt in weißem Gewand, einen Säbel mit breiter Klinge erhoben, und starrte wild die beiden Marineinfanteristen an.

Blackwood fühlte, wie eine Kugel aus Swans Waffe an seinem Ohr vorbeizischte, ohne daß er den Schuß gehört hatte. Er krachte in die Stirn des Mannes und tötete ihn auf der Stelle. Am deutlichsten jedoch nahm Blackwood wahr, daß von des Mannes Säbel frisches Blut tropfte, ehe er hinfiel. Er trat die Kabinentür auf und hielt seine Pistole so fest, daß ihn die Finger schmerzten.

Drinnen lag der Inhalt der Schubfächer und Koffer überall verstreut. Die Bewohner der Kabine aber, ein Mann, eine Frau und ein kleines Mädchen, waren in Stücke gehauen.

Blackwood warf Swan einen vielsagenden Blick zu. Diese Menschen waren langsam hingeschlachtet worden. Aber nicht der Mann, der jetzt tot im Gang lag, hatte das gemacht. Dazu hatte ihm die Zeit gefehlt.

»Vermutlich suchte er einen Kumpanen, Sir«, flüsterte Swan.

Blackwood verzog die Lippen. »Noch einer?«

Ganz schwach drangen, wie aus einer anderen Welt, von oben Rufe und zwei Schüsse zu ihnen. Stahl schlug auf Stahl, Hudsons Männer waren mit ihren Entermessern am Werk.

Doch sie waren hier unten noch nicht fertig. David fühlte sein Herz zum Zerspringen schlagen, seine Hand jedoch, die den Revolver hielt, war so ruhig wie Swans Gewehr.

Noch zwei Kabinen, beide Türen verschlossen. Nicht mal ein Wimmern war zu hören.

Geschickt zog Swan sein Bajonett und pflanzte es auf. Fast beiläufig sagte er: »Da hinten im Schatten ist noch einer.« Doch als er über einen Stahlkasten stieg, brummte er nur: »Der ist bereits erledigt.«

Blackwood zog ihn zurück. Wo der Mann gefallen war, klaffte ein kleines Loch in der Kabinentür. Ein Zufallstreffer vielleicht, aber er hatte ihn getötet.

Swan wies nachdrücklich auf die andere Kabine, deren Türgriff sich ganz langsam bewegte. Hätte nicht das Blut auf der Klinke wie ein böses rotes Auge geschimmert, hätte man die Bewegung nicht bemerkt.

Sie mußten handeln. Blackwood lehnte sich mit dem Rücken gegen die andere Seite des Durchgangs und warf sich nach vorn, als sich die Tür zu öffnen begann.

Ehe er kopfüber in die Kabine fiel, erkannte er vage eine andere weißgekleidete Gestalt und das Aufblitzen einer geschwungenen Klinge.

Aus der Hüfte feuernd, parierte Swan den Säbel und stieß sein Bajonett fast bis zum Heft in die Brust der Gestalt.

Blackwood schob den Säbel mit dem Fuß zur Seite und blickte wie Swan nach oben; dort trampelten Füße über das Deck, und von irgendwoher fielen einzelne Schüsse, wahrscheinlich vom Kutter.

Auf der Koje der Kabine saß ein Mann, auf den Knien die Leiche einer Frau.

»Nimm sie ihm weg und deck sie zu, schnell, um Gottes willen«, murmelte Blackwood heiser. Doch der Mann hielt sie fest, sein ganzer Körper bebte vor Schmerz, kein Laut kam über seine Lippen.

Blackwood sah alles vor sich: die neue Hoffnung, dann das Entsetzen, als der Wahnsinnige mit dem Säbel hereingestürmt kam ...

»Nächste Tür, Sir«, sagte Swan knapp. »Hab' dahinter was gehört.«

»Gut.« Blackwood überlief es heiß und kalt. Er blickte auf die Kabinentür, die mit dem kleinen Loch. Wer auch dahinter war, er hatte wahrscheinlich einen der Angreifer getötet. Doch es konnten auch weitere Piraten sein, ein letztes Aufbegehren. Schließlich hatten sie nichts mehr zu verlieren. Wenn man sie gefangennahm, würden sie sofort an Land gebracht und zur Abschreckung geköpft werden.

Blackwood hatte das in China schon erlebt. Er erinnerte sich noch, wie seine Männer dem Henker des örtlichen Mandarins bei seiner makabren Arbeit unbehaglich zugesehen hatten.

»Ich gehe jetzt rein«, sagte Blackwood. »Diese Türen sind wie aus Pappe.«

Swan verzog das Gesicht, ließ die Tür jedoch nicht aus den Augen. »Ich gebe Ihnen Feuerschutz, Sir.« Er hob das Gewehr.

Den Bruchteil einer Sekunde sah Blackwood zu ihm hin. War es das letzte Mal? Wie es das für Neil gewesen war?

Dann trat er zur Seite und warf sich gegen die Tür. Fast berührte Swans Bajonett seine Schulter, als sie beide durchbrachen.

Durch die Kabine warf das Sonnenlicht einen dunstigen Streifen; Blackwood fuhr herum, um mit dem Rücken zur Wand zu stehen, und starrte erstaunt die Frau ihm gegenüber an. Völlig bewegungslos stand sie da; ihre schlanke Gestalt war vom Hals bis zu den nackten Füßen in einen dunkelblauen Morgenmantel gehüllt, der im Sonnenlicht wie Seide schimmerte. Ihr Haar hing wirr auf die Schultern, das Gewand war über der Brust zerrissen. Dort, wo eine Hand versucht hatte, es ihr vom Leib zu reißen, konnte er nackte Haut sehen.

Ein kleines chinesisches Mädchen kauerte kniend neben ihr, beide Arme um die Reglose geschlungen. Doch von all dem nahm Blackwood fast nichts wahr. Er konnte nur die Frau in Blau anstarren und den kleinen, silbernen Revolver in ihrer Hand, dessen Mündung auf seine Brust gerichtet war.

»Haben Sie keine Angst«, sagte er so ruhig, wie es ihm gelang. »Ich bin britischer Offizier.« Das klang lächerlich angesichts dieser Augen, die nicht von ihm wichen.

Ein dumpfer Stoß, der Kutter war endlich längsseits. Mehr Rufe, mehr Getrappel erklangen oben, schienen David aber irgendwie unwichtig.

Am anderen Ende der Kabine lag noch ein Körper. Einen Augenblick dachte David, hier sei ein weiterer schrecklicher Mord passiert.

»Einer der Piraten, Sir«, meinte Swan und richtete sein Bajonett auf den Mann. »Er lebt noch.«

Langsam senkte die Frau den Revolver und warf ihn dann fast beiläufig auf die Koje.

»Sie kommen gerade zur rechten Zeit.« Sie sprach Englisch mit ausländischem Akzent. »Ich hatte noch zwei Kugeln: eine für dieses närrische Mädchen Anna«, sie schien zu merken, daß er ihre nackte Haut anstarrte, »eine für mich.«

Blackwood hörte Männer durch das Schiff stürmen und Stimmen, die Befehle riefen.

Er trat einen Schritt auf sie zu, ohne ihr eigentlich näher zu kommen.

»Ich bin Friederike Gräfin von Heiser«, sagte sie. »Ich war ...« Sie zögerte und blickte zur Tür, als erwarte sie, weitere Angreifer hereinstürmen zu sehen. »Ich bin auf dem Weg nach Schanghai, um mich dort mit meinem Mann zu treffen.«

Blackwood merkte, daß er innerlich zitterte. Er schob seinen Revolver in die Tasche. »Sie sind sehr tapfer, Gräfin.« Also eine Deutsche. Der Name war ihm bekannt, der Graf galt als wichtiger Mann. Das erklärte auch, warum sie die beste Kabine auf dem Schiff hatte.

Sie wartete, bis das zitternde Mädchen sie losließ, streckte dann eine Hand aus und sagte im gleichen ruhigen Ton: »Ich glaube, mir wird schlecht.« Mit beiden Händen hielt sie sich an seinem Arm fest, ihre Nägel drangen durch den Stoff und gruben sich in seine Haut.

Aus der Nähe war sie nicht nur schön, sie war hinreißend. Ihr Haar war honigfarben, ihre nun fest geschlossenen Augen veilchenblau.

Neben ihr fühlte Blackwood sich plump und unsauber. Er hätte sie gern in die Arme genommen, um sie nach all diesem Entsetzlichen zu trösten.

»Ihr Bursche hat unrecht: Das sind keine Piraten, es sind Boxer. Die Vereinigung der Langen Messer«, sagte sie schließlich.

Sie hob das Kinn und sah ihn an. »Ich war in Hongkong, um mit meiner Schwester einzukaufen. Dort sah ich auch britische Marineinfanteristen. Sie merken, ich weiß in Militärdingen Bescheid.«

In der Tür wurden Gestalten sichtbar, und ein Unteroffizier sagte: »Großer Gott, Sir, ich dachte schon, Sie wären erledigt.«

»Suchen Sie weiter«, erwiderte Blackwood. »Sind noch Schiffsoffiziere am Leben?«

»Zwei, Sir.« Die Augen des Unteroffiziers hingen wie gebannt an der schlanken, eleganten Frau.

»Der Kapitän war ein Narr«, sagte sie. »Er nahm eine Decksladung Passagiere mit; als die Dschunke in die Nähe kam, stürmten sie die Brücke. Nur der Erste Offizier hatte Verstand genug, den Salon zu verteidigen, bis auch er niedergehauen wurde.«

Langsam lockerte sie den Griff um seinen Arm. »In der Nachbarkabine ...« Sie sah ihm gefaßt in die Augen. »Sind sie tot?«

Irgendwie wußte Blackwood, daß die Frage viel wichtiger war, als sie geklungen hatte.

»Die Dame ist leider tot. Der Mann bei ihr ist wie gelähmt.«

Sie ging zum Bulleye und blickte hinaus auf das klare blaue Wasser.

»Sie war meine Schwester.«

Ihre Schultern bebten, die ganze Haltung und Standhaftigkeit fielen von ihr ab.

David legte ihr die Hände auf die Schultern und sagte sanft: »Ich verstehe Sie, Gräfin.«

Mit tränennassen Augen fuhr sie herum und starrte ihn an. »Wirklich? Glauben Sie das tatsächlich?«

»Mein Bruder ist vor kurzem gefallen.«

Da nickte sie und hob die Hand, um sein Gesicht zu berühren. »Sie sind stark. Wollen Sie mich zu ihr bringen?«

Blackwoods Mund wurde trocken; er zögerte.

Sie sah sein Gesicht und legte die Finger auf seinen Mund.

»Ich weiß, was mich erwartet. Ich werde Ihre Kraft brauchen.«

Im blutbespritzten Gang, auf sein Gewehr gestützt, stand Swan, ein Auge auf die stöhnende Gestalt in der Kabine gerichtet. Er dirigierte einige an ihm vorbeitrampelnde Seeleute mit dem Kopf. »Da hinein, ein Verwundeter.« Die kleine Silberpistole fiel ihm ein. Zwei von den Kerlen hatte sie niedergeschossen. Sie hatten die Gräfin aus irgendeinem Grund bis zuletzt aufgespart. Dies war kein plumper Überfall gewesen, sondern ein militärisch geführter Angriff.

Ein Seemann hob den heruntergefallenen, blutbeschmierten Säbel auf. Ein Schauer lief Swan über den Rücken. Verdammt noch mal, wenn alle Boxer so waren ... Er riß sich zusammen, als Blackwood mit der Gräfin am Arm erschien.

Ihr Gesicht war aschfahl, doch sie trug das Kinn hoch und versuchte sogar, Swan anzulächeln.

»Das Enterkommando hat das Schiff jetzt in der Hand, Gräfin«, sagte Blackwood. »Darf ich vorschlagen, daß wir Sie zum Kreuzer hinüberbringen lassen? Es wird noch eine Weile dauern, bis dieses Schiff aufgeräumt und gesäubert ist.«

Sie sah ihn nachdenklich an. »Sehr freundlich von Ihnen.« Sie winkte ihrer kleinen Jungfer. »Anna, leg' meine Sachen heraus. Vielleicht kann ich drüben auch ein Bad nehmen?«

Bewundernd sah Blackwood ihr nach, als sie in der Kabine verschwand. Dann schloß er sorgfältig die Tür und ließ Swan als Wache davor zurück.

Oben fand er Hudson auf einem Poller sitzend, ein junger Fähnrich verband ihm den Kopf. Hudson versuchte ein Grinsen, doch statt dessen zuckte er zusammen.

»Ich habe keinen Mann verloren, und Sie haben die deutsche Gräfin gerettet.«

Blackwood blickte sich um. Von der Dschunke war nichts mehr zu sehen. Zwischen den Fischerbooten und den vielen kleinen Inseln war sie entkommen. Masterman würde nicht gern sein Schiff riskieren, um weiter unter Land zu gehen. Aber er hatte seine Sache gut gemacht.

Es waren also Boxer gewesen. Das erklärte ihre einheitliche Kleidung: weiße Gewänder und rote Turbane. Ursprünglich als starke

Leibwache von Yu-Hsien, dem Präfekten von Tsau-Chaou aufgestellt, waren sie nun eine selbständige Streitmacht. Blackwood hatte durch Major Blair von ihren barbarischen Taten, dem unmenschlichen Hinschlachten aller, die ihre Sache nicht unterstützten, und von ihrem Haß auf die »fremden Teufel« gehört.

Sie wurden von den Europäern »Boxer« genannt, was sozusagen ein von ihrem ursprünglichen Namen abgeleiteter Spitzname war: *die Fäuste der patriotischen Harmonie*. Er musterte die grausigen Blutlachen, die in der Sonne bereits zu trocknen begannen. »Gesellschaft der langen Messer« schien ihm sehr viel passender.

Hudson fuhr zusammen und stand auf. »Ist sie das?«

Blackwood wandte sich um und nickte. Es war ein Bild, das er nie vergessen würde.

Sie trug ein cremefarbenes, hochgeschlossenes Gewand; ihr honigfarbenes Haar war jetzt aufgesteckt und beschattet von einem breitrandigen, perfekt zu ihrem Kleid passenden Hut. Sie schien eine ganz andere Frau zu sein als die in der Kabine, mit der Pistole in der Hand. Swan und das kleine chinesische Mädchen folgten ihr in respektvollem Abstand.

Langsam ging sie zu der Bordseite, an der bereits eine Fallreepstreppe ausgebracht war. Masterman hatte seine Dampfpinaß geschickt, um sie abzuholen. Plötzlich fühlte Blackwood sich ausgeschlossen.

Sie blieb stehen und sah ihn an; ihre veilchenblauen Augen lagen im Schatten, als sie ihm ihre Hand im weißen Handschuh hinhielt. »Ich danke Ihnen, Hauptmann Blackwood. Wir werden uns wiedersehen«, sagte sie ernst.

Er hob die Hand an die Lippen. Sprachlos und ohne sich zu rühren umstanden sie Seeleute und das Maschinenraumpersonal, das den Kampf überlebt hatte, weil es sich im Kesselraum eingeschlossen hatte.

Die Gräfin ließ sich von einem Fähnrich behutsam an der Bordwand hinunter zu der schwankenden Pinaß führen.

Im weiten Bogen drehte das Boot von der Fallreepstreppe ab. Blackwood folgte ihm mit den Blicken, doch die Gräfin war bereits ins Cockpit geleitet worden.

Sie wußte meinen Namen. Den hatte sie wohl von Swan erfahren.

Er nahm den Helm ab und wischte sich das Gesicht mit einem zerknüllten Taschentuch.

Swan trat zu ihm an die Reling.

»Eine wirkliche Dame, Sir«, nickte er bewundernd. »Ihr Gatte muß stolz sein, eine solche Frau zu besitzen.« Die Worte trafen ihn, auch Swan merkte das.

Mit einem tiefen Seufzer versuchte sich Blackwood wieder auf die vor ihm liegenden Aufgaben zu konzentrieren.

»Machen Sie ein Signal an *Mediator*: Sie sollen uns einen Hornisten der Royal Marines herüberschicken. Zuerst müssen wir die Toten beisetzen.«

Er schirmte seine Augen ab, um nach der Pinaß zu sehen, doch diese war bereits um das Heck des Kreuzers verschwunden. Seine Gedanken gingen zu ihrer toten Schwester. Wie die Gräfin sie umschlungen hatte, bis ihr Mann endlich seinen Griff löste ... Mut war dafür nicht die rechte Bezeichnung.

Später, als die beiden Schiffe beigedreht lagen und der kleine Hornist den Zapfenstreich blies, wurden die traurigen Segeltuchbündel über Bord gegeben.

Blackwood wußte, daß sie zuschaute, und hoffte, sie möge in der einfachen Zeremonie etwas Trost finden.

Dann nahmen beide Schiffe Fahrt auf und ließen die Inseln und die Fischer hinter sich zurück.

IV Nur ein kleiner Spaß

Fregattenkapitän John Wilberforce, Erster Offizier auf HMS *Mediator*, reichte Blackwood ein Glas Whisky, das er einem vorbeigehenden Steward abgenommen hatte, und strahlte ihn an.

»Aufregend, was? Ich wollte, ich wäre dabei gewesen! Als die Gräfin hier auftauchte, hätten Sie eine Stecknadel fallen hören können!«

Blackwood lächelte und blickte durch ein Bulleye der Offiziersmesse auf Schanghai. Schiffe aus aller Herren Länder, Leichter, Dschunken, selbst ein paar alte Handelsschoner lagen hier.

Wenn Kapitän Masterman verärgert war, daß er seine Fahrt zum Peiho-Fluß im Norden hatte hier unterbrechen müssen, so ließ er es sich jedenfalls nicht anmerken. Einige Kohlenprähme waren bereits längsseits gebracht worden, der Kommandant benutzte also die Gelegenheit, Vorräte zu ergänzen.

»Welch eine bezaubernde Frau«, schwärmte Wilberforce weiter. »Wahrhaftig kein Wunder, daß sie hinter ihr her waren.«

»Wissen Sie etwas über ihren Gatten?« fragte Blackwood.

Wilberforce kniff die Augen zusammen, als er sich zu erinnern versuchte.

»Manfred Graf von Heiser, Militärattaché. Enorm reich, ostpreußische Familie. Persönlicher Freund des Kaisers. Man sagt, er sei in China, um darüber zu entscheiden, welche deutschen Niederlassungen und Gesandtschaften gehalten werden sollen und welche man aufgeben könne.«

Wieder einmal fühlte sich Blackwood in seiner Unwissenheit als Außenseiter.

In der Messe sah er inmitten der Offiziere des Schiffes einige seiner Untergebenen, die ihre ersten Drinks genossen und mit den anderen schwatzten und lachten. Er versuchte, nicht daran zu denken, wie wohl Ralf sich verhalten hätte, wäre er beim Enterkommando gewesen.

»Seit einer Stunde spricht der Alte mit zwei Konsularbeamten«, sagte Wilberforce. »Der eine ist Deutscher, der andere einer von uns.«

Blackwood hatte sein Glas geleert, ohne es zu bemerken.

Wir sehen uns wieder, hatte sie gesagt. Erneut fühlte er ihre Hand in der seinen, den ruhigen Blick dieser veilchenblauen Augen. Er schüttelte sich; er hatte wohl seines Vaters Schwäche für Frauen geerbt, mehr als er bisher angenommen hatte.

Am Eingang der Messe stand ein Läufer, die Mütze in der Hand. Fregattenkapitän Wilberforce runzelte die Stirn. »Es ist soweit. Vermutlich gehen sie jetzt alle an Land.«

Doch der Läufer schaute Blackwood an.

»Der Kommandant läßt Sie zu sich in die Kajüte bitten.«

Der Erste Offizier grinste enttäuscht. »Haben Sie ein Glück!«

Irgend jemand rief: »Natürlich, immer die Marineinfanterie!«

Blackwood fühlte den Unterschied. Das eine kurze Gefecht hatte die Schranken niedergerissen. Er war einer der Ihren, das wollten sie ihm zeigen.

Vor dem Eingang zu Mastermans Räumen nahm der Posten der Marineinfanterie hörbar Haltung an. Schlaf- und Tagesraum sowie die dazugehörigen Diensträume beanspruchten einen beträchtlichen Teil des Achterschiffs. Ein Steward öffnete ihm die Tür. Die blauen Vorhänge an den blanken Bulleyes paßten zu den Bezügen der Sitzmöbel. Auch einigen anderen Einrichtungsgegenständen merkte man weiblichen Einfluß an, dachte Blackwood. Wahrscheinlich waren sie von Mastermans Frau ausgesucht. Seltsam, ihm war nie die Idee gekommen, daß Masterman verheiratet sein könnte.

Der Kommandant drehte sich zu ihm um, seine hohe Gestalt im weißen Tropenzeug wirkte beeindruckend.

»Ah, Blackwood! Darf ich die Herren bekanntmachen?« Er wies auf einen deprimiert wirkenden Mann in hellgrauem Rock. »Mr. Pitt vom britischen Konsulat.« Er wartete, bis Blackwood ihm die Hand gegeben hatte, und fuhr fort: »Und Herr Westphal, sein deutsches Gegenstück.«

Blackwood lächelte und hätte gern zur Gräfin hinübergesehen, die ganz achtern an einem großen offenen Fenster stand, wie sie nur in den Räumen des Kommandanten üblich waren.

»Guten Tag, Hauptmann Blackwood«, sagte sie mit ruhiger Stimme.

»Ich freue mich sehr, Sie so wohlbehalten wiederzusehen, Gräfin.«

Ein Gespräch wie unter völlig Fremden.

»Es hat an der Küste und im Inland eine Menge Ärger gegeben«, knurrte Masterman ungeduldig. »Angriffe auf Dörfer, sogar auf Missionsstationen, von diesen ...« Er zögerte und schluckte ein Adjektiv herunter. »Von diesen Boxern.«

Blackwood wartete. Er hatte das Gefühl, hier hatte es eine Auseinandersetzung gegeben.

»Morgen geht ein Dampfer nach Hongkong. Er ist bewaffnet und in der Lage, Angriffe dieser Piraten abzuwehren«, fuhr Masterman fort.

»Ja, nachdem nun das Kind in den Brunnen gefallen ist«, bemerkte Mr. Pitt ruhig.

Der Deutsche wischte sich Gesicht und Kinn mit dem Taschentuch; trotz einer Brise von Land und der Deckenventilatoren war es heiß wie in einem Ofen.

»Wir haben kein Schiff der Kaiserlichen Marine hier«, warf er ein. Und mit einem wütenden Blick auf Masterman: »Noch nicht. Vor Taku wird jedoch ein Kreuzer zu Ihnen stoßen. Hier in Schanghai steht nur ein italienisches Kanonenboot, ein uralter Kasten, für die Gräfin zur Verfügung.«

Ruhig, aber entschieden schnitt ihre Stimme durch den Raum: »Ich setze keinen Fuß auf das Ding!«

Blackwood fühlte ihre Blicke auf sich ruhen, obwohl sie gegen das Licht stand.

»Man macht sich Sorgen um meine Sicherheit, Hauptmann Blackwood. Ich sollte hier meinen Mann treffen und ihn zu unserer neuesten Handelsmission ins Landesinnere begleiten.« Sie zuckte die Schultern, als sei dies von keiner großen Bedeutung. »Er reiste ab, ohne auf mich zu warten. Man erwartet jedoch von mir, daß ich bei ihm bin. Dafür bin ich nach China gekommen.«

»Ins Landesinnere?« Blackwood konnte nur eines denken: Welcher Mann würde seine Frau in einer solchen Situation allein zurücklassen?

»Die Mission ist befestigt«, erklärte Masterman. »Und ein deutsches Fluß-Kanonenboot patrouilliert ständig dort. Trotzdem wäre mir wohler, wenn die Gräfin bei mir an Bord bliebe; noch besser – sie verließe dieses Gebiet überhaupt.«

In die Mitte der Kajüte tretend, blickte sie Blackwood ruhig an. »Man redet über mich, als sei ich gar nicht hier. Als sei ich nur ein Gepäckstück, finden Sie nicht?«

Der Deutsche wischte sich das Gesicht noch heftiger. »Aber, liebe Gräfin, es geht um Ihre Sicherheit. Mich darum zu sorgen, ist meine Pflicht und Ehre.«

Er sagte noch etwas auf deutsch, doch sie schnitt ihm das Wort ab. »In Englisch bitte, Herr Westphal!«

Obwohl sie die Stimme nicht hob, schien Westphal zusammenzuzucken.

»Der Hoshun-Fluß, zweihundert Meilen nordwestlich von hier, ist für ein Schiff dieser Größe nicht befahrbar«, meinte Masterman bedrückt.

»Aber doch bestimmt für ein deutsches Kanonenboot, Sir«, wandte Blackwood ein.

»Sie sehen, meine Herren«, die Gräfin lächelte freundlich, »der tapfere junge Hauptmann hat Zutrauen zu mir.« Ihre Augen blitzten plötzlich. »Ich habe meine Schwester sehr geliebt. Glauben Sie, daß ich nach all dem, was man ihr angetan hat, unnötige Risiken eingehen möchte?«

Masterman biß sich auf die Lippen. Offensichtlich waren ihm alle diese Komplikationen zuwider. Er wandte sich an Pitt.

»Wenn Sie ein Dampfschiff beschaffen können, das für die Gräfin von Heiser und ihre Bedienung geeignet ist, werde ich sie bis zum Hoshun oder zumindest so weit hinauf wie möglich begleiten.« Und als Pitt erleichtert nickte: »Außerdem kann ich eine Begleitmannschaft an Bord des Dampfschiffes abstellen. Blackwood, Ihre Kompanie kann doch ein entsprechendes Detachement entbehren, nicht wahr?«

Blackwood schluckte. »Jawohl, Sir.«

Mein Gott, dachte er, wie einflußreich mußte der Graf von Heiser sein! Mit kaum verhohlener Verachtung hatte seine Frau alle Vorschläge beiseite geschoben. Westphal hatte nur angedeutet, daß die Beziehungen zwischen der *Mediator* und dem deutschen Kreuzer, der ebenfalls vor Taku erwartet wurde, ohne Mastermans Mitwirkung gefährdet sein könnten, und Pitt schien offenbar mit allem einverstanden, was die Verantwortung anderer zuschob.

»Das wäre also geregelt«, stellte sie fest und fügt mit einem Blick auf Blackwood hinzu: »Ich habe nur eine kleine Bitte, meine Herren.« Alle erstarrten. »Ich möchte, daß Hauptmann Blackwood diese Begleitmannschaft kommandiert. Ich bin sicher, der Kaiser wäre sehr dankbar dafür.«

Masterman winkte seinen Steward heran, der mit einem leeren Tablett regungslos dastand. »Ich könnte den dienstältesten Offizier meiner Royal Marines mitschicken«, schlug er vor.

Sie ging auf Blackwood zu, bis sie sich fast berührten. »Ist er denn ebenfalls für Tapferkeit ausgezeichnet worden, Kapitän?« Sie streckte die Hand aus und berührte leicht das blaue Band auf Blackwoods Waffenrock. »Dies ist, glaube ich, die höchste Auszeichnung, die Ihr Land zu vergeben hat, nicht wahr?«

Masterman hob gequält lächelnd die Hände.

»Ich gebe mich geschlagen, Gräfin. Dann bleibt es bei Hauptmann Blackwood.« Er nickte ihm zu. »Veranlassen Sie bitte alles weitere, Hauptmann.«

Blackwood zog sich zurück; erst draußen, vor der Kajüte neben dem Posten der Marineinfanterie, kam er wieder ganz zu sich.

»Ich muß wohl verrückt geworden sein!«

Der Posten straffte sich noch mehr. »Sir?«

Überrascht sah Blackwood ihn an. Es war ihm gar nicht bewußt geworden, daß er laut gesprochen hatte.

In seiner Kammer fand er Swan, der Hemden für den chinesischen Wäscher zusammenpackte. Er sah sauber und zufrieden aus, man konnte sich kaum mehr vorstellen, daß er einen kreischenden Boxer mit seinem Bajonett durchbohrt hatte.

Swan beobachtete ihn abwartend. »Klingt recht interessant, Sir«, meinte er schließlich. »Das ist genau das richtige für uns: ein kleiner Spaß im Landesinneren!«

Blackwood stützte den Kopf in die Hände. Was hatte es für einen Sinn, Swan nach irgendetwas zu fragen? Das ganze Schiff wußte es wahrscheinlich bereits.

Ein kleiner Spaß? Es würde mehr sein als das. Weit mehr.

Swan verließ mit seinem Bündel die Kammer und summte fröhlich vor sich hin. Wie in alten Zeiten ...

Hoch aufgerichtet stand Hauptfeldwebel Arthur Fox neben dem kleinen Schreibtisch im Dienstraum der Royal Marines und sah zu, wie Blackwood eine Namensliste durchging. Unter seinen polierten Stiefeln schwankte leicht das Deck.

Blackwood merkte, daß Fox ihn beobachtete und genau wußte, was er ihn schließlich fragen würde.

»Warum der zweite Zug?«

»Nun, Sir, Sie werden Mr. Gravatt mit seinen Männern an Bord lassen müssen, um zu sehen, wie er während Ihrer Abwesenheit das Kommando führt. Der dritte Zug, nun ja, Sir, Mr. de Courcy ist ebenfalls recht erfahren. Deshalb dachte ich, Sie würden lieber den zweiten Zug unter Mr. Bannatyre mitnehmen.«

Blackwood lehnte sich zurück und horchte auf das vertraute Stampfen der Maschinen und das Surren der Lüfter; die *Mediator* bahnte sich ihren Weg durch die ruhige See. Fox hatte natürlich recht, wie immer. Bannatyre war ein liebenswerter Premierleutnant, doch der unerfahrenste seiner Offiziere. Ging die Sache schief, würde man ihn am wenigsten vermissen.

Er blickte Fox an: entschlossen, zuverlässig in jeder Situation und doch irgendwie ein Rätsel. Einen angebotenen Stuhl hatte Fox höflich abgelehnt. Wenn er es recht überlegte, hatte er den Hauptfeldwebel noch niemals sitzend gesehen.

Die Gräfin wohnte achtern in Mastermans Kajüte, und der Kapitän hatte sich in seine Seekammer auf der Brücke zurückgezogen. Seit dem kurzen Treffen in Schanghai hatte er sie nicht mehr gesehen, und doch war er sich ihrer Gegenwart an Bord immer bewußt.

Möglicherweise spielte sie nur mit ihm, um sich das Warten auf ihren Gatten zu verkürzen. Doch das war unwahrscheinlich nach allem, was sie gesehen und durchgemacht hatte.

Fox beobachtete ihn. »Es gibt noch einen anderen Grund, Sir.«

»Ja?«

»Den Sergeanten des Zuges, Sir, Kirby.« Er wartete, bis Blackwood diesen Mann gedanklich vor sich sah, und fuhr dann fort: »Er benimmt sich etwas seltsam. Eigentlich war er bisher ein ganz ruhiger Kerl, Sir. Guter Unteroffizier.«

»Kommt aus Ihrer Gegend in London, wenn ich mich recht erinnere?«

Fox grinste. »Ganz recht, Sir. Nur drei Straßen von meiner Wohnung entfernt. Ist ein Jahr nach mir eingetreten. Ein echter Marineinfanterist.«

Ein höheres Lob konnte man von Fox nicht erwarten.

»Aber seit wir auf der *Mediator* sind, hat er zwei Mann zur Bestrafung gemeldet«, fuhr Fox fort. »Das sieht ihm gar nicht ähnlich. Ein paar hinter die Ohren, wenn kein Offizier in der Nähe ist, entspricht mehr seiner Art.«

Blackwood mußte lächeln. »Noch was?«

Fox verzog den Mund. »Nein, Sir. Ich habe die Männer abgeteilt, Waffen und Ausrüstung gemustert. So wenig wie möglich, wie Sie befohlen haben.«

Blackwood studierte die neben ihm liegende Karte. Der Navigationsoffizier der *Mediator* hatte darauf hingewiesen, daß der Hoshun, ein enger und gewundener Fluß, zu dieser Jahreszeit wenig Wasser führte. Vor drei Tagen war ein kleiner Küsten-Raddampfer namens *Bajamar* von Schanghai ausgelaufen. Mit etwas Glück konnten sie bis zum Hoshun warten, ehe sie die Passagiere und die Abordnung der Royal Marines auf ihn übersetzten.

»Gut. Auch ohne zusätzliche Vorräte und Munition werden wir kaum genug Wasser unter dem Kiel haben.« Er runzelte die Stirn. »Ich möchte, daß einer der Sekondeleutnants das Detachement begleitet. Um Erfahrungen zu sammeln.«

»Einer hat sich bereits freiwillig gemeldet.« Fox zögerte. »Mr. Earle.«

»Ah so. Danke.« Kaum konnte er seine Enttäuschung verbergen; er hatte gehofft, es wäre Ralf.

»Das wär's dann, Mr. Fox.«

»Noch eins, Sir.«

Blackwood sah ihn ernst an und dachte: Jetzt kommt's. Wie üblich zur richtigen Zeit.

»Ich möchte ebenfalls mitkommen, Sir. Unteroffizier Chittock steht zur Beförderung an, wenn er nicht dumm auffällt. Mich wird man also hier nicht vermissen, sollte es etwas aufregend werden. Sie haben ein paar tüchtige Männer mit, Sir, aber Sie brauchen jemanden mit Diensterfahrung. Nur sicherheitshalber.«

Blackwood sah ihn an. Es wäre ihm nie in den Sinn gekommen, daß der steife, schweigsame Hauptfeldwebel seinetwegen mitgehen wollte. Das rührte ihn.

»Ich danke Ihnen, Mr. Fox. Also abgemacht.«

Fox ging hinaus, und Blackwood blickte sich im Dienstzimmer um; hatte er irgendetwas vergessen?

Morgen vormittag würde das Treffen stattfinden. Über das Danach konnte man nur spekulieren. Plötzlich mußte er an Hawkshill denken, an seine Mutter und den General. Er hatte ihnen geschrieben, aber es konnte Monate dauern, bis sein Brief in dem alten Haus eintraf. Seltsam, dachte er voll Beklemmung, vielleicht war der General dann bereits tot und Hawkshill ohne die notwendige lenkende Hand. Er stand auf und ging zum Bulleye. Wie auf einem alten Aquarell dümpelten einige kleine Fischerboote querab. Was würde er dann machen? Den Abschied einreichen und seinen Platz auf Hawkshill einnehmen. Unwillkürlich preßte er die Lippen zusammen. Aus dem Corps ausscheiden? Niemals, nur wenn man ihn rauswarf.

Beim Verlassen des Dienstraumes stieß er fast mit seinem Vetter Ralf zusammen, dem es gelungen war, ihm seit seiner Rückkehr von der *Delhi Star* auszuweichen. Im Augenblick schien er ungewöhnlich entgegenkommend und mit sich selbst zufrieden.

»Wo bist du gewesen?«

Ralf strich sich milde lächelnd den schmalen Schnurrbart.

»Ich habe mit der Gräfin Tee getrunken, Sir. Es war ganz reizend.«

Blackwood nickte. Ralf beobachtete ihn, er machte sich wohl insgeheim über ihn lustig.

Warum auch nicht? Er hatte es ja herausgefordert.

»Das ist wohl etwas, was dir mehr liegt als der Kampf gegen die Boxer.« Blackwood machte auf dem Absatz kehrt.

Eine kindische Bemerkung, aber er fühlte sich verletzt, und das ärgerte ihn noch mehr.

Fox sah den schlanken Sekondeleutnant vorbeigehen und blickte auf. Der Junge lachte doch tatsächlich!

Dir wird schon noch das Lachen vergehen, dachte Fox. Und dann möchte ich dabei sein.

Kapitän Masterman trat hinaus auf die Brückennock und blickte zu dem längsseits liegenden kleinen Raddampfer hinunter. Das schmale Schiff hatte so geringen Tiefgang, daß es mit seinen beiderseits angesetzten Radkästen aussah, als zöge es die Schultern hoch.

Ein Blick aufs Wasser zeigte ihm, wie ungemütlich flach es hier war, daß die Wassertiefe für den Raddampfer jedoch ausreiche. Eben gerade hatte der Signalmeister einem jungen Seemann erklärt: »Der geht so flach, daß er auch auf Spucke noch schwimmen kann.«

Das Detachement der Marineinfanteristen kletterte bereits hinab, ihre zurückbleibenden Kameraden sowie die nicht beschäftigten Seeleute sahen von der Reling aus zu. Querab lag das Land in dunstigem Blau, die enge Einfahrt zum Fluß war nur durch eine leichte Kräuselung der Wasseroberfläche erkennbar. Eintönig und leblos schien das Festland, und doch hatte Masterman das Gefühl, daß sein Schiff bereits seit Tagesanbruch, als sie mit der vor Anker liegenden *Bajamar* Signale gewechselt hatten, beobachtet wurde. Das Schiff war ein alter Veteran in diesen Gewässern, geführt von einem riesigen ungepflegten Norweger, die Besatzung die schlimmste Ansammlung von Spitzbuben, die Masterman je gesehen hatte. Alles in allem nicht gerade das, was Masterman sich ausgesucht hätte.

Aber Pitt, der Konsul in Schanghai, hatte sehr lobend über das Schiff gesprochen und seine oft bewiesene Fähigkeit, Piraten abzuwehren, erwähnt. An Bug und Heck waren alte Drehbassen[*] montiert, wahrscheinlich mit rostigen Nägeln geladen, dachte Masterman. Auf kurze Entfernung sicher eine tödliche Waffe.

Wilberforce trat ins Helle und meldete: »Detachement an Bord, Sir. Passagiere klar zum Übersteigen.«

Der Kommandant knurrte; von dem deutschen Kanonenboot war nichts zu sehen. Länger konnte er jedoch nicht mehr warten. Möglicherweise wurde sein Schiff zur Verstärkung der Gesandtschaften oder zum Evakuieren von Flüchtlingen gebraucht.

Es war ein Jammer mit der Gräfin; aber Frauen komplizierten die Dinge immer.

»Ich gehe runter«, sagte er.

Die letzten Gepäckstücke waren auf die *Bajamar* herabgelassen und unter Deck gebracht worden. Langsam ging Masterman über das Achterdeck zum Fallreep. Die Gräfin, ganz in Weiß, trug einen breitrandigen Hut mit passender Straußenfeder: wie für einen Empfang in einer Botschaft oder im Buckingham-Palast, aber nicht für eine beengte Reise in einem kleinen Dampfer.

Er legte die Hand an die Mütze. »Ich hoffe, daß alles gut für Sie verläuft, Gräfin.«

Nichts stimmte. Das kleine Schiff war heruntergekommen, die Marineinfanteristen staken in weißem Zeug statt in Rot und Blau. Masterman hatte ganz bestimmte Maßstäbe, die keine Rücksicht auf die

---

[*] horizontal und vertikal schwenkbares leichtes Geschütz zur Abwehr von Enterkommandos (Anm. d. Übers.)

Umstände nahmen. Er hatte jedoch alles Blackwood überlassen. Der mußte wissen, was er tat.

»Ich danke Ihnen für Ihre Fürsorge, Herr Kapitän«, lächelte sie und streckte die behandschuhte Rechte aus. »Ich bin überzeugt, man wird Ihnen das nicht vergessen.«

Sie winkte ihrer Zofe. »Geh' runter, mein Kind.«

Das Mädchen warf einen Abschiedsblick auf die schmuck gekleidete Fallreepsgruppe und die langrohrigen Geschütze, über denen die britische Kriegsflagge in der leichten Brise auswehte: Schutz, Macht und Sicherheit. Ein starker Gegensatz zu dem kleinen, längsseits liegenden Schiff.

Der frisch verwitwete Schwager der Gräfin wandte sich zum Gehen. Er war Handelsattaché der deutschen Handelsmission in Peking und zu einer Konferenz nach Hongkong unterwegs gewesen. Seit er mit Blackwood an Bord gekommen war, hatte er noch kein Wort gesprochen. Er schien sich nicht mehr zurechtzufinden, nicht zu begreifen, was um ihn herum geschah.

Masterman hob die Hand der Gräfin an die Lippen, roch ihr feines Parfüm und fühlte ihre Augen auf sich ruhen. Plötzlich war er froh, daß er eingewilligt hatte, Blackwood mitzuschicken. Wenn auch nur eine Geste, so war es doch die richtige. Die ferne Admiralität in London hätte es ihm nicht gedankt, wenn der Frau eines so prominenten Mannes ein Leid geschah. In so einem Fall schob die Admiralität Schuld und Verantwortung immer dem ranghöchsten anwesenden Offizier zu, und das war in diesem Fall er selber.

Vom überfüllten Deck der *Bajamar* aus beobachtete Blackwood die Verabschiedung auf dem Achterdeck des Kreuzers.

Trotz seiner freudigen Erregung fühlte er leichte Besorgnis. Die *Bajamar* hatte vielleicht den richtigen Tiefgang, aber sonst sprach wenig zu ihren Gunsten. Alle Unterkünfte lagen über der Wasserlinie, sogar die Maschine und der lange, kastenartige Aufbau mit dem dünnen schwarzen Schornstein waren bei Beschuß völlig ungeschützt.

Er musterte den Kapitän der *Bajamar*: ein Schrank von einem Kerl, mit einer Haut wie Mahagoni und rotblondem Haar, das unter seiner fleckigen Mütze in Büscheln hervorquoll. Er schien sein Jackett mit den goldenen Litzen seit längerem nicht getragen zu haben, denn die Messingknöpfe waren bis zum Bersten über dem mächtigen Bauch des Norwegers gespannt.

Blackwood mußte an Major Blair denken. Noch so eine »Old China hand«. Lars Austad war sein Name, und Blackwood konnte ihn sich

51

besser mit einem gehörnten Helm auf einem Wikingerschiff vorstellen.

»Jetzt kommt sie an Bord, Sir«, sagte Fox neben ihm.

Vorsichtig stieg die Gräfin das Fallreep hinab, die eine Hand auf dem Handlauf, die andere umschloß den gefalteten Sonnenschirm.

»Puh!« murmelte Fox.

Die meisten Marineinfanteristen waren bereits in qualvoller Enge im achteren Teil des Deckshauses untergebracht. Die weißen, schon völlig zerknitterten Uniformen würde Masterman nicht billigen. Doch Blackwood erinnerte sich an eine Geschichte seines Onkels aus Afrika, der damals veranlaßt hatte, daß seine Männer im Kampf mit Sklavenhändlern und Eingeborenen ihre Hemden beschmierten, damit sie weniger auffielen.

Friederike gestattete ihm, ihre Hand zu nehmen und sie die letzten Schritte auf das Deck zu geleiten. »Wie malerisch«, sagte sie zu Blackwood und lächelte dem riesigen Norweger zu.

Swans rotes Apfelgesicht verzog sich zu einem Grinsen.

Sie nickte den beiden Offizieren der Royal Marines, Premierleutnant Bannatyre und Sekondeleutnant Earle, zu und blieb dann neben Fox stehen, der sie wie ein Baum überragte.

»Mit Männern wie Ihnen zu meinem Schutz brauche ich wohl keine Furcht zu haben, denke ich.«

Ihr Lachen klang melodisch und paßte kaum zu den herumstehenden Soldaten und den ordentlich aufgestapelten Waffen.

Klick, klick, klick. Die Ankerkette der *Mediator* kletterte bereits durch die Klüse, das Fallreep wurde an der Bordwand hochgehievt, und schon schlugen die Schrauben das Wasser zu Schaum.

»Fahren Sie los, Kapitän«, sagte Blackwood zu Austad.

Der Norweger machte Augen wie Untertassen und bellte seiner zerlumpten Besatzung Befehle zu. Wahrscheinlich hatte ihn noch nie jemand mit Kapitän angeredet.

Das Deck schwankte leicht; langsam entfernte sich die *Mediator*, an ihrer Reling winkten einige Leute. Mastermans beeindruckende Gestalt stand in der Brückennock und grüßte.

Austad legte die Hebel des Maschinentelegrafen herum, die beiden Schaufelräder setzten sich in Bewegung und drehten das Schiff auf die Küste zu.

Blackwood folgte Friederike in ihre Kabine, die nicht viel größer als ein Schrank war. Gespannt wartete er auf ihre Reaktion, denn er nahm an, sie werde aus der Fassung geraten.

»Ich bedaure das sehr, Gräfin«, erläuterte er. »Aber es ist meiner Meinung nach der sicherste Raum an Bord: achtern ein stählernes Schott und vor Ihnen der Vorratsraum. Ihre Zofe ist mit Ihrem Gepäck in der Nachbarkabine.«

Sie wandte sich um und schaute ihn mit ihren blauen Augen an. Dann klopfte sie ihm liebevoll mit dem Sonnenschirm auf den Arm.

»Sie denken an alles, Hauptmann.«

Blackwood fühlte ihre Nähe und hätte sie am liebsten in die Arme genommen. Seine Sehnsucht war wie ein körperlicher Schmerz. Schlimmer noch: Er wußte, daß sie seine Gedanken lesen konnte.

»Ob ich wohl ein Bad nehmen kann?«

Blackwood zuckte die Schultern. »Ich fürchte, das ist unmöglich, Gräfin.« Unbewegt sah sie ihn an. »Zwei Tage auf diesem Schiff und kein Bad? *Das* ist unmöglich.«

Sie faßte sich an den Hals und öffnete den hohen Kragen. Zu jeder anderen Zeit hätte diese Geste nichts bedeutet, doch Blackwood erinnerte sich plötzlich, wie sie in der anderen Kabine ausgesehen hatte: das Blut an Deck, der kleine Revolver in ihrer Hand, der zerrissene Morgenrock ... Über das schmale Seitendeck trampelten Füße. Es gab noch eine Menge zu tun. Im offenen Gewässer war die *Bajamar* vielleicht sicher, doch auf dem flachen, engen Fluß bildete sie ein leichtes Ziel.

»Sie können gehen, Hauptmann. Bitte schicken Sie meine Zofe zu mir.«

Sie wartete, bis er die schmale Tür aufgeschoben hatte. »Ich bin Ihnen dankbar, das wissen Sie.« Ihrem Blick war keine Gefühlsregung anzumerken, doch der Ton strafte ihre Haltung Lügen.

»Dazu besteht kein Grund«, erwiderte er und sah vor sich das Gesicht seines Vetters, triumphierend, belustigt. »Es ist meine Pflicht.«

Draußen vor der Tür lehnte er sich gegen das sonnenheiße Metall und verfluchte seine Dummheit.

In der Nähe stand Premierleutnant Bannatyre. »Ich habe die erste Gruppe wie befohlen aufgestellt, Sir.« Verwirrt durch Blackwoods zorniges Schweigen, zögerte er.

»Sehr gut, Ian.« Blackwood schlug ihm auf die Schulter. »Zeigen Sie mir bitte die Positionen.«

Aus ihrer Kabine trat die kleine chinesische Zofe mit dem Gewand über dem Arm, das die Gräfin eben noch getragen hatte. Blackwood stellte sie sich hinter der Tür vor. Wahrscheinlich nackt, nur wenige Schritte entfernt.

»Ist was nicht in Ordnung, Sir?«
»Vermutlich die Hitze«, seufzte Blackwood.
Bannatyre nickte. »Verstehe, Sir.«
Gar nichts verstehst du, mein Junge. Blackwood wandte sich nach der *Mediator* um, doch die war bereits hinter der Landzunge verschwunden; nur eine Rauchwolke verriet ihren Weg.

V Nur zehn gute Männer

Blackwood stand neben dem Steuerbord-Radkasten und blickte in den nächtlichen Himmel. Die Sterne sahen so klein und so weit entfernt aus, daß sich sein Gefühl, eingeschlossen zu sein, noch verstärkte. Rund um ihn war es an Bord nach der ersten Tagesreise ganz ruhig. Es würde länger dauern, als selbst Kapitän Austad angenommen hatte, denn der Fluß war außergewöhnlich flach und mit seinen nicht vermessenen Sandbänken und Felsbrocken sehr tückisch. Bei einem Mann von Austads Erfahrung war nicht zu erwarten, daß er sein Schiff auf Grund setzte, nur weil er es im Auftrag der Regierung eilig hatte.

Gerade hatte Blackwood ihn in seinem winzigen Kartenraum zurückgelassen. Wie ein Bär im Käfig wirkte er in dieser vom beißenden Rauch seiner riesigen Meerschaumpfeife erfüllten Enge. »Sie haben Ihre Männer auf Posten«, hatte er bemerkt, »mein Schiff ist abgedunkelt. Mehr können wir nicht tun.«

Glücklicherweise führte das kleine Fahrzeug zwei Boote, flachgehende Sampans, mit sich. Blackwood hatte je eines zu den beiden Ufern ausgeschickt, als Vorhut und Flankensicherung.

Fox hatte für die gleichmäßige Verteilung von alten Hasen und jungen Rekruten gesorgt. Dennoch mußte es nervenaufreibend sein, an einem unbekannten Ort an Land gesetzt zu werden und nur Wasser im Rücken zu haben. Er nickte den Posten zu und ging nach vorn, wo Premierleutnant Bannatyre das Maschinengewehr aufgestellt hatte.

Mittschiffs wäre günstiger gewesen, aber der kastenförmige Aufbau verhinderte das, es sei denn, man ließ Gewehr und Bedienung völlig ungeschützt.

»Alles ruhig, Sir«, murmelte Sergeant Kirby.

»Danke.« Blackwood starrte zur schwarzen Küstenlinie und überlegte, was Fox an diesem stämmigen Sergeanten wohl beunruhigt hatte. Er machte einen ganz normalen Eindruck. Blackwood hatte miterlebt, wie er als Korporal eine Handvoll Marineinfanteristen zum Angriff auf einen Haufen Wilder mitgerissen hatte, um die Fahne in der Faust des toten Fahnenunteroffiziers zu bergen.

»In einer halben Stunde wollen wir die Vorposten ablösen. Wenn sie zu lange draußen sind, fangen die Männer noch an, Gespenster zu sehen.« Er tastete sich wieder nach achtern und sah zu seinem Erstaunen die Gräfin an der Reling stehen, in einen langen Umhang gehüllt.

»Sie sollten sich hier nicht aufhalten, Gräfin!« Er dämpfte seine Stimme zum Flüstern. »Das ist nicht sicher genug.«

Ohne sich umzuwenden, starrte sie angespannt in die Dunkelheit. »China. Der Tiger.« Sie sprach so leise, daß Blackwood den Kopf senken mußte, um sie zu verstehen.

»Ich konnte nicht schlafen, mußte immer daran denken – an meine Schwester –, hörte immer noch das Schreien dieser armen Menschen.«

Blackwood wagte sich nicht zu rühren. Ihre gefaßte Haltung brach zusammen, sie durchlebte alles noch einmal, und das wohl jede Nacht seit dem Überfall auf die *Delhi Star*.

Wieder verlangte es ihn danach, sie in die Arme zu nehmen. Doch ihm war klar, daß sie sich mit ihren letzten Kräften gegen ihn wehren würde.

»Und doch wagen Sie diese gefährliche Flußfahrt, Gräfin? Mußte das denn sein?« Es klang vorwurfsvoll, doch das kümmerte ihn nicht länger.

»Sie sprachen von Pflicht. Auch ich habe meine Pflichten.«

Blackwood horchte auf die leisen Schritte eines eingeborenen Besatzungsmitgliedes. »Sie sprechen ein vorzügliches Englisch, Gräfin.« Warum fühlte er sich nur so befangen?

»Ich reise viel, Hauptmann. Mein Mann und ich sind in England, so oft wir können. Er hat Verwandte dort. Dann besuchen wir die Segelregatten in Cowes, die Ruderregatten in Henley, die Rennen in Ascot, und gelegentlich sind wir auch bei Hofe.«

Blackwood schluckte. Das war eine andere Welt, die Welt der Menschen, die auch darüber entschieden, wohin Männer wie seine Marineinfanteristen, wie Neil und alle vor ihm, geschickt wurden. Nur waren sie in ihren Planungen nicht Menschen, sondern Truppenteile und Schiffe.

»Habe ich etwas Falsches gesagt?« Sie sah ihn genauer an. »Sie sind bestürzt, verletzt, nicht wahr?«

»Es war nichts«, entgegnete Blackwood kopfschüttelnd. »Ich dachte nur einen Augenblick an meinen Bruder.«

»Ich verstehe. Sie vergleichen wohl?« Sie bemerkte, wie er zusammenfuhr. »Das ist ganz natürlich.« Sie schien sich der Gefahr wieder bewußt zu werden. »Diese Reise dauert eine Ewigkeit.«

»Werden Sie länger in der Handelsmission bleiben?« fragte Blackwood.

»Ich weiß es nicht. Manfred wird das entscheiden.« Trotz ihrer äußeren Ruhe war ihr ein gewisser Unmut anzumerken.

»Haben Sie Kinder, Gräfin? Ich nehme an, Sie werden froh sein ...«

Sie wandte das Gesicht ab. »Wir haben keine Kinder.«

Nur wenige Worte, aber es stand sehr viel mehr dahinter.

»Natürlich habe ich mir immer Kinder gewünscht«, hörte er sie mit verträumter Stimme sagen. »Welche Frau tut das nicht?« Wieder schaute sie nervös über die Schulter, eine Bewegung, die Blackwood wie einen Messerstich empfand. »Aber es sollte nicht sein. Manfred war großzügig, er findet sich damit ab.«

Blackwood suchte nach Worten. »Man kann dabei doch nicht von Schuld sprechen.«

Sie fuhr herum. »Schuld? Sie erstaunen mich, Hauptmann. Sie handeln wie ein Mann und sprechen wie ein Kind. Schuld? Ich habe Ihnen doch gerade gesagt, daß Manfred sich damit abfindet.«

Ihre Worte trafen ihn wie ein Schlag ins Gesicht. Heftig erwiderte er: »Sie reden, als habe er *Ihnen* vergeben, Gräfin. Aber es könnte ja auch an ihm liegen!«

Damit war er zu weit gegangen. Das gleichmäßige Stampfen der zur Ablösung antretenden Vorposten drang an sein Ohr. »Tut mir leid, Gräfin«, brach es aus ihm heraus. »Das war unverzeihlich. Bitte vergessen Sie, was ich gesagt habe.«

Sie berührte seinen Arm und sagte leise: »Da gibt's nichts zu verzeihen. Was sollte ich Ihnen wohl verübeln?«

Jede Minute konnte Kirby erscheinen, um ihm Meldung zu machen. Er rang nach Worten. »Ich bewundere Sie sehr, Gräfin. Ihren Mut, alles ...«

»Sehen Sie, Hauptmann? Was ich gesagt habe: ein kindliches Gemüt.« Ihre Hand zog sie jedoch nicht zurück.

»Vielleicht.« Blackwood legte seine Hand auf die ihre. »Vermutlich bin ich zu sehr mit meinem Beruf verwachsen. Ich habe es verlernt, mich mit zivilisierten Menschen zu verständigen.«

Sie lächelte. »Zivilisation bedeutet ziemlich wenig, wenn ein Mensch nur nach persönlichem Vorteil strebt.«

Im Dunkeln hustete Sergeant Kirby höflich, und Blackwood haßte ihn dafür. »Ich komme sofort, Sergeant.«

Sanft zog sie die Hand zurück. »Gehen Sie, Hauptmann, er braucht Sie.« Impulsiv streichelte sie sein Gesicht. Trotz der feuchten Hitze waren ihre Finger kühl und zart.

»Wir alle werden Sie bald brauchen.« Dann war sie verschwunden, wie ein Geist vom Dunkel verschluckt. Er wartete noch einen Augenblick, bis er die Tür gehen hörte, und wandte sich dann um.

Sekondeleutnant Earle und die nächste Feldwache standen bereit, in den längsseits liegenden Sampan zu steigen.

»Sie wissen, was Sie zu tun haben?« Blackwood mußte sich räuspern. »Beim ersten Zeichen eines Angriffs ziehen Sie sich zum Ufer zurück, bis wir Ihnen mit dem Maschinengewehr Feuerschutz geben können. Bleibt beieinander und nehmt eure Helme ab, dann hört ihr besser.«

Earle nickte so ernst, als lerne er jeden Satz auswendig.

»Jawohl, Sir. Sie können sich auf mich verlassen.«

Kirby riß sich aus seinen bedrückenden Gedanken und sagte rauh: »Ich gehe mit, Sir.«

»In Ordnung«, meinte Blackwood, »aber nicht den Helden spielen, Charles.« Er gebrauchte bewußt den Vornamen, um ihn persönlich anzusprechen. »Ich möchte, daß diese Gruppe für das nächste Stück der Reise unversehrt bereitsteht.«

Kirby knurrte. Das hat mir gerade noch gefehlt, dachte er wütend. Ein Sekondeleutnant, der noch in den Kindergarten gehört, und ein liebeskranker Hauptmann.

»Also los, Mr. Earle.« Die Handvoll Leute kletterte in das kaum erkennbare Boot hinunter, dann verschwamm der Sampan mit dem Flußufer. Bald darauf kehrten die abgelösten Marineinfanteristen zurück, froh, wieder an Bord zu sein.

Blackwood knöpfte seinen Uniformrock auf und befühlte die nackte Haut darunter. Heiß und klebrig. Und nur noch drei Stunden bis zum Hellwerden. Später würde es unter der gnadenlosen Sonne schon gar keine Erleichterung geben.

Aber er würde wieder mit ihr sprechen, mußte es einfach.

Auf einer Eisenkiste sitzend, starrte er angestrengt über die Reling. Wie stand sie zu ihrem Mann? Wahrscheinlich empfand sie Respekt, Furcht, Bewunderung. Sonst gab es keinen Hinweis auf irgendwelche Gefühle wie in den Augenblicken, als sie über ihre tote Schwester gesprochen hatte.

Plötzlich ein scharfer Knall, ein kurzes Aufblitzen an Land, dann erdrückende Stille.

Blackwood war aufgesprungen. Gefolgt vom Hauptfeldwebel, kam Bannatyre nach vorn gelaufen.

»Ruhe an Deck!« stieß Blackwood hervor. Doch es war hoffnungslos. Die Besatzung der *Bajamar* war nicht an Disziplin gewöhnt; in wildem Chor schallten ihre Stimmen über den Fluß.

»Das war ein Pistolenschuß, Ian.« Blackwood warf einen Blick auf den regungslosen Leutnant. »Auf Stationen, Mann!«

Fox schritt davon, mit kaum erhobener Stimme stellte er unter seinen Männern sofort Ordnung her, die auf die ihnen zugewiesenen Stationen an beiden Seiten und im Bug hasteten.

Angestrengt horchte Blackwood in die Dunkelheit, doch es war, als sei nichts geschehen. Es war auf Earles Seite des Flusses gewesen. Er verwünschte sich, daß er einen so unerfahrenen Offizier losgeschickt hatte. Vielleicht hatte er seine Pistole aus Versehen abgeschossen, das kam vor. Doch sofort schob er den Gedanken beiseite, er war doch nur eine Ausflucht. Nein, Earle war jung und eifrig, aber kein Dummkopf.

Plötzlich stand der große Norweger neben ihm.

»Soll ich zurücklaufen?« Er wartete, die kalte Pfeife hing ihm im Mund. »Es wäre besser, wieder stromabwärts zu fahren.«

Blackwood fuhr herum. »Sie haben Ihre Befehle. Daran hat sich nichts geändert.« Erschrocken stellte er fest, daß die Gräfin an Deck stand, die chinesische Zofe hing an ihrem Arm.

»Bitte gehen Sie in Ihre Kabine, Gräfin.«

Sie sah ihn an. »Ist es ernst, Hauptmann?«

»Nicht so schlimm, Gräfin.« Selbst ihm klang seine Stimme fremd. »Wenn es hell wird, sieht es schon anders aus. Versuchen Sie ...«

Er hörte das Knacken einer Gewehrkammer und Swans breiten Tonfall. Die vertraute Stimme wirkte beruhigend auf ihn.

»Das Boot kommt, Sir.«

Schwerfällig zog sich Sergant Kirby über die Reling und suchte Blackwood mit Blicken. »Ich habe Korporal Lyde das Kommando übergeben, Sir«, sagte er durch zusammengebissene Zähne.

»Ich möchte in Ihren Worten hören, was los war«, befahl Blackwood mit ruhiger Stimme. »Aber schnell, vielleicht ist nicht mehr viel Zeit.«

Kirby griff suchend in seinen Uniformrock und zog einen Dienstrevolver heraus.

»Der gehört Mr. Earle, Sir.« Sein Blick fiel auf die dunklen Figuren, die mit stillem Vorwurf um ihn herumstanden. »War nicht meine Schuld. Er muß sich von der Gruppe entfernt haben.«

Blackwood nahm den Revolver und gab ihn Swan. Er wußte, Friederike stand immer noch an Deck und beobachtete ihn.

»Stimmt, es ist wirklich seiner, Sir«, sagte Swan.

Im Gedanken an die verstümmelten Leichen, die geschwungenen Schwerter und das Blut fühlte Blackwood, wie ihm übel wurde.

»Sie gehen an Land, Ian.« Seltsam, wie ruhig seine Stimme klang. »Sieht so aus, als hätten sie Earle erwischt.«

Bannatyre nickte und eilte zum Boot.

»Sie bleiben hier«, wandte er sich an Fox. »Ich will noch einen Blick auf die Karte werfen.« Er packte die nächste Relingstütze und dachte: Bitte, lieber Gott, laß ihn schon tot sein!

Wie ein böser Geist lief die Nachricht durch die Reihen der Marineinfanteristen zu beiden Seiten des Schiffes. Fox schritt ins Dunkel und blieb bei der schlanken Gestalt mit ihrer Zofe stehen.

»Würden Sie bitte in Ihre Unterkunft gehen, Ma'am?« Wie immer, wenn er Ausländer anredete, sprach er sehr langsam und ruhig. »Der Hauptmann möchte, daß Ihnen nichts passiert. Deswegen sind wir hier, und er hat im Moment genug um die Ohren.«

Sie verstand nur die Hälfte, doch die echte Sorge des Mannes klang durch die rauhe Stimme.

»Ich werde tun, was Sie wünschen.« Und zögernd, bereits eine Hand an der Tür: »Sie können stolz darauf sein, unter ihm zu dienen.«

Fox war verblüfft. So was besprach man nicht mit Frauen. »Sie ... Sie haben vermutlich recht, Gräfin.« Er hastete davon, um nach Kirby zu suchen und die Wahrheit aus ihm herauszuquetschen.

In dem winzigen, abgedunkelten Kartenraum prüfte Blackwood die Karte und verglich sie mit der von *Mediator* mitgebrachten Seekarte. Geschah in den nächsten paar Stunden nichts weiter, würden sie ankerauf gehen und weiterfahren. Er wischte sich mit dem Ärmel über das Gesicht; in dem engen Raum konnte er kaum atmen. Der Gestank nach Gin und altem Pfeifenrauch machte die Luft nicht gerade besser.

Morgen – er zwinkerte, um sein schmerzendes Hirn zu klären – nein, heute würden sie zu einer großen, scharfen Biegung des Flusses kommen. Hohe Ufer an Steuerbord, ein bißchen niedriger an Backbord. Wenn sie dort ohne Zwischenfall durchkamen, sollte die restliche Strecke zu schaffen sein. Der Fluß wurde danach zwar nicht tief, jedoch breiter. Sie konnten sogar mitten im Fluß ankern, ohne Wachen an Land setzen zu müssen.

Aber angenommen, dieser letzte, schreckliche Vorfall war nur ein Vorgeschmack auf das, was unmittelbar vor ihnen lag? Er versuchte, bei klarem Verstand zu bleiben und die Bilder von dem, was vielleicht im Augenblick mit Earle geschah, aus seiner Vorstellung zu verbannen. Ihm oblag es zu entscheiden, was nun geschehen mußte. Wenn ein Angriff oder, noch schlimmer, ein Hinterhalt bevorstand, dann würde er von dieser Anhöhe ausgehen. Selbst im Schutz der Dunkelheit konnte die *Bajamar* unter Feuer keine Ausweichmanöver fahren, sie hatte genug mit dem Manövrieren und ihren beiden Schaufelrädern zu tun.

Sorgfältig maß er die Entfernungen mit dem Messingzirkel, der Schweiß tropfte ihm warm von der Stirn. An ihre kühlen Finger mußte er denken, an die Art, wie sie ihn angesehen hatte. Bald würde sie ihn, wie auch einige seiner Männer, anders sehen: als den kalten, rücksichtslosen Offizier, der sich nicht um seinesgleichen kümmerte. Blackwood umfaßte den Kartentisch, bis seine Finger knackten. Was, zum Teufel, erwarteten sie auch anderes?

Allmählich atmete er ruhiger und richtete sich auf. Ungewöhnlich sorgfältig knöpfte er seinen Rock zu und schob die Pistolentasche zurecht.

Im Salon der *Bajamar* drängten sich die Marines um Blackwood. Normalerweise hielten sich hier die wenigen Passagiere des Schiffes auf, doch jetzt war der Raum voller Decken, Tornister und Reservemunition.

Unter der einzelnen, von der Decke herabhängenden Petroleumlampe sah Blackwood in ihre verbissenen Gesichter.

Selbst hier mußte der Hauptfeldwebel unter den Decksbalken gebückt stehen. Premierleutnant Bannatyre, gerade von Land zurückgekehrt, hatte im Gebüsch Earles weißen Helm gefunden. Hingeworfen wie den Revolver; sie schienen daran, daß sie den achtzehnjährigen Offizier geschnappt hatten, keinen Zweifel aufkommen lassen zu wollen. Dann waren da noch Sergeant Kirby, die Lippen zu einer dünnen Linie zusammengekniffen, die Augen vor Anstrengung gerötet, und seine zwei Korporäle, Lyde und O'Neil, beides alte Hasen.

Ein wenig abgesetzt stand Austad und blinzelte bedrückt durch seinen Pfeifenrauch.

So ruhig er konnte, begann Blackwood zu sprechen. »Folgendes habe ich vor.« Er wies auf eine rohe Zeichnung der Flußbiegung, durch die sie mußten. »Hier haben wir einen Angriff zu erwarten. Zögern sie noch länger, können wir die Handelsstation erreichen und genießen dann den Schutz des deutschen Kanonenbootes. Gehen sie jedoch davon aus, daß wir aus Furcht umkehren«, bei diesen Worten fühlte er Austads Unmut, »dann können sie auch einen Angriff weiter seewärts versuchen. Wenn sie so gut informiert sind, wie ich annehme, hatten sie für alle Vorbereitungen genügend Zeit.«

»Sieht aus, als säßen wir so oder so in der Falle, Sir«, bemerkte Kirby bitter.

»Hier gehen wir mit einer kleinen Gruppe an Land.« Blackwood zeigte auf die Karte. »Bald wird es hell, und wenn Kapitän Austad ordentlich Rauch macht, werden ihre Ausguckposten überzeugt sein, daß sein Schiff gleich kommt.« Austad sagte nichts dazu, und Blackwood fuhr fort: »Wir müssen auf Überraschung bauen.« Sein Finger glitt in gerader Linie landeinwärts zu einem Punkt hinter der Anhöhe, die die Flußbiegung beherrschte. »Nach meiner Rechnung sollte das eine Stunde dauern. Eilmarsch, nur mit Waffen und Munition.« Er blickte in ihre gespannten Gesichter, sie begriffen genau, was er meinte: töten oder getötet werden. »Wir werden sie von hinten packen.« Dann fiel sein Blick wieder auf Austad. »Wenn wir keinen Erfolg haben, kehren Sie nach Schanghai zurück. Versuchen Sie nicht, ohne Schutz weiterzufahren.«

»Sie gehen mit, Sir?« warf Fox ein. Es klang, als habe er sich verhört.

Was kann ich denn anderes tun? dachte Blackwood. Laut sagte er: »Mr. Bannatyre übernimmt hier das Kommando, und Sie, Hauptfeldwebel, das weiß ich, werden ihn nach Kräften unterstützen.« Dann wanderte sein Blick von dem innerlich protestierenden Fox zu dem jungen Premierleutnant. Bannatyre schien überrascht, vielleicht war es aber auch Erleichterung.

»Ihre einzige Aufgabe besteht darin, die Gräfin zu schützen und sicher abzuliefern, verstanden?«

»Jawohl, Sir.« Bannatyre nickte. Wahrscheinlich dachte er, wie alle, an Earle.

»Sergeant Kirby und seine beiden Korporäle«, fuhr Blackwood fort, »kommen mit mir. Außerdem brauche ich die besten Schützen, die wir haben. Ich frage nicht nach Freiwilligen, nur nach zehn guten Männern.«

Unvermutet brach Korporal O'Neil in lautes Lachen aus. »Was ist ein Freiwilliger, Sir?«

Blackwood konnte sogar lächeln. »Ein schwerhöriger Marineinfanterist.« Gern hätte er sich den Schweiß vom Gesicht gewischt, er mußte jedoch unbedingt ruhig und beherrscht wirken.

»Wie lange, Sir?« fragte Fox.

Langsam nahm Austad die Meerschaumpfeife aus dem Mund.

»Geben Sie mir eine halbe Stunde. Dann fahre ich ganz langsam los.« Der norwegische Riese seufzte. Er hatte sich damit abgefunden, daß sie alle schon so gut wie tot waren.

Sie verließen den Salon, Blackwood löschte die Lampe, öffnete eine der Stahlblenden vor einem viereckigen Fenster und starrte in die Dunkelheit. Man konnte das Land riechen. Wenn es doch nur regnen wollte! Alles war besser als diese drückende Stille.

»Kann ich Ihren Revolver haben, Sir?« hörte er Swan fragen.

Blackwood zog ihn aus der Ledertasche und gab ihn ihm, ohne sich umzudrehen. Swan würde alles überprüfen. Eigentlich war es falsch, ihn erneut in Gefahr zu bringen. Doch ihn zurückzulassen würde er als Beleidigung auffassen.

»Wird mir gut tun, mal die Beine zu vertreten, Sir.« Swan betastete den Revolver in der Dunkelheit, nahm jede Patrone heraus und vergewisserte sich, daß sie in Ordnung war, ehe er sie wieder in die Trommel schob.

»Ich könnte unrecht haben.« Swan gegenüber durfte Blackwood seine Zweifel äußern. Sie denen zu zeigen, die er führen mußte, war etwas ganz anderes. Er lächelte in die Dunkelheit hinein. Das klang fast wie der alte General. Dann ging er, von Swan begleitet, auf das Seitendeck, wo Kirby seinem Landungstrupp erklärte, was man von ihnen erwartete. Er hatte seine Leute gut ausgesucht.

Angenommen, vom Ufer her beobachtete man sie bereits, wartete darauf, sie niederzuhauen, sobald sie aus den Booten kletterten? Blackwood schüttelte sich. Plötzlich fand er seine Ruhe wieder. Es war immer dasselbe. Ein nebelhafter Plan, und dann der Zwang zu handeln, ehe man Zeit hatte, die Angelegenheit zu durchdenken oder die Möglichkeit eines Fehlschlags zu erwägen.

Die Entscheidung war getroffen – richtig oder falsch. Nun wollte er nur noch kämpfen.

»Ins Boot!«

Einige der schattenhaften Gestalten flüsterten ihren Freunden ein Lebewohl zu, während sie in dem kleinen Sampan verschwanden.

»Alles Gute, Sir«, kam es von Fox. »Ich wünschte mir nur ...«
Blackwood berührte seinen Arm. »Ich weiß. Aber es muß sein.«
»Das ist mir klar, Sir«, knurrte Fox.

Sobald der Hauptmann im Sampan war, paddelte das kastenförmige Boot schnell in die dunklen Schatten des Ufers. Kurz vor dem Land hielten sie inne und horchten auf irgendein Anzeichen drohender Gefahr.

Blackwood schwang sich über das Dollbord. Ein kurzer Blick über die Schulter, der Raddampfer war nur noch ein heller Fleck vor dem gegenüberliegenden Ufer.

Nach den ersten Schritten im seichten Wasser knirschte grobes Gras und Buschwerk unter seinen Tritten: wie alles an Land trocken wie Zunder und leicht nach Fäulnis riechend. Auch Bäume gab es, aber nicht genug, um ihnen Deckung zu bieten.

Sie teilten sich in zwei Gruppen, jede von einem Korporal geführt. Kirby blieb bei Blackwood.

Das Gelände stieg zuerst langsam, dann steiler an. Nachdem Blackwood sich zurechtgefunden hatte und auf den Fuß einer Hügelkette zeigte, merkte er die Unruhe in seiner kleinen Gruppe. Zwischen sie und den Fluß hatte sich bereits ein Hang geschoben; das schwache Zischen einer Brise im trockenen Gras hörte sich an wie Schlangen.

Kirby hatte bereits zwei Späher vorausgeschickt; man konnte sich ihre Empfindungen, wenn sie gelegentlich die Fühlung mit ihren Kameraden verloren, sehr gut vorstellen. Wer machte sich schon Gedanken über solche Männer? dachte Blackwood vage. Diejenigen, die beim Angriff die Spitze bildeten und die, die einen Rückzug decken mußten. Die Einsamen. Der verlorene Haufen.

Kirby spähte zum Himmel. Der Kamm der Hügelkette war bereits deutlicher zu erkennen, oder hatten sich ihre Augen der Dunkelheit angepaßt?

Ein Mann verfing sich mit dem Fuß in einer Wurzel und fiel mit großem Geklapper auf sein Gewehr. Alles erstarrte, wagte kaum zu atmen.

Kirby stieß einen obszönen Fluch aus und schnarrte: »Wie heißt der Kerl?« Doch er war wie alle anderen dankbar, daß nichts Schlimmes geschehen war.

»Zehn Minuten Pause, Sergeant. Weitergeben an die Späher.«

Blackwood warf sich nieder, Swan saß mit gekreuzten Beinen neben ihm wie ein indischer Fakir. Austad würde nun Dampf machen, dachte er, seine Ankerkette kurzstag hieven, um in Kürze die Reise stromaufwärts fortzusetzen. Wie, um Himmels willen, war ein Mann wie er hierher gekommen?

Plötzlich mußte er an die Gräfin denken. Sie wenigstens war in Sicherheit. Die Marines an Bord hatten nur diese eine Aufgabe, und selbst unter Bannatyres zögernder Führung würden sie sie erfüllen. Dafür würde schon Fox sorgen.

Blackwood rollte sich auf die Ellbogen und starrte den Hang hinauf. Was für ein gottverlassener Ort, um zu sterben! Nur der Fluß stellte eine lebenswichtige Versorgungslinie dar, gleich vielen anderen in China voller Handelsstationen, die wiederum durch die Kanonenboote eines halben Dutzends Länder geschützt wurden. Das Ganze war schon seltsam.

Sie mußten weiter.

Er erhob sich und unterdrückte ein Gähnen. Wann hatte er eigentlich zuletzt geschlafen oder gegessen?

»Waffen überprüfen!«

Langsam trat er wieder unter die Männer.

Da war Kempster aus Leeds, dessen gemütlicher Yorkshire-Dialekt sonst durch die ganze Unterkunft klang. Dann Trent, ein Mann mit dunkelhäutigem Gesicht, mehr einem Spanier gleichend, selbst von seinen Freunden Dago genannt und doch bereits in der fünften Generation Marineinfanterist. Korporal Lyde, der längst hätte Sergeant sein sollen; aber er konnte sich kaum erinnern, wie oft er seine Streifen wegen einer Prügelei an Land eingebüßt hatte. Roberts, früher Landarbeiter in Sussex, freundlich, langsam, aber wahrscheinlich der beste Schütze der Kompanie. Sie alle schauten ihn an, ohne ihn wirklich zu beachten. Jeder dachte an sich selbst. Wenn es schlimm wird, wie werde ich mich verhalten?

»Alles in Ordnung, Sir.«

Blackwood öffnete die Pistolentasche und hob den Arm, um das Zeichen zum Weitermarsch zu geben. Doch wie gelähmt hielt er inne. Dann hörte er es erneut. Konnte ein menschliches Wesen solche Laute von sich geben?

»Um Gottes willen, das muß Mr. Earle sein!« rief Kirby mit belegter Stimme.

Am liebsten hätte Blackwood die Hände auf die Ohren gepreßt, um diese herzzerreißenden Schreie nicht mehr hören zu müssen.

Sie waren also da. Er hatte recht gehabt. Warteten auf die *Bajamar*, quälten derweil ihr Opfer und gönnten ihm nicht den Tod.

Als jemand hinter ihm würgte, mußte Blackwood schwer schlukken. Ihm war klar, daß einige ihn anstarrten und stumm anflehten anzugreifen, um diesem schrecklichen Schreien ein Ende zu setzen.

Doch es war noch zu früh. Wenn sie jetzt alle auf den Vorsprung zurannten, ohne die Stärke ihres Gegners zu kennen oder darauf zu warten, bis Austad auftauchte, war alles verloren. Den Männern wäre das jedoch egal gewesen.

»Vorwärts. Nach rechts und links auseinanderziehen.« Er hörte das Schlurfen ihrer Füße, ein Aufstöhnen beim nächsten gellenden, bis ins Mark treffenden Schmerzensschrei. Dann war Stille, als sei eine Tür zugeschlagen worden.

Blackwood lockerte seinen Revolver und ging ruhigen Schrittes durch das dürre Gras. Er fühlte Schweiß über seinen Rücken laufen. Das da oben hätte auch Ralf sein können.

Eine weitere halbe Stunde verstrich, der Himmel wurde schon heller. In einer flachen Rinne, die ein Sturzregen ausgewaschen haben mußte, legten die Marines zwischen Büschen eine weitere Pause ein.

Blackwood sah sie an, ihre starren Gesichter, ihre fleckigen und zerrissenen Uniformen, wie sie ihre Gewehre umklammerten und hinauf zum Hügelkamm schauten.

Es war schwer, sich diese Männer in den rot-blauen Uniformen vorzustellen, in exerzierenden Kolonnen bei heiseren Kommandos auf dem Kasernenhof.

Selbst Korporal O'Neil gelang es nicht, die Spannung zu lösen. Die Schreie klangen noch in jedermanns Erinnerung nach.

Blackwood zog seine Uhr heraus und ließ den Deckel aufspringen. Zum einundzwanzigsten Geburtstag hatte seine Mutter sie ihm geschenkt. Es war schon hell genug, um das Zifferblatt zu erkennen. Er steckte sie wieder ein. Wo, zum Teufel, blieb Austad?

Ein schriller Ton ließ die meisten entsetzt hochfahren, doch Blackwood war erleichtert. Der Norweger hatte Wort gehalten. Selbst bei dem schwachen Licht hatte er sich genau zur rechten Zeit flußabwärts getastet, um seinen Part zu übernehmen.

»Fertigmachen!« Und zu Sergeant Kirby gewandt: »Lassen Sie die Bajonette aufpflanzen.« Dann zog er seinen Säbel und spürte Swans Blick auf sich. Sein Schatten. So seltsam es war, er fühlte sich gleich besser. Irgendwie stärker, obwohl er wußte, daß das vielleicht nicht lange anhielt.

Er verbannte den Gedanken an Earle und rief: »Marineinfanterie greift an!«

Der General wäre stolz, dachte er. Vielleicht gab das eines Tages ein weiteres Gemälde neben all den anderen in Hawkshill.

Ein schwacher Sonnenstrahl fiel auf Swans Bajonettspitze.

Es war an der Zeit.

VI Ein Spaziergang in der Sonne

Aus dem Augenwinkel sah Blackwood eine dunkle Rauchfahne über dem Landvorsprung emporquellen, der Beweis, daß Austad sich bemühte, seinen Anweisungen zu folgen. Das Gelände war so steil, daß sie weder das Land dahinter noch den Fluß sehen konnten. Zu seiner Rechten lag ein pyramidenförmiger, noch in Frühdunst gehüllter Berg, an seinem Fuß duckten sich kleine Behausungen.

Es schien kaum vorstellbar, daß da drüben friedliche Leute lebten und wohl darauf hofften, weder von Boxern noch von Fremden behelligt zu werden.

Alles war so unwirklich; die langsam vorwärtswandernde Rauchfahne, das an Füßen und Beinen scheuernde Gebüsch und die nach beiden Seiten gestaffelt ausschwärmenden Männer, deren langsames Vorrücken an ihren blitzenden Bajonetten zu erkennen war. Wie ein Spaziergang in der Sonne.

Nicht zum erstenmal wunderte sich Blackwood, daß Ausbildung und Tradition sie in jeder Lage zusammenhielten.

Da schoß unmittelbar vor ihm vom Boden eine Gestalt hoch. Hier konnte man sich nirgendwo verstecken, und doch war sie da, als sei sie aus der Hölle selbst gekommen.

Blackwood hatte kaum Zeit festzustellen, daß sie genauso gekleidet war wie die Angreifer auf der *Delhi Star*. Ein stechender Schmerz durchfuhr seinen Arm, er parierte die schwere Klinge des Mannes mit seiner eigenen und versuchte, ihn beim Gegenangriff umzuwerfen. Sein Säbel fuhr unter der Deckung in die Rippen des Mannes, dessen Aufschrei Swan mit seinem Gewehrkolben zum Schweigen brachte.

Ohne sich des sporadischen Gewehrfeuers wirklich bewußt zu werden, blickten sie einander an.

»Los, Jungs, Angriff!«

Die Marines nahmen alle Kraft zusammen und stolperten das letzte Stück der Steigung empor, die Augen im beißenden Qualm der *Bajamar* zusammengekniffen.

Etwa zwanzig Mann lagen oder knieten hinter dem Hügelkamm und fuhren mit entsetzt aufgerissenen Augen herum, als Korporal Lydes Gruppe sie mit einer Salve überschüttete, in die die zweite Gruppe sofort einfiel.

Den Revolver, den er ganz unbewußt gezogen hatte, in der linken Faust, rief Blackwood: »Vorwärts!«

Ein verwundeter Boxer lief humpelnd zu einem weggeworfenen Gewehr und fiel keuchend nieder. Mit der kühlen Berechnung eines alten Kriegers stieß Kirby ihm sein Bajonett durch die Brust.

»Da drüben, O'Neil!« schrie Blackwood und wies mit seinem Säbel hin. »Eine Kanone!«

Unverkennbar, wenn auch sorgfältig mit Zweigen und welken Blättern getarnt, lauerte dort die häßliche Mündung einer alten Hotchkiss-Revolverkanone. Trotz ihres Alters hätte sie beim Beschuß von Ruder und Brücke der *Bajamar* eine vernichtende Wirkung erzielt.

Blackwood zielte mit dem Revolver, sah einen Mann fallen, einen anderen, der wohl jetzt erst begriff, daß die Marines da waren, sein Gesicht mit den Armen schützen.

»Erste Gruppe!« Das war wieder Lyde. »Auf die Knie! Legt an! Feuer!«

Wie Stoffpuppen rollten die Gestalten von der Lafette und der Munition weg.

»Auf sie!« brüllte Kirby. »Roberts, paß auf den Kerl auf!«

Roberts, der Bauernjunge aus Sussex, hielt es offensichtlich gar nicht für nötig, lange zu zielen. Er wartete, bis die rennende Gestalt direkt am Rand des Vorsprungs war, und feuerte dann wie bei der Kaninchenjagd.

Keuchend stieß Kirby den zögernden Trent zur Seite. »Kein Pardon, sonst hauen sie dich zusammen!« Sein Bajonett stieß zu, und ebenso schnell wurde die von Blut gerötete Klinge zurückgezogen.

Blackwood senkte seinen Säbel und sog die Luft in tiefen Zügen ein. Kaum wagte er, seine wilden, atemlosen Marines anzusehen. Einer starrte mit schmerzverzerrtem Gesicht in den Himmel, während Korporal Lyde fachmännisch einen Verband um seinen Arm legte.

Als Kirby zu ihm hinsah, nickte Blackwood. »Gut gemacht, Jungs!« Langsam ging er zum Rand der Anhöhe und schaute hinunter auf den gewundenen gelben Fluß. Sein Arm zitterte, der ganze Körper reagierte erst jetzt auf den Angriff. Kein Mann war gefallen, kaum zu glauben. Er nahm seinen weißen Helm ab und winkte langsam damit. Tief unten antwortete Austad mit erneutem Sirenenton.

»Mr. Earles Leiche ist nirgends zu sehen, Sir«, rief Kirby.

67

Bajamars Anker klatschte ins Wasser, die beiden Sampans waren bereits ausgesetzt, um den Landungstrupp, an dessen Überleben wohl kaum jemand geglaubt hatte, zurückzuholen.

»Sollen wir die da begraben, Sir?« Gespannt sah ihn der Sergeant an.

»Nein, laß sie liegen. Als Warnung.«

Er wischte sich Hals und Gesicht mit einem schmutzigen Taschentuch. »Die Männer sollen antreten. Wir marschieren geschlossen hinunter zum Fluß.«

»Los, komm, Dago!« rief Korporal O'Neil. »Schlappmachen gilt nicht!«

Blackwood setzte seinen Helm wieder auf und zog den Kinnriemen zurecht. Zwischen den herumliegenden Leichen zeigten große Flecken getrockneten Blutes, wo sie Earle wohl gefoltert hatten. Wie zu sich selbst murmelte er: »Vergib mir, Charles, ich hätte dich niemals losschicken dürfen.«

Dann machte er kehrt und folgte seinen Männern den Hang hinab zum Fluß.

Mit einem geliehenen Fernrohr beobachtete Blackwood von der offenen Brücke der *Bajamar* das langsam vorbeiziehende Flußufer und die blauen Berge dahinter. Die Brücke war kaum mehr als ein Laufsteg, der die beiden Radkästen miteinander verband. Die Reling war in der starken Mittagssonne so heiß, daß man sie nicht berühren konnte. Am Schanzkleid standen Marineinfanteristen als Wache, die Helme zum Schutz gegen die Sonne ins Gesicht geschoben, die Gewehre auf der Reling zum sofortigen Einsatz bereit.

Doch seit sie an Bord geklettert waren und Austad den Anker wieder gelichtet hatte, war kein Feind mehr in Sicht gekommen. Niemals würde Blackwood den Augenblick ihrer Rückkehr vergessen, die bangen, schmutzigen Gesichter an der Bordwand. Dann riß die Spannung plötzlich wie eine überdehnte Leine, und die Marines hatten trotz drohender Worte von Fox gewinkt und gejubelt. Selbst Austads abenteuerliche Crew war eingefallen.

»Ich gehe nach unten.« Blackwood warf einen Blick auf den großen Norweger. Seine Pfeife war voll unter Dampf, er schien nach dem Geschehen seltsam zufrieden.

»Wir werden bald bei der Mission sein«, brummte Austad. »Dieses deutsche Kanonenboot wird sich wohl ziemlich überflüssig vorkommen.« Er lachte immer noch, als Blackwood an Deck hinunter stieg.

Beim Gang durch den Salon blendete ihn die Sonne. Die Freiwache wollte aufstehen, doch er winkte ihr, sitzen zu bleiben. Es war schon erstaunlich, dachte er. Trotz Earles Gefangennahme und Folterung, trotz des brutalen Kampfes auf der Anhöhe hatten es seine Männer geschafft, sich zu rasieren und ihre Decken so sauber wie in der Kaserne zusammenzulegen. Kaffeeduft hing in der Luft, und in der winzigen Kombüse kochte Suppe.

Am vorderen Ende des Salons wartete Swan auf ihn, das Gewehr über die Schulter gehängt, den Helm auf dem Hinterkopf. »Verzeihung, Sir, die Gräfin würde Sie gern sprechen.«

»In Ordnung.« Blackwood fühlte plötzlich die Erleichterung, daß sie überlebt hatten, an seinen letzten Kräften zerren. Er wollte Friederike sehen, doch ebenso war ihm bewußt, daß er Abstand halten mußte. Bald würde sie bei ihrem Gatten sein und er nur noch eine Erinnerung für sie.

Blackwood klopfte an ihre Tür. Wie ein Landstreicher sah er aus in seiner dreckigen Uniform und dem Blut auf seinem rechten Arm.

Sie öffnete und musterte ihn voll Besorgnis. »Bitte kommen Sie herein, Hauptmann.«

Wie schaffte sie es nur, so kühl, so elegant auszusehen? Sie hatte sich wieder umgezogen und trug ein hellgelbes Gewand mit einer orientalischen Schärpe um die schlanke Taille. Obwohl etwa im gleichen Alter wie er, war sie doch so ganz anders. Auch in der beengten Umgebung hielt sie immer auf Abstand. Das machte ihn unsicher.

»Gefällt Ihnen der Anblick, Hauptmann?« fragte sie.

»Habe ich Sie angestarrt?« sagte er errötend. »Verzeihung.«

Sie wies auf einen Stuhl. »Sie entschuldigen sich zu oft.« Mehrere Sekunden lang sah sie ihn an. »Sie sind nach Ihrer Rückkehr nicht zu mir gekommen.« Das klang wie ein Vorwurf. »Ich war in Sorge um Sie.«

»Ich ...«

Sie lächelte freundlich. »... bitte um Verzeihung?«

»Ich nehme an«, meinte er lächelnd, »ich war zu sehr damit beschäftigt, das Schiff wieder in Fahrt zu bringen.«

Sie durchquerte die Kabine und blickte durch ein offenes Bullauge. »Dieser arme junge Mann. Er starb meinetwegen. Wenn ich nicht darauf bestanden hätte, zu meinem Mann zu kommen, wäre das nie geschehen.«

Blackwood wollte sie anschauen, doch sie packte ihn bei der Schulter und rief: »Bitte, drehen Sie sich nicht um, ich möchte nicht, daß Sie mich weinen sehen.«

Er hörte die Bewegung in ihrer Stimme, und die Kraft ihrer Hand verriet ihm etwas Neues an ihr.

»Mr. Earle starb in Erfüllung seiner Pflicht«, sagte er. »Wenn jemand daran schuld ist, dann ich. Unser Beruf kann gefährlich sein. Männer sterben, manche aus unverständlichen Gründen. Damit finden wir uns ab.«

Ihre Hand griff nach der seinen. »Das sagen Sie nur, um mir vergessen zu helfen.« Sie schüttelte den Kopf, die hochgesteckte Haarkrone glänzte im Sonnenlicht. »Niemals werde ich das vergessen.«

Blackwood fühlte ihre weiche Hand, konnte ihren Duft riechen. Wie würde sie reagieren, wenn er sie jetzt umarmte?

Sie wandte sich um und sah ihn an; ihr Gesicht lag im Schatten.

»Ich weiß, was Sie jetzt denken, mein tapferer junger Hauptmann. Auch ich dürfte diese Gefühle Ihnen gegenüber nicht haben. Denn es darf nicht sein. Solch ein Geheimnis kann man nicht verbergen oder mit anderen teilen.« Sie berührte sein Gesicht, wie sie es neulich getan hatte, als wolle sie sich jede Einzelheit einprägen. »Vielleicht sehen wir uns eines Tages wieder.« Sie lächelte ihn traurig an. »Wenn Ihre Pflicht uns zusammenführt.«

Ein aufgeregtes Klopfen an der Tür. Es war Swan.

»Ja?« Blackwood versuchte, ruhig zu erscheinen. »Was ist los?«

Swan blickte auf einen Punkt zwischen ihnen beiden.

»Die Mission liegt hinter der nächsten Biegung, Sir. Der Fluß ist hier so breit, daß Sie sie mit dem Glas schon erkennen können.«

Blackwood nahm ihre Hand. In Swans Gegenwart schien das ganz natürlich und leicht.

»Aber da ist überhaupt nichts zu sehen, Sir«, fuhr Swan unglücklich fort. »Nur Ruinen. Alles restlos vernichtet.«

»Auch kein Schiff?«

Swan schüttelte den Kopf. »Alles weg, Sir.«

»Sag Austad, ich komme sofort nach oben.« Als sich die Tür schloß, wurde ihm die Stille bewußt, die über dem Schiff hing. Nur der Schlag der Schaufeln drang wie gedämpftes Trommeln herein. Nun mußte er schnell überlegen und handeln.

Friederike trat näher und legte die Hände auf seine Schultern. »Was wollen Sie tun?«

Er raffte sich auf. »Wir werden ankern und auf Abstand bleiben, bis ich an Land gewesen bin, um nachzusehen. Machen Sie sich keine Sorgen, wir werden Sie schützen.« Unwillkürlich legte er den Arm um ihre Schultern. Abwehrend straffte sie sich. »Vielleicht hat ein Überfall stattgefunden«, meinte Blackwood. Doch sofort schob er diesen Gedanken beiseite. »Nein, das Kanonenboot würde sich nicht zurückziehen. Es wäre einem Boxermob weit überlegen.«

Ihre Brust berührte seine Uniform, sie mußte seinen schmerzenden Herzschlag fühlen. »Ich muß gehen. Hier sind Sie sicher.« Ihm war kaum bewußt, was er sprach. »Bleiben Sie weg von Luken und Bulleyes.«

Sie blieb, wo sie war, versuchte zu begreifen, was geschah.

Dann fragte sie ruhig: »Sehen Sie, Hauptmann, was Sie angerichtet haben? Trotz allem bin ich doch nur eine Frau.«

Er wollte sie noch einmal umarmen, doch sie wandte sich ab. »Nein. Tun Sie, was Sie müssen, aber kommen Sie gesund zurück. Zu mir.«

Er sah, wie sich ihre Hände öffneten und schlossen, als kämpfe sie um Beherrschung.

»Darauf haben Sie mein Wort, Gräfin.«

Als er die Tür aufschob, sagte sie leise: »Für Sie Friederike.«

Blackwood wußte kaum, wie er auf die Brücke gekommen war. Besorgte, sonnengerötete Gesichter, die Erleichterung Bannatyres, als er auf dem Laufsteg erschien, all dies und doch eigentlich nichts drang in sein Bewußtsein.

Austad setzte das Fernrohr ab und gab es ihm.

»Ausgebrannt.« Er beobachtete Blackwood von der Seite. »Teilweise gesprengt, nehme ich an.«

Ein Bild schlimmster Verwüstung bot sich ihm in der starken Linse. Austad hatte recht. Das war vorsätzlich geschehen und nicht durch einen improvisierten Überfall.

Beobachtete man sie in diesem Augenblick? Planten sie voller Triumph und Haß den nächsten Schritt gegen die fremden Teufel? Er dachte an Friederikes Stimme, ihre Hände dort unten in der Kabine. Die ganze Lage schien ihm plötzlich viel gefährlicher.

»Gesamte Landungsabteilung fertigmachen, Ian.« Er schwenkte das Glas, sah kleine Erdhügel auf dem unebenen Gelände bei den Bäumen: hastig aufgeworfene Gräber. Also hatte doch ein Überfall stattgefunden, aber schon vorher. Bannatyre rief seine Befehle an Deck hinunter und fragte dann: »Was beabsichtigen Sie, Sir?«

Blackwood sah ihn nicht an. Wäre der Boxer mit seiner großen Klinge schneller gewesen, hätte er jetzt tot dort hinten gelegen. Dann hätte Bannatyre das Kommando führen müssen.

»Zuerst wollen wir uns das nur ansehen. Nichts riskieren und darauf eingestellt sein, uns bei einem Angriff sofort zu den Booten zurückzuziehen.« Er senkte die Stimme. »Es ist mir völlig egal, ob Sie Angst haben, Ian. Das passiert uns allen. Aber zeigen Sie's nicht vor den Männern!« Er merkte, daß seine Worte saßen, und setzte etwas freundlicher hinzu: »Die Deutschen haben sich möglicherweise über Land abgesetzt.« Doch auch das ergab keinen Sinn. Wo war das verdammte Kanonenboot?

»Dann müssen wir umkehren, Sir«, sagte Bannatyre. »Auf demselben Weg, den wir kamen.«

»Es sieht so aus.«

Bei ihrer Rückfahrt würde der Gegner die Zeit haben, die er benötigte. Er würde sich nicht noch einmal von einer Handvoll Marines überrumpeln lassen.

Der Anker rasselte ins seichte Wasser, und Minuten später waren die beiden Sampans längsseit.

Blackwood nickte Austad zu. »Passen Sie gut auf, Käp'tn. Sollte mich nicht wundern, wenn sich Ihre alte Kanone als nützlich erweisen würde.«

Die Marineinfanteristen, die auf das Einsteigen warteten, hörten Austad lachen; einige grinsten, als Blackwood durch ihre Reihen schritt. Es konnte wohl nicht ganz so schlimm sein, wenn ihr Hauptmann noch Witze riß. Nur Fox lächelte nicht. Er kannte das Spiel seit langem und beherrschte die Regeln besser als die meisten.

»Bis wir zurückkommen, haben Sie hier das Kommando«, sagte Blackwood. »Stellen Sie die paar verfügbaren Männer so auf, daß man sie sehen kann. Der mit dem verletzten Arm ...«

Fox sah ihn ruhig an. »Farley, Sir.«

»Er soll sich im Salon so bewegen, daß es aussieht, als hätten wir da unten noch mehr Männer.«

»Jawohl, Sir.« Fox spähte zum Ufer hinüber. »Ich würde sogar Kapitän Austad in eine Uniform stecken, wenn ihm eine paßte.«

Blackwood sah ihn lange an. »Je eher wir losgehen, desto größer ist die Chance, daß wir noch bei Tageslicht aufbrechen können. Oder mit einigem Glück in der Morgendämmerung.«

Dann sprang er zu seinen Männern ins Boot.

Und ich müßte mich sehr täuschen, wenn wir uns nicht jeden Zentimeter des Rückwegs erkämpfen müßten, dachte Fox, während er von der Reling zu Blackwood hinunter grüßte.

Die Landungsabteilung schwärmte in die zerstörte Mission aus. Blackwood stand ganz still, eine Hand auf der geöffneten Pistolentasche.

Aus der Nähe sah es noch schlimmer aus; das war vorsätzlich und sehr gründlich geschehen, um sicherzustellen, daß nichts Brauchbares übrig blieb. Schrammen an den verbrannten Wänden zeugten von Gewehrfeuer. Die erste zurückkehrende Gruppe meldete, daß schwarze Löcher im Boden ein Beweis für Geschützfeuer waren; also hatte das Kanonenboot vom Fluß her zurückgeschossen.

Wie viele mochten es gewesen sein? Eine Handvoll Fanatiker? Oder war die Boxerbewegung größer, als man daheim begriffen hatte? Ein großer Aufstand mußte dem Handel in ganz China ein Ende setzen.

Sergeant Kirby kam den Hang heruntergelaufen, hinter sich drei seiner Leute mit zwei Chinesen.

»Mal sehen, ob sie bewaffnet sind«, rief Bannatyre.

Aber es waren nur zwei erschreckte Jungen, die man vor Blackwood schubste.

»Sie behaupten, sie seien Studenten, die von den Deutschen als Dolmetscher eingesetzt waren, Sir«, sagte Kirby skeptisch. »Ob das stimmt?« Er sah aus, als hätte er sie am liebsten gleich umgebracht.

»Könnte stimmen, Sir. Auch in unserer Gesandtschaft in Peking sind eine Menge Studenten als Dolmetscher beschäftigt«, sagte Bannatyre.

»Was ist hier geschehen?« fragte Blackwood ruhig.

Mit weit aufgerissenen Augen starrten sie ihn an, schienen immer noch nicht glauben zu können, was vor sich ging.

»Hier hat doch ein Überfall stattgefunden«, fuhr Blackwood im gleichen Ton fort.

Einer der Jungen nickte lebhaft. »Viele Boxer, Sir. Kämpften zwei Tage lang.« Er machte eine Bewegung, als wolle er zu den Ruinen hinübersehen, schien sich aber dann anders zu besinnen; die Erinnerung war wohl zu lebhaft und schrecklich. »Wir sollten alle mit Schiff wegfahren.« Er sah zu seinem Freund hinüber. »Aber wir versuchen, über Land wegzukommen, nicht wollen auf Schiff.«

Das konnte Blackwood sich vorstellen. Doch er mußte mehr wissen.

»Der deutsche Graf. Habt ihr ihn gesehen?«

»Er auch gehen auf Schiff.«

»Um Himmels willen!« murmelte Kirby.

»Wißt ihr, ob die Boxer noch hier sind?«

Der Junge sah zu Boden. »Ich glaube, sie weg.«

Wieder ein schneller Blickwechsel. »Beinahe sie uns finden. Wir sie hörten sprechen von Fluß. Wollen versuchen, ihn zu blockieren.«

Bannatyre blickte auf den trägen Strom. »Mein Gott, dann sitzen wir in der Falle!«

Blackwood versuchte, seine Gefühle zu verbergen. Er hatte das einzig Wichtige herausgefunden: Sie wußten offenbar, daß die alte *Bajamar* kam. Wie sie das erfahren hatten, war ein Rätsel. Jedenfalls hatten sie vor, ihr den einzigen Fluchtweg abzuschneiden. Vielleicht hatten sie etwas aus Earle herausgequetscht, ehe sie ihn sterben ließen.

»Schicken Sie ein Boot zu Austad. Ich möchte ihn sprechen, und zwar sofort.«

Die beiden chinesischen Jungen zitterten vor Angst. So groß war ihre Furcht vor den Boxern, daß sie sich auch bei den Marineinfanteristen nicht sicher fühlten.

Ganz offensichtlich hatte der Graf geglaubt, seine Frau sei nach Schanghai gefahren. Da ihnen das Kanonenboot unterwegs nicht begegnet war, mußten die Deutschen weiter nach Norden gefahren sein, vielleicht mit der Absicht, sich zu ihrer Gesandtschaft in Peking durchzuschlagen. Es wurde immer mehr zu einem Alptraum.

»Nehmt die beiden mit an Bord.« Insgeheim war er sich darüber klar, daß die beiden Dolmetscher über Land geschickt worden waren, um die Nachricht von dem Überfall nach Schanghai zu bringen. Wenn sie das erste Fischerdorf erreichten, würde sich alles weitere von selbst ergeben.

Blackwood fand keine andere Erklärung. Eines aber stand fest: Graf von Heiser hatte nicht die Absicht, sich bei seinen Pflichten durch die Sorge um seine Frau stören zu lassen.

Austad kam mit knirschenden Stiefeln durch den Sand und blickte den davonfahrenden chinesischen Dolmetschern nach.

»Wir müssen Ihr Schiff leichtern, Käpt'n«, sagte Blackwood. »Flußab müssen wir so schnell wie möglich vorankommen.«

Austad nahm die Pfeife aus dem Mund. »Das Schiff leichtern?«

Blackwood nickte. »Ich bin überzeugt, die Boxer werden versuchen, uns auf der Rückfahrt zu stoppen und anzugreifen.« Seine Worte saßen.

»Stoppen? Nicht mit einem Damm«, meinte Austad. »Das Wasser würde steigen und meiner *Bajamar* mehr Geschwindigkeit verleihen.«

»Dann mit einer Balkensperre?« Blackwood bezwang seine Ungeduld. Der große Norweger dachte, wie er sprach – sehr langsam.

»Balken?« Er verzog den Mund. »Schon eher.«

Blackwood sah hinüber zu dem verankerten Raddampfer. Vor dem grünen Hintergrund der Bäume wirkte er so friedlich.

»Wie viele Anker haben Sie an Bord?«

»Nur zwei, Hauptmann.« Das klang verdutzt.

»Dann möchte ich, daß Sie einen nach achtern nehmen.« Er sah sich nach Kirby um. »Stellen Sie eine Gruppe zusammen und bringen Sie den Reserveanker ganz nach achtern. Nehmen Sie irgendeine Trosse und schäkeln Sie ihn an. Wir müssen ihn vielleicht als Stromanker benutzen.«

Der Sergeant hastete davon und rief ein paar Namen. Das waren Befehle, die er verstand. Er würde sie buchstabengetreu ausführen.

»Laden Sie Ihren gesamten Kohlenvorrat aus und heizen Sie stattdessen mit Holz. Es ist wesentlich leichter, und einen Teil davon können wir als Schutzwehr benutzen.« Und mit einem Blick zu Bannatyre: »Sorgen Sie dafür, Ian. Ich möchte, daß Ruder und Maschinengewehr gut geschützt sind.«

Austad rang um Worte. »Aber meine Kohlen! Dafür habe ich in Schanghai ein Vermögen bezahlt!«

»Das kriegen Sie wieder, Käpt'n.« Er sah ihn unbewegt an. »Aber nur, wenn wir diesen verdammten Fluß hinunterkommen.«

Binnen einer Stunde waren Reservetauwerk, Kohlen und ein paar eiserne Lukendeckel über Bord geworfen, bis die Spitze des Haufens wie ein Inselchen aus dem Wasser ragte. Halbnackt und vor Anstrengung schwitzend, hatten der größte Teil der Marineinfanteristen sowie die gesamte Besatzung hart gearbeitet.

Blackwood sah vom Ufer aus zu. Der Wasserpaß der *Bajamar* hob sich bereits etwas, nur ein paar Zentimeter, aber die würden entscheidend sein. Ein schneller Vorstoß stromab, unter Umgehung der übelsten Sandbänke – und dann direkt hinein in den Hinterhalt. Er rieb sich das Kinn. Eine Balkensperre war am wahrscheinlichsten. Von solchen Dingen hatte er im *Arrow*-Krieg reden hören.

Das würde selbst den unerschütterlichen Masterman aufrütteln, wenn die alte *Bajamar* wieder schnaufend in Sicht kam. Er sah die *Mediator* vor sich, anmutig und schnittig, doch in einer solchen Situation so nutzlos wie Pfeil und Bogen.

Die Posten gingen ruhelos an der Baumreihe auf und ab, die Gewehre mit aufgepflanztem Bajonett schußbereit. Man brauchte sie nicht erst daran zu erinnern, was passieren konnte.

Swan sah ihn nachdenklich an.

»Wir werden die Balkensperre mit voller Kraft rammen.«

Zu seiner Überraschung konnte er jetzt sogar lächeln. Die *Bajamar* lief nicht mal sechs Knoten!

Swan verzog das Gesicht. »Dabei könnten wir querschlagen, Sir.«
Blackwood machte ein paar Schritte. »Zuerst werden wir sie deshalb sprengen müssen. Während einer der Sampans auf die Balkensperre oder was immer zufährt und eine Sprengladung hochgehen läßt, kann das Schiff vor Stromanker liegen.«

Swan ließ nicht locker. »Der Sampan könnte ans Ufer treiben, Sir. Oder unserer Reliquie hier könnte das Hinterteil abreißen, wenn sie versucht, an der Sperre vorbeizukommen. Diesmal werden Sie wohl Freiwillige brauchen, Sir«, meinte er mit breitem Grinsen.

Nicht zum ersten Mal war Blackwood dankbar für Swans Vertrauen. Er wußte genau, wie weit er gehen konnte, und immer schwang eine persönliche Bindung mit.

Bei Einbruch der Dunkelheit würden sie an Bord zurückkehren, dann konnte man Einzelposten nicht mehr an Land zurücklassen. Ganz gleich, was die Dolmetscher gesagt hatten, selbst jetzt konnten Hunderte von Augen sie beobachten.

Ein erneutes starkes Aufspritzen, irgendwelcher Eisenballast war in den Fluß geworfen worden. Wenn sie wirklich jemals wieder die hohe See erreichte, würde die kleine *Bajamar* wie ein Korken auf den Wellen tanzen.

Für Austads Kessel sowie für primitive Barrikaden, die im Kugelhagel aber entscheidend sein konnten, wurden Balken von der ausgebrannten Niederlassung an Bord geschafft.

In der Ferne kreischte ein fremdartiger Vogel. Blackwood schüttelte sich, es hörte sich an wie Earles Todesschrei. Er konnte sich den Brief vorstellen, den der Oberst an Earles Eltern in Surrey schreiben würde: *starb tapfer für Königin und Vaterland.* Ganz sicher hatten seine Eltern in Hawkshill einen ebensolchen Brief für Neil erhalten.

Plötzlich mußte er an die Gräfin denken. Friederike – sie nur einmal im Arm zu halten ...

Sergeant Kirby unterbrach seine Gedanken. »Anker ist achtern in Position, Sir. Tiefgang zwölf Zentimeter geringer, soweit ich feststellen kann.«

»Das habt ihr gut gemacht.« Blackwood sah zur Seite. Der Himmel färbte sich schon tiefrot, die Schatten der Bäume lagen jetzt über dem Wasser. »Rufen Sie alle Arbeitsgruppen zurück, Sergeant. Und stellen Sie fest, ob Austads Koch, sobald es dunkel ist, ein ordentliches Essen machen kann.«

Kirby verstand. »Ja, morgen wird's ein langer Tag.«

Er marschierte los, um seine Posten einzusammeln. Welch ein harter, verbitterter Mann, ging es Blackwood durch den Kopf.

Erneut überprüfte er seinen Plan; ganz sicher würde es ein langer Tag werden. In Gedanken sah er seine Männer vor sich, Fox und Korporal O'Neil, Dago Trent und Premierleutnant Bannatyre. Sie verließen sich auf ihn. Fehler durfte er jetzt nicht machen.

VII Unter Feuer

Obwohl die Morgendämmerung noch nicht eingesetzt hatte, war die Luft in der kleinen Kabine heiß und feucht.

Auf einem Segeltuchsessel wartete die Gräfin darauf, daß ihre chinesische Zofe mit dem Frisieren fertig würde.

Im Spiegel trafen sich ihre Augen.

»Wir fahren bald, Hauptmann?«

Blackwood nickte. In Anwesenheit der Zofe stand wieder eine gewisse Förmlichkeit zwischen ihnen.

»Meine Männer haben gegessen, jetzt werden sie auf ihren Stationen gemustert.« Hinter ihm lag eine lange Nacht. Der Sampan hatte vorbereitet und in eine schwimmende Bombe verwandelt werden müssen. Auch wenn die Dolmetscher unrecht oder die Boxer ihre Absichten geändert hatten, war es höchst unwahrscheinlich, daß sie unbehelligt flußab entkommen konnten.

Friederikes Gesicht stand wieder vor ihm, als er ihr die Situation an Land beschrieben hatte. Beim Bericht über ihren Gatten und das Kanonenboot hatte sie nur gesagt: »Er hat seine Lebensaufgabe, und nichts wird ihn davon abhalten.« Keine Enttäuschung, kein Zorn.

Auch die Reaktion seiner Männer, als er ihnen sein Vorhaben erklärte, ging Blackwood durch den Kopf. Sie hatten sich damit abgefunden. Die drohende Gefahr hatte Earles schrecklichen Tod für den Augenblick in den Hintergrund gedrängt. Um einen gewissen Schutz für die Bedienung zu schaffen, hatten sie Baumstämme und Balken um das Maschinengewehr am Bug gestapelt.

Etwas von Blackwoods eigenen Befürchtungen hatte Sergeant Kirby laut werden lassen, als er ausrief: »Verdammtes Maxim! Sieht der Marine ähnlich, uns so was zu geben. Für Schnellfeuer wäre mir jederzeit die alte Nordenfeldt lieber!«

Wahrscheinlich hatte ihnen Kapitän Masterman das Maxim-Gewehr in der Annahme überlassen, es sei auf der uralten *Bajamar* leichter zu montieren.

Sonst hatte es kaum Anzeichen gegeben für das, was seine Männer wirklich empfanden.

»Sie können es mir ruhig sagen, Hauptmann.« Friederikes Blicke im Spiegel waren ganz ruhig. »Welche Chancen haben wir?«

»Wir werden uns durchkämpfen müssen.«

Sie wandte sich ihm zu, ihr Haar schimmerte im Lampenlicht.

Wie ein Dolchstoß durchfuhr Blackwood in diesem Augenblick eine Erinnerung. Auf seinem ersten Schiff war er mit einem alten Major zusammen gewesen, der lange in China gedient hatte und ihm von einem gemieteten Vermessungsschiff namens *Kite* erzählte: es hatte am chinesischen Festland Schiffbruch erlitten. Der Kapitän war ertrunken, doch seine Frau, die mit ihm an Bord gewesen war, hatte man gefangengenommen und an ihren langen roten Haaren von Dorf zu Dorf geschleppt, sie brutal erniedrigt und dann in einen kleinen Bambuskäfig gesteckt, um sie in Ningpo zur Schau zu stellen. Für die chinesischen Rebellen mußte sie ein Symbol der fremden Eindringlinge gewesen sein. In diesem kleinen Käfig, in dem sie weder sitzen noch liegen konnte, hatte man sie viele Meilen herumgefahren. Weder sie noch die anderen Überlebenden der *Kite* hatte man jemals wiedergesehen.

»Warum starren Sie mich so an, Hauptmann?«

»Verzeihung.« Er sah zur Seite und zwang sich zu einem Lächeln. Was würden die Boxer ihr antun?

Sie stand auf und blickte ihm ins Gesicht.

»Ich kann in Ihren Augen lesen. Aber seien Sie unbesorgt, ich werde den Leuten keine Furcht zeigen.«

Er faßte sie um die Taille. »Falls irgendwas passieren sollte ...« Er zögerte und fühlte, wie sich ihr Körper straffte, »... dann sollen Sie wissen, daß ich Sie liebe.«

Ihre Lippen öffneten sich, als wolle sie protestieren. Hastig fuhr er fort: »Mir ist klar, daß das unmöglich ist.« Er sah sie einige Sekunden an. »Aber das ändert nichts an dem, was ich für Sie fühle.«

Eine Faust hämmerte an die Tür. »Hauptmann Blackwood!« Es war Fox.

»Ich komme sofort, Hauptfeldwebel.«

Er ließ die Arme sinken. »Ich muß jetzt gehen. Der Anker wird gelichtet!«

Mit erhobenem Gesicht kam sie näher.

Aus großen Augen starrte die Zofe sie an.

»Möge Gott dich schützen, David.« Dann küßte sie ihn auf die Lippen. Das hätte ihm fast den Boden unter den Füßen weggezogen, doch im nächsten Augenblick trat sie wieder zurück, unerreichbar.

Blackwood ging hinaus auf das Seitendeck und nach vorn, wo das Spill in einer Wolke Roststaub klickte.

Bannatyre nahm Haltung an. »Alles auf Station, Sir.« Wie die anderen trug er eine Feldmütze statt des weißen Helmes mit der glänzenden Spitze. Aus bitterer Erfahrung wußte Blackwood, daß weiße Helme hervorragende Ziele für Scharfschützen bildeten. Ein Blick nach achtern zeigte ihm Austads gewaltige Silhouette auf der Brücke. Hinter ihm quollen Rauch und Funken aus dem Schornstein, die Kessel mußten sich erst an das frischgeschnittene Holz gewöhnen.

Beim Gang über das abschüssige Deck passierte Blackwood einen der großen Radkästen. Hinter rohen Barrikaden kauerten Gestalten, deren Augen, als sie sich zu ihm umdrehten, im grauen Licht fahl schienen. Ganz achtern, an der Heckreling, stand Korporal O'Neil und sah auf den dort festgemachten Sampan hinunter, dessen Ladung unter Segeltuch und Holz verborgen war. Wenn eine verirrte Kugel diesen Haufen Sprengstoff traf, war die Hölle los.

»Zwei Zünder, Sir«, sagte O'Neil fröhlich, »für den Fall, daß einer versagt.« Keine Fragen, keine Zweifel.

»Gut gemacht«, lächelte Blackwood.

»Hab' das von meinem Bruder bei der Royal Marine Artillery gelernt. Ein feiner Kerl, obwohl er nur Kanonier ist.«

Blackwood setzte seinen Inspektionsgang fort. O'Neils Bemerkung war bezeichnend für das Corps, für die Familie.

Seltsam, daß er Jonathan nie in Uniform gesehen hatte. Wie O'Neils Bruder war auch er in der RMA, der erste Artillerist der Familie. In blauer Uniform und nicht in Rot wie die anderen Marineinfanteristen. Das hatte dem General zweifelnde Blicke entlockt.

Ein Zittern ging durch das Schiff, der Anker schlug tropfend gegen die Klüse. Die großen Schaufelräder begannen sich zu drehen, das Ruder wurde gelegt, und mit einer dicken Rauchwolke drehte die alte *Bajamar* in die Flußmitte.

Es dämmerte bereits, das Ufer und die verschwommenen Schatten der zerstörten Niederlassung waren schon erkennbar.

Die Schaufeln wirbelten Sand und Schmutz vom Grund auf, ein Lotgast am Bug wies den Weg. Austad verließ die kleine Brücke und stellte sich neben den Rudergänger. Ein kurzer, wortloser Blick zu Blackwood, dann griff er zum Maschinentelegrafen. Im Maschinenraum hörte man die Glocke anschlagen, sofort wurde der Schlag der Schaufelräder schneller.

Neben dem zweiten Anker stand Korporal Lyde und betrachtete mit offensichtlicher Geringschätzung Kette und Trosse. Das war was für Seeleute oder Deckskulis, nichts für Royal Marines.

Er klopfte auf seine Patronentaschen und prüfte, ob sein Gewehr schußbereit und gesichert war. Wenn es darauf ankam, würde der zweite Zug sein Bestes tun, dafür wollte er schon sorgen.

Zwischen Maschinengewehr und Deckshaus stand Sergeant Kirby mit verschränkten Armen, die Blicke auf den Premierleutnant am Bug gerichtet. Bannatyre, das arme Schwein, war schon jetzt vor Angst kaum noch bei Verstand, obwohl noch gar nichts passiert war. Doch das war weder ein Trost für Kirby, noch konnte es ihn von seinem entsetzlichen Geheimnis ablenken.

Er hätte gar nicht zuhören sollen, dann hätte er auch nichts gewußt. Außerdem hätten sie die Geschichte ja unter sich regeln können.

Ein Freund in den Forton Barracks, der Landunterkunft der Royal Marines, hatte ihm erzählt, daß er Kirbys Frau in einer Londoner Kneipe in Begleitung eines Grenadiers gesehen hatte, offensichtlich ganz intim mit ihm. Kirby hatte überlegt, ob er um Urlaub bitten sollte, war sich jedoch klar, daß man ihm diesen kurz vor der Abreise der Kompanie nach Übersee nicht gewähren würde.

So hatte er sein ganzes Geld heimlich für eine Fahrkarte nach London ausgegeben. Er konnte sich nicht einmal daran erinnern, ob er etwas Bestimmtes im Sinn gehabt hatte. Es war einfach geschehen. Ganz deutlich konnte er ihr Gesicht vor sich sehen, als sei sie hier auf diesem verdammten Dampfer. Er packte die Reling.

Wie sie ihn aus dem Bett angestarrt hatten, als er in der Tür stand! Aus seinem Bett, in dem sie beide nackt lagen.

»O mein Gott!« Ein Mann scharrte mit den Füßen, und Kirby merkte, daß er laut gesprochen hatte.

Der Grenadier hatte schnell reagiert, war aus dem Bett gestürzt und wie rasend aus dem Zimmer gelaufen. Kirby hatte ihn überhaupt nicht beachtet. Sie hatte gebettelt und gefleht, doch mit der gleichen disziplinierten Gründlichkeit, mit der er das Gewehr eines Rekruten auf Schmutzstellen prüfte, hatte er sie erwürgt. Er konnte sich nicht erinnern, wie lange er noch da saß, nachdem er ihr Gesicht zugedeckt hatte. Umgeben von seinen eigenen Sachen, Bildern seiner früheren Schiffe, seiner Kameraden, sogar eines von ihm selbst als junger Rekrut.

Dann war er gegangen und mit einem Milchzug zurückgefahren. Niemand hatte ihn die Kaserne verlassen oder ihn zurückkehren sehen. Beim Wecken war er zur Stelle.

Bei der Entdeckung ihrer Leiche würde die Polizei die Kaserne unterrichten. Sonst würde sich niemand darum kümmern. Und der Soldat? Der würde fein den Mund halten. Vielleicht hatte man ihn an diesem Abend mit ihr zusammen in der Kneipe gesehen.

Trotzdem würgten ihn Angst und Verzweiflung wie damals seine Finger ihren Hals.

Wenn ihn jemand dort gesehen hatte?

Plötzlich stand Blackwood neben ihm. Kirby lief es eiskalt über den Rücken. Wie lange hatte der Hauptmann ihn schon beobachtet?

Doch Blackwood sagte nur: »Machen wir unsere Runde, Sergeant. Nur um sicherzustellen, daß wir nichts vergessen haben.« Er sah ihn an. »Alles in Ordnung?«

Kirby nickte. »Bestens, Sir.«

Er folgte dem jungen Hauptmann, froh, etwas zu tun zu haben.

Blackwood ging am dunklen Salon vorbei, dessen Fenster alle weit geöffnet waren. Hier und da war eine Gewehrmündung zu sehen. Er tastete über die weißlackierte Metallverkleidung. Sie und das Holz darunter würden keine Kugel aufhalten, höchstens eine aus weiter Entfernung.

Dicht hinter sich hörte er Kirbys Schritte. Was war bloß los mit ihm?

Bei der letzten Tür blieb Blackwood stehen, seine Gedanken waren drin bei Friederike. Mit dem Handrücken berührte er seine Lippen und dachte an ihren Mund, ihre Nähe.

Fox sah, wie er zögerte, und ein Lächeln ging über seine strengen Züge. Er sah zur Mastspitze auf, die sich nun klar gegen den Himmel abzeichnete. Nicht mal eine Flagge!

Ein scharfer Knall, der Einschlag einer Kugel an Backbordseite.

»Achtung!« brüllte Fox. »Paßt auf, aber bleibt unten!«

Er starrte zu Bannatyre hinüber, der allein als Silhouette gegen den Himmel stand. Es ging gegen Fox' Gefühl, einen Offizier anzuschreien. Doch in wenigen Sekunden würde der Scharfschütze ihn erkennen und aufs Korn nehmen.

»Runter, Mr. Bannatyre! Bitte, Sir!«

Der Offizier fiel auf die Knie, und Fox seufzte erleichtert auf. Blackwood kauerte sich neben ihn.

»Es geht los, Sir.«

»Eher als ich dachte.« Wieder klirrte ein Schuß in den Rumpf. Blackwood verzog das Gesicht. »Erst feuern, wenn ich Befehl dazu gebe!«

Fox sah ihn geduckt zur gegenüberliegenden Seite gehen. Wenn er die Marines nach Belieben feuern ließe, würden sie den größten Teil ihrer Munition verbrauchen, ehe sie auch nur die halbe Strecke zurückgelegt hätten. Aber niemand gab gern eine Zielscheibe ab, ohne zurückschießen zu können.

Fox sah Sergeant Kirby hinter einer Winde knien.

»Alles in Ordnung, Jeff?«

Kirby sah ihn an. Warum halten sie nicht den Mund und lassen mich in Ruhe? dachte er.

Doch er antwortete prompt: »Alles bestens, Hauptfeldwebel.«

Mit goldenem Schein hob sich der Rand der Sonne über die spitzen Hügel. Der Angriff begann.

»Noch nicht feuern!« Wie eine Trompete übertönte Fox' Stimme das sporadische Knallen von beiden Ufern.

Blackwood spähte über das niedrige Schanzkleid und beobachtete den aufsteigenden Rauch aus einigen Büschen; von den Schützen selbst war jedoch nichts zu sehen.

»Schneller, Kapitän Austad!« Doch vermutlich lief das Schiff bereits Höchstfahrt, die Gischt stieg wie Wasserstaub von den wirbelnden Schaufeln auf.

»Da sind die Gelben!«

Aus der Deckung rannten Gestalten über offenes Gelände.

»Zweihundert Meter! Einzelfeuer!«

Sorgfältig zielten und schossen die Marines. Einige der rennenden Gestalten taumelten den Hang hinab, in ihren roten Schärpen und lockeren weißen Gewändern fielen sie wie unordentliche Bündel in das trockene Gebüsch.

»Feuer einstellen!« schrie Fox. »Nachladen! Achtung auf beiden Seiten!«

Blackwood warf einen kurzen Blick auf die nächsten Marines, die weitere acht Geschosse in ihre Gewehre schoben. Das stärkste Feuer war von Backbord gekommen. Sie würden also dichter auf den Landvorsprung zuhalten müssen, dort, wo sie ihr kurzes, entscheidendes Gefecht geführt hatten. Blackwood sah, daß die von den toten Boxern fallengelassenen Waffen keine Säbel, sondern große, blitzende Klingen auf Stangen waren. Wie Piken. *Die Gesellschaft der langen Messer.* So seltsam klang das nun gar nicht mehr.

Weitere weißgewandete Figuren brachen aus der Deckung und liefen unbekümmert auf den Fluß zu; die einen schossen, andere schwangen ihre bedrohlichen Klingen, keiner achtete auf die Gefahr.

»Feuer eröffnen!«

Das Maxim-Maschinengewehr setzte ein, der Munitionsgurt ruckte durch die Hände eines Marineinfanteristen. Die Kugeln schlugen mit kleinen Spritzern ins Wasser, über das Ufer und dann in die Menge der schreienden Gestalten.

Blackwood mußte an das denken, was Major Blair ihm in Hongkong erzählt hatte: Die Boxer seien so fanatisiert, daß sie allen Ernstes glaubten, Säbelhiebe und sogar Kugeln könnten ihnen nichts anhaben.

Weitere wurden vom Schnellfeuer niedergemäht, bis das Maxim plötzlich schwieg und Kirby ausrief: »Ladehemmung! Was hab' ich euch gesagt?«

Doch niemand hörte zu. Flußufer und Untiefen kamen dem Backbordschaufelrad immer näher.

Kugeln schlugen in den Rumpf, Blackwood hörte Glas splittern und den Hilferuf eines Verwundeten im Salon. Der Lotgast im Bug erhob sich vorsichtig und schwang seine Lotleine über Bord. Da drehte er sich auf seinen Hacken herum, den Mund in lautlosem Schrei weit aufgerissen: Eine Kugel hatte ihn in die Brust getroffen. Er stürzte über das Schanzkleid und wurde in Sekundenschnelle in die großen wirbelnden Radschaufeln gesaugt und zu blutigen Fetzen zermahlen.

Austad hatte seinen alten, langläufigen Colt gezogen und schoß auf einige Boxer, die hüfttief im flachen Wasser standen. Einer fiel um, ein anderer watete noch näher und richtete sein Gewehr auf die Brücke. In dem Moment war die Ladehemmung des Maxim beseitigt, und ein Kugelhagel warf ihn wenige Meter vom Schiff entfernt um.

Blackwood ging zum Bug und vermied nach Möglichkeit, sich zu ducken. Mehrere Kugeln sprangen funkensprühend von der Winde ab oder kerbten Furchen ins Deck. Die Boxer schossen von oben auf das Schiff herab, die *Bajamar* dampfte jetzt in die Enge am Beginn der weiten Biegung. Ein weiterer Marineinfanterist fiel auf den Rücken, im Todeskampf röchelnd; ein roter Fleck näßte seine Uniform. Einer seiner Kameraden lief herbei, um ihn in Deckung zu ziehen.

Bannatyre, den Revolver in der Faust, starrte Blackwood an, ohne ihn zu erkennen.

Scharf sagte dieser: »In Kürze werden sie versuchen, uns zu entern.«

»Aber ... aber ...« Bannatyre schien unfähig, einen Satz zu formulieren. »Wie können sie das?«

Für Erklärungen war jetzt keine Zeit. Sie wären sowieso sinnlos gewesen. »Diese Leute kennen keine Furcht.«

Schüsse knatterten, sprangen von den Radkästen und Aufbauten ab; die Löcher in den Seitenwänden des Salons funkelten wie metallische Sterne.

»Zwei Mann ausgefallen, Sir«, rief Korporal Lyde heiser. »Ich glaube, Elmhirst ist erledigt!«

Ein schwerer Schlag erschütterte die Brücke: wahrscheinlich eine uralte chinesische Muskete aus dem früheren Krieg. Wie eine riesige Entenflinte brauchte sie zwei Mann zur Bedienung.

In Blackwoods wirbelnden Gedanken nahm plötzlich ein Gesicht Form an: Elmhirst, hatte Lyde gesagt. Rund und unschuldig, mit sorgfältig gezüchtetem Schnurrbart. So jung wie Ralf, dachte er.

Gebückt eilte Blackwood in den Schatten des Radkastens und kniete neben dem jungen Marineinfanteristen nieder, der so blaß war, als sei er bereits tot. Doch er öffnete die Augen und blickte ihn an, wenn er auch wohl nicht mehr richtig sehen konnte und kaum wußte, was geschah. Weitere Einschläge erschütterten das Deck, Blackwood hörte Fox nach ihm rufen. Er nahm Elmhirsts Hand in die seine. »Ruhig, mein Junge. Halt durch.« Lyde hatte sein Hemd aufgerissen und versuchte, das Blut mit Verbandszeug zu stillen.

»Ich ... ich hab einen von ihnen erwischt, Sir.« Elmhirst's Stimme war fast nur ein Flüstern.

»Natürlich hast du das«, erwiderte Lyde mit rauher Stimme. »Wahrscheinlich sogar zwei von diesen Schurken, nicht wahr, Sir?« Er sah Blackwood an, es war hoffnungslos.

»Ich werde darüber berichten«, entgegnete Blackwood. Das Licht in den Augen des Jungen erlosch, der Griff seiner Hand erschlaffte.

Lyde sah ihm nach, als er nach vorn ging. Dann drückte er Elmhirst die Augen zu. »Hoffentlich hast du das noch gehört, mein Junge.« Dann nahm er sein Gewehr, legte den Sicherungshebel um und schoß über die Reling. Während noch der erste Boxer vornüberfiel, hatte er bereits den zweiten als Ziel ausgesucht.

Fox winkte Blackwood und wies auf den Hang. »Rauch, Sir. Da braut sich was für uns zusammen!«

Ein Marineinfanterist hämmerte auf das Schloß des Maschinengewehrs, bis seine Knöchel bluteten. »Verdammtes Mistding! Wieder eine Hemmung!«

Ein dumpfer Knall – das erste Tageslicht wurde von einem großen Feuerball und dichtem Rauch verdunkelt.

»Stinktopf, Sir«, krächzte Fox. »Wenn uns einer davon trifft, setzt er das ganze Schiff in Brand!«

Ein weiterer Knall, das Schiff bockte, als sei es auf Grund gelaufen. Die Detonation war ohrenbetäubend, innerhalb von Sekunden flammten das Dach des Salons, der Laufsteg und sogar der Mast auf.

»Feuerlöschgruppe! Schnell!«

Wasser klatschte auf die Brandherde, doch der Stinktopf hatte sich bereits ausgebreitet. Blackwood roch die schmorende Farbe und hörte die Flammen brausend durch die Kabinen fegen.

»Wir sind gleich an der Biegung«, rief Austad, mit ungläubigem Zorn die Verwüstung musternd. »Wenn wir nicht vorher sinken.«

Wieder fiel ein Mann durch eine Kugel, diesmal einer von Austads Crew. Die Flammen leckten über das Deck und erfaßten ihn, bis zwei Marines ihn mit nassem Segeltuch abdeckten.

Ein weiterer Feuerball detonierte unmittelbar neben der Bordwand und brannte ein großes Loch in den Radkasten, ehe er in den Fluß schlug und eine Rauch- und Dampfsäule hochwirbelte.

Das Maxim setzte wieder ein und bestrich das nächstgelegene Ufer wie ein Schnitter sein Feld. Leichen trieben in seichtem Wasser, doch der Ansturm der Boxer war nicht aufzuhalten. Wie eine Flutwelle, dachte Blackwood und schoß mit seinem Revolver in eine Gruppe, die sich hinter ein paar Büschen duckte.

Der Rauch wurde dicker und biß in seine Augen, zog durch die Kabinen und über die Brücke. Wenn sie jetzt die Herrschaft über das Schiff verloren und auf eine Sandbank liefen, würde man sie gnadenlos abschlachten.

»Setzen Sie mehr Männer zur Brandbekämpfung ein, Sergeant!« Blackwood kämpfte mit seinem leeren Revolver und wandte sich um, als Swan sagte: »Lassen Sie mich machen, Sir.« Er gab ihm die Waffe und wischte sich das Gesicht mit dem Ärmel, der eine schwarze Spur hinterließ.

»Mr. Bannatyre, übernehmen Sie hier.« Ohne eine Antwort abzuwarten, stürmte er in den Salon, wo die Flammen schon Einrichtung und verstreute Kleidungsstücke verzehrten. Mit überschwappenden Eimern folgten ihm weitere Männer; irgendjemand schrie, vermutlich ein Heizer.

Blackwood trat eine Tür auf und bremste seinen Lauf beim Blick auf die gebeugte Gestalt des Schwagers der Gräfin, der einen Marineinfanteristen hinter einigen Feldkisten in Sicherheit brachte. Er war in Hemdsärmeln und sprach dem schluchzenden Verwundeten freundlich zu, der plötzlich ruhig wurde, da er merkte, daß ihm jemand zu helfen versuchte. Der Mann verstand natürlich kein Wort Deutsch, doch die beruhigende Stimme erreichte mehr als jeder Arzt. Blackwood berührte im Vorbeieilen die Schulter des Deutschen. Zum erstenmal seit der Ermordung seiner Frau hatte er ihn sprechen hören.

An einem großen Loch in der Bordwand, dessen Kanten wie Pappe nach innen gebogen waren, blinzelte er in das rauchdurchzogene Sonnenlicht. In einer Ecke kauerte die kleine chinesische Zofe, den Kopf in beide Hände gestützt. Ihr kleiner Körper wiegte sich leise schluchzend im Takt mit den heftigen Bewegungen des Decks, denn die *Bajamar* drehte auf einen neuen Kurs ihrer Talfahrt ein.

»Komm mit, Anna.« Er packte sie an den Schultern und schob sie zur letzten Kabine.

Mit weit aufgerissenen Augen starrte die Gräfin ihn an.

Eine Kugel oder ein Metallsplitter flog durch die Luke und prallte von der Wand ab.

»Runter!« Er packte Friederike am Handgelenk und zog sie näher an die Barrikade aus Koffern, die man gegen ein Schott gestapelt hatte. Ohne Widerspruch kauerte sie sich neben ihn, während er versuchte, es ihr ein bißchen bequemer zu machen. Wieder krachte und donnerte es, als schlügen glühende Hämmer gegen den Rumpf, so daß sie sich schützend die Hände über die Ohren legte.

»Sir! Ein Boot voraus!« Swan blickte zu ihnen herein, fuhr herum und feuerte aus der Hüfte auf eine Gestalt, die direkt längsseit aus dem Wasser hochsprang. Blackwood befeuchtete seine trockenen Lippen. Mein Gott, sie hatten offenbar nur noch wenige Zentimeter Wasser unter dem Kiel.

Er stand auf und spähte durch die offenen Luke. Die Brände waren unter Kontrolle, obwohl von achtern weiter nach Wasser gerufen wurde, um die Flammen vom Sampan oder der Schleppleine fernzuhalten. Der andere Sampan war durch die Stinktöpfe in Stücke gesprengt worden.

»Ich muß helfen«, rief Friederike plötzlich. »Ich muß etwas tun!« Verzweifelt blickte sie ihn an. »Dieter, mein Schwager, ist draußen. Bitte, laß mich ihm helfen!«

Blackwood lächelte. »Ich schicke jemanden her.« Rufe ertönten, stoßweise und ratternd setzte das Maschinengewehr ein. Er lief durch den Rauch und sah in verbissene, entschlossene Gesichter. Ruckartig wurde nachgeladen, leere Patronenhülsen ratterten in den Speigatten, die rasenden Schaufelräder zischten.

Ohne Mütze, den Revolver in der Hand, stand Bannatyre neben zwei verwundeten Marines; die restlichen Männer seiner Gruppe feuerten über das Schanzkleid, so schnell sie laden und zielen konnten. Ein Verwundeter, den Kopf mit einer blutigen Binde umhüllt, lud die weggestellten Gewehre und knurrte bei jeder Kugel vor sich hin.

»Da, seht!« Verstört blickte Bannatyre voraus.

Es war ein großer Sampan, vollbeladen mit Chinesen und vom Heck aus mit Stangen vorwärts getrieben; die Stakenden wurden durch die vor ihnen Stehenden vor dem Gewehrfeuer der Marines gedeckt.

»Sie sitzen fest!« schrie jemand. »Die Burschen sind aufgelaufen!«

»Halt die Schnauze, verdammt noch mal«, brüllte Fox. Blackwood wandte sich nach der rauchumhüllten Gestalt Austads um. Der Norweger machte eine hackende Bewegung mit der Faust. Der Fluß war zu eng. Sie mußten weiter, direkt auf den großen Sampan zu.

Blackwood legte die Hände trichterförmig um den Mund. »Klar zur Abwehr von Enterern! Korporal Lyde, gehen Sie mit Ihrer Gruppe nach achtern, das ist die niedrigste Stelle.«

Obwohl die *Bajamar* mit voller Kraft lief, dauerte es eine Ewigkeit, bis sie das andere Fahrzeug erreichten. Schreiend und brüllend wie die Wilden, versuchten die Männer, den Sampan in tieferes Wasser zu schieben, doch das Boot war überladen. Der breite Steven der *Bajamar* traf es vierkant mit voller Wucht. Blackwood zog den Säbel aus der Scheide.

»Festhalten, Marines!« Das Deck legte sich über, und ein Teil des Boxer-Sampans ragte über den Bug, als käme er aus der Tiefe. Mehrere Boxer wurden in die Schaufelräder gesaugt, andere trieben in ihrem zerbrochenen Boot am Schiff entlang. Vielen gelang es jedoch, mit gebleckten Zähnen und unglaublicher Wildheit über die Reling zu klettern.

Blackwood schwang seinen Säbel. »Auf sie, Jungs!«

Nun, da die Gefahr mitten unter ihnen war, mußte er die Marines nicht mehr antreiben. Schulter an Schulter, die Stiefel von heruntergefallenem Gerät und Ringbolzen behindert, schoben sie sich mit vorgehaltenen Bajonetten gegen die Boxer vor, drückten sie gegen die Reling und trieben einige über Bord ins schäumende Wasser.

Blackwood hob den Revolver. Eine große Klinge blitzte in der Sonne auf und traf einen Marineinfanteristen wie eine Axt an der Schulter.

Der Revolver in Blackwoods Hand ruckte, und der Boxer verschwand schreiend unter den Stiefeln der Kämpfenden. Der Marineinfanterist fiel, ohne sich zu rühren; die Klinge hatte ihm Arm und Schulter fast vom Leib getrennt.

Zwischen die Boxer, die sich auf dem engen Seitendeck in einer Falle befanden, krachten Schüsse. Lyde und O'Neil feuerten mit ihren Männern von achtern, sie nahmen sich Zeit, so daß jeder Schuß saß.

Eine riesige Gestalt in Weiß mit rotem Kopftuch überragte wie ein Banner alle Gefährten und hackte sich mit blutbeschmierter Kleidung einen Weg durch die Marines.

»Aufpassen, Sir!« rief Kirby und mußte sich schnell umdrehen, um eine Klinge mit seinem Bajonett zu parieren.

Wie eine wütende Natter hielt der hünenhafte Boxer den starren Blick auf Blackwood gerichtet.

Blackwood hob den Revolver und zielte auf die Brust des Riesen. Der Schlagbolzen traf eine leere Kammer; ohne es zu merken, hatte er alle Kugeln verschossen.

Die lange Klinge glitzerte und fuhr auf ihn nieder, schmerzhaft fühlte er ihre Kraft im Gelenk, als er sie mit seinem Säbel parierte. Der Gesichtsausdruck des Boxers blieb unverändert. Ohne sich aufhalten zu lassen, stieß er einen von Blackwoods Männern zur Seite, um Raum für den letzten Hieb zu haben.

Swan stürzte vor und feuerte. Der Boxer taumelte, ein großer Blutfleck erschien an seiner Schulter. Dann fiel er. Es war unfaßlich: Er war bereits mehrere Male von Bajonetten oder Schüssen getroffen worden, stellte Blackwood fest, als er auf den Toten niederblickte.

Sein Tod wirkte wie ein Signal. Gejagt von den kampfeswütigen Marines, sprangen die restlichen Boxer über das Schanzkleid, wateten durch das seichte Wasser zum Land oder fielen im rasenden Feuer von achtern. Blackwood ließ die Arme sinken und holte mehrmals tief Luft.

Seine Männer kippten die toten und verwundeten Boxer in den Fluß. Andere luden hastig ihre Gewehre für einen eventuellen neuen Angriff.

Doch als Blackwood zum nächstgelegenen Ufer blickte, war es leer, als habe die Erde die laufenden, schreienden Gestalten verschluckt.

Bannatyre kam herüber zu ihm. »Wir haben es geschafft, Sir!« Er schien entweder jubeln oder weinen zu wollen.

Hauptfeldwebel Fox gesellte sich dazu. »Drei Tote, darunter der junge Elmhirst, Sir. Die anderen sind Munro und Becket.«

Blackwood streckte seinen schmerzenden Rücken. »Verwundete?«
»Fünf, Sir. Ich hab' sie nach unten bringen lassen.«

Blackwood nickte. Daß sie nicht die Hälfte ihrer Leute verloren hatten, war ein wahres Wunder. Aber dennoch war es schlimm genug.

Er versuchte, etwas klarer zu denken, aber er konnte sich immer nur wundern, daß sie überlebt hatten. Hinter ihm lud Swan seinen Revolver nach und pfiff dabei leise vor sich hin. Sie waren noch beisammen, mehr war ihm anscheinend nicht wichtig.

Blackwood starrte zum Ufer, das nun steiler anzusteigen begann. Es war noch nicht vorbei. Über den Hügeln stieg weiterer Rauch empor; wenn sie ankern mußten, würden die Boxer versuchen, das Schiff erneut mit ihren Stinktöpfen in Brand zu setzen.

Achtern holten Korporal O'Neil und seine Gruppe die Schleppleine ein, um ihre schwimmende Bombe zum sofortigen Einsatz klar zu machen. Der ruhigere Schlag der Schaufelräder verriet, daß die *Bajamar* mit der Fahrt herunterging.

Als er seine Augen abschirmte, um nach Austad zu sehen, winkte dieser heftig mit dem Teleskop. Blackwood ging zur Brückenleiter. Alle Blicke waren auf ihn gerichtet, um aus seinem Verhalten ihr Schicksal abzulesen. Schmutzig, blutbeschmiert, zerfetzt und mit geröteten Augen, waren sie ziemlich am Ende.

Schnell kletterte er die Leiter hinauf. Von der Laufbrücke war das ganze Ausmaß des Schadens gut zu sehen, die verkohlten Decks und Lukenschächte qualmten noch nach den hastigen Löschversuchen.

Aber sie hatten es geschafft, trotz allem.

Auch ohne Fernrohr konnte er jetzt die Sperre erkennen. Von Ufer zu Ufer dehnte sich die aus zusammengebundenen Baumstämmen und langen, zugespitzten Bambusstäben bestehende Barriere, auf Booten gelagert, die sie von irgendeinem nahen Fischerdorf herbeigeholt haben mußten. Beim Versuch, sie zu rammen, würden sie die Kontrolle über das Schiff verlieren oder eines der Schaufelräder beschädigen.

Er merkte, daß Sergeant Kirby vom Vordeck zu ihm aufsah. Seltsam, daß er sich so eifrig als Freiwilliger gemeldet hatte. Korporal O'Neil hatte sich ebenfalls gemeldet, aber das war verständlicher, er war ein hervorragender Schwimmer und verrückt genug, sich auf alles einzulassen. Sie würden fünfzig Meter stromauf schwimmen müssen, zurück zur ankernden *Bajamar*. Es war ziemlich unwahrscheinlich, daß einer von ihnen überlebte.

Austad hielt ihm das Fernrohr entgegen. »Hier, sehen Sie!«

Blackwood hob das Glas und sah auf der Sperre einige Gestalten in Deckung hasten, als das Schiff auf sie zukam. In der Mitte der Barriere stak auf einer Pike ein Kopf, dessen leere Augenhöhlen ihnen entgegenstarrten.

Blackwood gab das Fernrohr zurück und versuchte den schrecklichen Anblick zu verdrängen.

»Klar zum Ankern. Sergeant Kirby soll sich bereithalten.«

Earles Schicksal war nun kein Geheimnis mehr. Das hatten sie sich für diesen Augenblick aufgespart.

»Maschine stopp!« Er fühlte sich entsetzlich elend, wußte aber, daß er es nicht zeigen durfte.

»Fallen Anker!« Das Eisen rasselte nieder, die Ankertrosse war gerade lang genug, um sie mitten im Strom festzuhalten.

»Oberdeck, Achtung!« Das war Fox.

Es war eine Ehrenbezeugung für ihren ersten Toten. Angesichts seiner letzten Erniedrigung erwiesen sie ihm ihre Achtung.

VIII   Ein Stück Geschichte

Sergeant Jeff Kirby stemmte seine Schulter gegen die lange Stange und schob. Vor ihm setzte Korporal O'Neil sein Gewehr ab, um zu beobachten, wie der Sampan langsam vom Bug der *Bajamar* freikam.

»Vielleicht ist's das letzte Mal, daß wir diesen Haufen sehen, Paddy«, meinte Kirby.

O'Neil, der mit Vornamen Sean hieß, grinste. Wie der Sergeant war er bis auf die weißen Hosen nackt und trotz der Gefahr anscheinend ganz gelöst.

»Ein bißchen Schwimmen tut unsern Knochen nur gut, was, Sergeant?«

Kirby stieß die Stange erneut in den Grund. Wenn er sich aufrichtete, konnte er die Sperre sehen. Diese gerissenen Burschen! An der engsten Stelle!

Beim Blick zurück zum verankerten Raddampfer, der bereits außer Reichweite schien, überfiel ihn eine kurze Panik. Nach dem heftigen Kampf, nach all dem Haß und der Wildheit, mit der sie den Gegner zurück ins Wasser getrieben hatten, herrschte nun Totenstille. Er schaute auf sein Gewehr, das in Reichweite lag. Es klebte noch getrocknetes Blut daran, das im grellen Sonnenlicht wie schwarze Farbe wirkte.

O'Neil hob seine Waffe und senkte sie wieder. »Die Schufte können uns noch nicht ausmachen, Sergeant. Da oben auf dem Kamm sind zwei von ihnen.«

Kirby schluckte, der Schweiß rann ihm über den Körper. Das Boot ließ sich besser manövrieren als erwartet. Vielleicht hatten sie doch noch eine Chance. Er fuhr zusammen, denn wie ein schlafender Wal tauchte eine Sandbank aus dem Wasser auf. Nein, es gab überhaupt keine Hoffnung mehr. Wenn sie zu früh ausstiegen, das hatte Hauptmann Blackwood ihnen erklärt, konnte der Sampan auf Grund laufen oder ans Ufer treiben.

Wieder ein Blick auf die Sperre. Sie schien nicht näher zu kommen.

O'Neil summte leise vor sich hin. Kirby war zwischen Haß und Neid hin- und hergerissen.

»Weißt du«, fragte er brutal, »was dieses blutige Ding da ist, das sie auf eine Pike gesteckt haben?«

O'Neil warf Kirby einen seltsamen Blick zu. »Aber gewiß. Der kleine Offizier, den du im Stich gelassen hast, stimmt's?«

Kirby fühlte das Blut in seinen Adern kochen. »Das war nicht meine Schuld!«

Einige Meter querab schlug eine Kugel ins Wasser. O'Neil hob das Gewehr und stellte das Visier nach.

»Jetzt geb' ich's euch!« Zwischen den hohen Ufern klang sein Gewehrschuß doppelt laut; O'Neil riß das Gewehrschloß auf, gleichzeitig rollte eine kleine Gestalt den Hang hinab.

Vom Hügel krachten weitere Schüsse, die von der verankerten *Bajamar* mit Maschinengewehr- und Gewehrfeuer erwidert wurden. Dann feuerte eine von Austads kleinen Kanonen und ließ die Luft vibrieren. Sie klang wahrscheinlich gefährlicher als sie wirklich war, dachte Kirby. Warum hatte er sich nur freiwillig gemeldet? Um in Ehren zu sterben? Jetzt wollte er nur noch am Leben bleiben. Es war widersinnig.

Ein Schuß durchschlug die Bordwand des Bootes, die Persenning im Bug begann zu schwelen.

O'Neil war sofort im Bilde. »Das muß eine der großen Musketen gewesen sein, Sergeant.« Er riß sein Gewehr hoch und schoß zweimal auf Männer, die in einer Geländefalte den Hang hinabliefen.

Kirby legte die Stange weg und eröffnete ebenfalls das Feuer. Einer der Schufte fiel, doch das befriedigte ihn nicht. Mann gegen Mann, wenn man des Gegners Wut oder Schrecken erkennen konnte, das lag ihm mehr. Der Kolben stieß hart gegen seine nackte Schulter zurück, und eine weitere weißgekleidete Gestalt rollte ins Gebüsch.

Während er nachlud, warf er einen Blick achteraus. Die *Bajamar* war in Rauch gehüllt. Alle Mann, die noch ein Gewehr halten konnten, legten Sperrfeuer über den Landvorsprung.

Die Barriere kam nun schnell näher. Am nächstgelegenen Ufer drängten sich weitere Figuren, einige beschossen knieend das kleine Boot, das auf sie zutrieb.

Fast pausenlos spritzte das Wasser um die beiden kauernden Marines auf. Kirby wischte sich den Schweiß aus den Augen und versuchte, den Abstand zu schätzen. Erst wollte er O'Neil um seine Meinung fragen, verwarf den Gedanken aber sofort. Er war nur ein Korporal und dazu noch ein verdammter Ire.

Jetzt mußte es sein! Im selben Moment fühlte er einen Schlag wie mit einer eisernen Keule und fiel auf die Bodenbretter, ein Fuß baumelte über das Dollbord.

»Verflucht!« O'Neil beugte sich über ihn und starrte das unaufhaltsam aus Kirbys Brust strömende Blut an.

Vor Schmerz schloß Kirby die Augen. Er versuchte, sich zu bewegen, verlor jedoch fast das Bewußtsein. Obwohl er versuchte, deutlich zu sprechen, klang es wie ein Schluchzen. »Die Zündschnüre! Steck sie jetzt an!« Als der Schatten des Korporals über ihm unbeweglich blieb, stöhnte er: »Mach schon, du irischer Dummkopf! Um Himmels willen, zünde sie an!«

O'Neil stolperte zum Bug und schoß auf dem Weg einen am Ufer kauernden Scharfschützen nieder, warf sich neben die Zündschnüre und überlegte, was er tun mußte. Kurz dachte er an Kirbys Versuch, ihn mit dem abgehackten Kopf zu quälen. Das sah ihm ähnlich. Und nun starb er möglicherweise. Aber genauso würde es allen ergehen, wenn er diese verdammte Sperre nicht in die Luft jagte. Entsetzt zuckte er vor dem plötzlichen Aufflammen der Zündschnüre zurück. Um ihn herum pfiffen und krachten die Schüsse, aber er nahm sich die Zeit, nachzuladen, ehe er sich wieder nach achtern zu Kirbys hingestrecktem Körper kämpfte.

Wahrscheinlich war es so oder so hoffnungslos, dachte er. Diese Teufel sollten ihn jedoch nicht lebend in die Hände bekommen.

»Na, Sergeant, dann wollen wir mal«, sagte er mit ruhiger, ihm selbst fremd klingender Stimme und versuchte, das Zischen der beiden Zündschnüre hinter sich zu überhören. Ein Blick auf den Fluß zeigte ihm, daß das Schwimmen auch ohne Kirby eine harte Sache werden würde.

»Du gehst allein«, keuchte Kirby mühsam. »Das ist ein Befehl, verstanden? Laß mir dein Gewehr hier. Ein paar von den Schuften nehme ich noch mit.«

O'Neil überhörte das und warf statt dessen Kirbys Gewehr über Bord. »Gib mir den Arm und dann los!« Er wartete, bis Kirby im Wasser war, das sich durch dessen Blut sofort verfärbte. Dann schoß er das ganze Magazin mit acht Schuß leer und warf sein Gewehr trotzig in den Fluß.

Nach der erbarmungslosen Sonne fühlte sich das Wasser kühl an. Langsam begann er, einen Arm um den fast bewußtlosen Sergeanten gelegt, flußaufwärts zu paddeln.

Inzwischen hatten die Marines erneut das Schnellfeuer eröffnet, es knallte über ihm und um ihn herum. Ein lautes Tuten der Schiffssirene, das trotz aller Anstrengung und Schmerzen an sein Ohr drang, schien ihm Mut zu machen, ihn anzufeuern. Er mußte an die kleinen Vergnügungsdampfer an der Westküste seiner Heimat Irland denken und auch an seinen toten Vater, der ebenfalls Korporal im Corps gewesen war.

»Los, weiter, alter Knabe!« O'Neil atmete schwer und schluckte Wasser. Es schmeckte salzig wie das Meer.

Kirby hatte die Augen geschlossen, wußte aber, was mit ihm geschah. Er versuchte, sich aus O'Neils eisernem Griff zu befreien, doch der keuchte nur: »Zusammen, Sergeant, oder überhaupt nicht!«

Die Detonation war mehr zu fühlen als zu hören. Als ob sein ganzer Körper zusammengedrückt und gleichzeitig gestreichelt würde, so empfand O'Neil die Explosion der Sperre, die eine kleine Flutwelle stromauf schickte und sie beide wie trunken tanzen ließ. In seiner Benommenheit wollte er lachen, jubeln, weil sie es geschafft hatten. Doch sein Mund fühlte sich an wie zugeschnürt, sein Körper schien sich mit Wasser zu füllen.

Sterben war wohl doch nicht ganz so schrecklich.

»Schnellfeuer!« Fox' weitere Worte gingen im Feuer der knieenden und bäuchlings daliegenden Marines unter, die einzig an die auf das Wasser zulaufenden weißen Gestalten in der Ferne dachten.

Blackwood packte die Reling so fest, daß der Schmerz ihn beruhigte. Gegen das Land, gegen den träge dahinfließenden Strom mit der Balkensperre schien der Sampan winzig. Ein sinnloses Vorhaben!

Austad hielt das Fernrohr ans Auge. »Ich glaube, der Sampan wird dauernd getroffen.«

»Schwenkt das Maschinengewehr nach Backbord!« schrie Korporal Lyde.

Im Takt mit seinem schwerfälligen Gestotter begann der Munitionsgurt zu rucken; Blackwood mußte an Kirby und seinen Ärger über das Maxim denken. Jetzt war er da drüben mit O'Neil und genügend Sprengstoff, um sie alle in Fetzen zu reißen.

»Feuer einstellen! Nachladen!« Fox trat hinter seine keuchenden, schwitzenden Männer. Wie schaffte er das bloß? überlegte Blackwood. Fox' Augen waren überall, und seine Stimme sorgte dafür, daß die Marines weder zögerten noch aufgaben. Sie haßten ihn zwar, aber er erreichte, was er wollte.

Trichterförmig legte Blackwood die Hände an den Mund. »Klar zum Ankerschlippen!« Er sah, daß Austads mächtige Hand sich um den Hebel des Maschinentelegrafen schloß, und stellte sich die Heizer vor, die da unten in der schrecklichen Hitze kauerten. Wenn ein Schuß einen Kessel aufriß, war alles vorbei.

»Einer ist gefallen, Sir«, sagte Lyde heiser.

Blackwood nickte. Offensichtlich war es Kirby. Selbst auf diese Entfernung konnte er erkennen, wie der andere im schwankenden Boot nach hinten krabbelte, um ihm zu helfen.

»Jetzt sind sie nahe genug«, murmelte Fox, aber seine Worte galten nur O'Neil. »Mach daß du rauskommst, solange du noch kannst, verdammt noch mal!«

»Mein Gott, Arthur, der verrückte Kerl bringt den Sergeanten mit«, flüsterte ein anderer.

Blackwood beschattete seine Augen; wie Vögel aus dem Gebüsch erhoben sich weitere laufende Gestalten.

»Legt an! Schnellfeuer!«

Ein Rauchstoß, Austads gedrungene Kanone ruckte zurück in ihre Taljen. Die schwere Ladung fegte über Gestrüpp und Büsche, erfaßte einen der Boxer und warf ihn mehrere Fuß in die Luft.

»Schlipp Stromanker!« Blackwood konnte seine Augen von den zwei im Wasser tanzenden Köpfen nicht losreißen. Langsam, fast sanft, begannen die Schaufelräder die Oberfläche zu bewegen.

»Achtern alles klar, Sir.«

Blackwood rannte zur Bordwand und beugte sich hinaus, um zu sehen, wie O'Neil vorankam. Zwischen den Feuerstößen rief er über die Schulter: »Korporal Lyde! Sagen Sie Mr. Bannatyre, er soll sich am Bug klar halten. Es muß ganz schnell gehen, sonst kommen sie in die Schaufelräder!«

Ein helles Aufblitzen von der Sperre her, dann ein Donnerschlag. Die Explosion schien die *Bajamar* sekundenlang vom Kurs abzubringen. Eine dichte Rauchwolke stieg auf und zog über den Fluß, Hunderte von Wrackstücken regneten herunter und warfen von Ufer zu Ufer kleine Wasserspritzer auf.

Zwei Männer Austads sowie Bannatyre beugten sich über das Schanzkleid, zwei halbnackte Marines wurden an Leinen über die Bordwand hinabgelassen. Es war eine prekäre Situation. O'Neil wurde durch den Schiffsrumpf nur von einer Seite geschützt, von der anderen Seite schlugen immer noch Kugeln gegen die rostigen Platten.

»Zweite Abteilung! Schnellfeuer nach Steuerbord!« Fox stieß einen jungen Marineinfanteristen mit dem Stiefel an. »Zielen, du Holzkopp! Nicht einfach drauflos ballern!«

Austad biß auf seine Pfeife. »Ich stoppe jetzt die Maschine.« Die Schaufelräder blieben stehen, wie von Riesenhand angehalten.

Durch Lärm und gebrüllte Befehle hörte Blackwood ein wildes Aufjubeln, sah Kopf und Schultern eines Marineinfanteristen, der geschickt eine Leine um Kirbys blutüberströmten Körper schlang.

»Wir haben sie!«

»Die zwei haben das Viktoriakreuz verdient«, grinste Lyde. Dann errötete er. »Das sollte keine Respektlosigkeit sein, Sir.«

Ein dumpfes Knarren voraus ließ Blackwood herumfahren.

Langsam und zögernd hob sich der Rauch.

Nicht zu fassen: Die Sperre war immer noch da!

»Bringt die Verwundeten in Deckung«, stieß Fox hervor.

Blackwood wischte sich die Stirn mit dem Ärmel und sah die Verzweiflung in ihren Gesichtern. Nach allem nun dies! Mußte er sich geschlagen geben?

Dicht neben ihm stand Swan, die Augen gegen den Rauch zugekniffen. »War ein Mordsknall, Sir.« Er wartete, bis Blackwood ihn ansah. »Wahrscheinlich hat er das Ding brüchig gemacht.« Er fuhr mit dem Daumen über das Visier seines Gewehrs. »Wir können sowieso nirgendwo anders hin.«

Blackwood packte dankbar Swans Schulter. Der Mann hatte recht. Sie konnten nicht zurück, man würde sie jagen und bei der ersten Gelegenheit in einen Hinterhalt laufen lassen. Die Munition wurde ohnehin knapp. Aber es gab noch Entscheidenderes, wichtiger, als Swan je ahnen würde.

»Danke.« Dann wandte er sich an Fox. »Geben Sie die restliche Munition aus, Hauptfeldwebel.«

Auch Fox hatte verstanden. Es gab nur einen Weg: kämpfen oder sterben. Wahrscheinlich beides.

Blackwood sah zu Austads ungefüger Gestalt hinüber.

»Noch zwei Minuten, dann voll voraus.«

Austad grunzte, die Augen prüfend auf die Sperre und die mühsam Kurs haltenden Schaufelräder gerichtet.

Blackwood hob das Fernrohr und beobachtete die kleinen Gruppen an beiden Ufern. Einige Gestalten kletterten bereits hinaus auf die Sperre. Wenigstens waren Earles grausige Überreste weggeschleudert worden.

»Neun Schuß pro Mann, Sir«, meldete Lyde.

Das war verzweifelt wenig für das, was ihnen bevorstand.

Blackwood stellte das Fernrohr wieder auf das Rack neben dem Rudergänger. »Wie geht's dem Sergeanten?«

Als mehrere Marines hurra riefen, wandte er sich um.

Durch die Tür unten torkelte O'Neil und nahm sich eines der Reservegewehre. Er wirkte benommen, fast betrunken. Als er Blackwood gewahrte, bleckte er die Zähne in einem breiten Grinsen.

»Muß doch dabei sein, Sir!«

»Teufel auch.« Fox schüttelte den Kopf. »Das ist doch nicht zu fassen.«

Blackwood zog den Revolver.

»Und jetzt, Kapitän Austad, wollen wir ein Stück Geschichte schreiben!«

Binnen kurzem zeigte es sich, daß Austad Blackwood beim Wort genommen hatte. Die *Bajamar* bebte vom Kiel bis zur Brücke, Platten und Planken quietschten und protestierten, die beiden Schaufelräder gingen auf äußerste Kraft.

Blackwood stand an der Backbordseite vor einem Radkasten und beobachtete die Sperre mit den hellen Figuren, die auf ihr kauerten, sowie das gelegentliche Aufblitzen von Gewehr- und Musketenfeuer. Irgend jemand hatte eine Fahne an der Stelle gehißt, wo Earles Kopf zur Schau gestellt worden war. Es schien völlige Flaute zu herrschen, denn sie hing reglos herab.

Hinter dem hohen Landvorsprung war der Himmel klar; wenn ihnen der Durchbruch gelang, würde die See bald in Sicht kommen. Die größte Gefahr bei ihrer Kollision mit der Sperre war, daß die Schaufeln auch nur für kurze Zeit hängen blieben. In dem Moment konnte der Gegner erneut versuchen, sie zu entern, und diesmal würde er auf geringeren Widerstand stoßen. Neun Schuß pro Kopf, und das Maxim konnte einige Stellen an Bord nicht bestreichen. Bannatyre hatte das Kommando auf der anderen Seite übernommen, und Blackwood betete, daß er seinen erschöpften Männern das nötige Beispiel geben würde.

Schüsse hämmerten in Rumpf und Aufbauten oder pfiffen über ihre Köpfe. Blackwood bemerkte, wie die Gewehre einiger Marineinfanteristen zitterten, als sie auf die feindlichen Scharfschützen anlegten und fluchten, daß sie noch nicht zurückschießen durften.

Er versuchte, nicht an die Gräfin zu denken, die hinter den schwachen Barrikaden bei Verwundeten und Sterbenden wartete. Nach dem, was sie bereits durchgemacht hatte, war es ein Wunder, daß sie nicht zusammenbrach. Irgendwie hatte sie wieder Kraft gewonnen. Besaß sie immer noch die kleine Silberpistole, überlegte er, und war sie entschlossen, sie zu benutzen?

»Da kommen sie!«

Blackwood drückte den Hahn mit dem Daumen zurück und starrte zum Ufer. Dann duckte er sich und hielt den Atem an. Mit einer die Luft zerreißenden Explosion wurde erneut ein Brandgeschoß von oben auf sie herab geschleudert. Hitze und Gestank breiteten sich an Deck aus, seine Männer keuchten und würgten. Ohne auf Befehl zu warten, schoß ein einzelner Marineinfanterist zurück.

Eine Welle schreiender Gestalten hatte das Wasser erreicht und schoß auf die rauchverhüllte *Bajamar*. Ihre schrillen Stimmen vereinten sich zu einem höllischen Chor.

»Achtung! Ganz ruhig!« Blackwood mußte seine ganze Kraft darauf verwenden, mit beherrschter Stimme zu sprechen.

Ein knieender Marineinfanterist ließ sein Gewehr fallen und sank zur Seite; zwischen seinen auf den Magen gepreßten Fingern quoll Blut hervor. Der Mann sah ihn mit entsetzten und ungläubigen Augen an, dann überschüttete ein Hagel von Splittern das Schiff. Als Blackwood wieder hinsah, war der Mann tot.

Jetzt näherten sie sich der Sperre, und nun konnte er mit bloßem Auge verwegene Gestalten erkennen, die auf den herankommenden Dampfer schossen.

Austad fuhr schnurgerade, er hatte zwei Mann ans Ruder gestellt und stand selbst ans Kompaßgehäuse gelehnt, um zu sterben.

»Legt an! Feuer!« Die Salve krachte, mähte sorgfältig gezielt einige der nächststehenden Angreifer nieder und trieb die anderen vom Bug zurück.

»Her zu mir!« schrie Blackwood. Gemeinsam stürmten sie nach achtern. Dort tauchten Gesichter über dem Schanzkleid auf, einige nur Zentimeter von den wirbelnden Schaufelrädern entfernt.

Blackwood feuerte seinen Revolver ab, dann zog er den Säbel. Ein Haufen Enterer stürmte ihm entgegen. Das Zischen und Klirren von Stahl, wenn Messer auf Bajonett traf, die Flüche und Schreie seiner Männer, vermischt mit dem erschreckenden Gebrüll der Boxer, übertönten alles. Das Deck bäumte sich auf und senkte sich wieder. Austad versuchte, das Schiff mit dem Bug voran gegen die Sperre zu halten, aber sie kamen nicht durch. Wie eine zerbrochene Säge knirschte ein Schaufelrad über die Balken.

»Haltet sie auf!« Blackwood stieß zu, und Swan, der sein Gewehr leergeschossen hatte, erledigte den schreienden Boxer mit dem Bajonett. Doch die Marines wichen in engem Schulterschluß zurück, da immer mehr Gestalten über die Reling kletterten.

»Alle schaff' ich nicht, Sir!« keuchte Lyde, schoß einem Boxer mitten ins Gesicht und stieß dann einen anderen mit seinem bereits geröteten Bajonett nieder. Undeutlich nahm Blackwood wahr, daß einer der Rudergänger mit gespaltenem Schädel dalag, daß Austad aus einer großen Schnittwunde an seiner Wange blutete, wie ein wilder Stier brüllte und mit seinem leergeschossenen Revolver um sich schlug.

Ein Säbel klapperte ihm vor die Füße, Swan schrie: »Diesmal noch nicht!« und hieb seinen Gewehrkolben einem Mann ins Genick. Dessen Gefährten stampften mit aufgerissenen Augen und gefletschten Zähnen über den am Boden Liegenden hinweg, um jetzt Verwundete und Versprengte niederzuhacken.

Blackwood spürte einen starken Ruck und sah die Barriere zugespitzter Bambusstangen zur Seite fallen. Einige Männer brüllten triumphierend auf. Die Sperre begann unter dem Druck des Stevens nachzugeben.

Sie brachen durch!

Aus dem Augenwinkel sah Blackwood eine Gestalt, die auf ihn zielte. Die Kugel pfiff an ihm vorbei und schlug hinter ihm ins Deckshaus. Splitter drangen ihm ins Auge und blendeten ihn auf der Stelle. Er war sich noch bewußt, daß seine Männer jubelten, Schreien und Platschen sagten ihm, daß die letzten Enterer verschwanden. Er fuhr herum, doch sein Gleichgewichtsgefühl war dahin. Halb blind, stöhnte er auf vor Schmerz. Über sein Gesicht flog ein Schatten, und er hörte Swan rufen: »Aufpassen, Sir!«

Irgend etwas schlug ihm in den Nacken. Er merkte kaum, auf welche Seite er fiel. Vielleicht hatte man ihm wie Earle den Kopf abgeschlagen, und dies war nur ein letztes blitzartiges Begreifen, ehe ihn die Dunkelheit verschlang.

Und doch merkte er, daß eine neue Stimme seine siegreichen Marines zusammenrief, fest und entschieden. Das war Bannatyre, der durch Furcht zur Kraft gefunden hatte. Es war der härteste Weg.

Ein Arm schob sich unter seine Schultern, ein Schatten verdeckte ihm die Sonne. Dann hatte er das Gefühl, er fiele aus großer Höhe herunter, und bemühte sich, seine Glieder gegen den Aufschlag zu wappnen.

Doch statt dessen sank er in tiefe Ohnmacht.

Als Blackwood schließlich die Augen öffnete, war nur Dunkelheit um ihn. Er spürte einen kühlen Verband über dem linken Auge; das andere stach und brannte, wenn er versuchte, etwas scharf zu sehen. Das Deck wiegte sich noch, aber er merkte keine Bewegung. Die Schaufelräder standen still, und einen Augenblick dachte er, sie seien auf Grund gelaufen und der Gegner sei irgendwie an Bord gekommen und hätte das Schiff gekapert.

Blind tastete er nach seiner Pistolentasche, aber sie war weg, ebenso sein Uniformrock. Seine Finger strichen über die Brust und fühlten einen weiteren Verband, obwohl er sich nicht erinnern konnte, dort verwundet worden zu sein. Der Schmerz in seinem Schädel war so stark, daß er kaum nachdenken konnte, doch langsam kam die Erinnerung wieder. In Gedanken hörte er wieder das Wüten der Schlacht, sah die wilden Augen und das Blitzen von Stahl.

Er versuchte sich zu bewegen, doch der Schmerz ließ das nicht zu. Dann hörte er leere Munitionsbehälter über Deck rollen. Die *Bajamar* lag also irgendwo vor Anker. Behutsam streckte er die Hand aus, und berührte das Schott. Es war kühl, die Hitze des Tages vorüber. Oder lag alles schon länger zurück? Er strengte sein Gehör an und versuchte verzweifelt, das schreckliche Pochen in Kopf und Nacken zu ignorieren.

Jemand schrie auf. Nur einmal, ganz kurz und ganz in der Nähe, nur durch das Schott von ihm getrennt.

Langsam drehte er den Kopf. Er lag in einer Koje, und ein schwacher Duft sagte ihm, daß es die ihre war.

Wo zum Teufel steckte Swan? Er wußte wissen, was los war. Er wurde bestimmt gebraucht. Doch als er rufen wollte, kam nur ein Stöhnen heraus. Trotzdem geschah sofort etwas. Aus dem Dunkel kam sie und setzte sich neben ihn auf die Koje.

»Ganz ruhig, Hauptmann.« Er fühlte ihre Hand auf seiner Schulter, ihre zärtlichen Finger. »Wir sind in Sicherheit, und das ist Ihr Verdienst.« Ihre Finger blieben über der verhaßten Narbe auf seiner Schulter liegen. Sie besänftigten ihn und hielten ihn in Bann.

»Meine – meine Männer ...«

Ihre Hand rührte sich nicht, doch irgendwie fühlte er, sie teilte seinen Kummer. »Es gab zehn Verwundete.« Wieder ein kurzes Zögern. »Und fünf Tote.«

»Mein Gott!« Er legte sich zurück und starrte ins Dunkle. »Meine Augen ...«

»Sie haben Glück gehabt. Aber jetzt müssen Sie ruhen.«

Ihre Hand streichelte die Narbe, sie schien an etwas anderes zu denken. Selbst ihre Stimme klang weit weg.

»Haben Sie mich versorgt?«

»Natürlich. Ich glaube, Mr. Fox mochte es gar nicht, daß ich mich um die Verwundeten kümmerte.« Sie zuckte die Schultern. »Aber ich wollte es.«

Er fand keine Worte. Sie hatte ihn ausgezogen, gewaschen und seine Wunden versorgt.

Im gleichen ruhigen Ton meinte sie: »Machen Sie sich nicht so viele Gedanken. Wäre es Ihnen lieber gewesen, wenn ich weggeblieben wäre? Fern der Gefahr, während Sie für mich kämpften und beinahe gestorben wären? Wäre Ihnen das lieber gewesen?«

»Sie wissen, daß ich das nicht so meine.« Mühsam erhob sich Blackwood auf die Ellbogen, fühlte ihre Nähe trotz aller Schmerzen und wirbelnden Gedanken. »Ich muß aufstehen. Muß zu ihnen ...« Er versuchte es erneut. »Könnten Sie nach Swan schicken, bitte?«

Sie ging leise zur Tür und sprach mit ihrer Zofe.

Bei ihrer Rückkehr sagte sie: »Machen Sie die Augen zu, ich will eine Lampe anzünden.« Sie stand zwischen ihm und dem Licht und beobachtete ihn wortlos. Er öffnete das gesunde Auge und blinzelte in die Kabine, erkannte an der Seite Schuß- und Splitterlöcher und auf ihren Kleidern Blutflecken, ob von ihm oder einem anderen Verwundeten, das wußte er nicht.

Er gewahrte seine Nacktheit. »Ich muß ja fein aussehen!« war das einzige, was ihm einfiel.

Swan betrat die Kabine, sein Blick ging fragend und verstehend zwischen ihnen hin und her.

»Sir?«

»Hilf mir hoch.«

Swan betrachtete ihn zweifelnd. »Sie haben einen ordentlichen Schlag mit einem Pikenstiel in den Nacken bekommen, Sir. Wäre es die Klinge gewesen ...« Er beendete den Satz nicht.

»Wenn Sie unbedingt wollen, Hauptmann?« Sie nahm seinen Uniformrock vom Stuhl und half ihm vorsichtig hinein. Er zuckte zusammen, der Schmerz durchfuhr ihn erneut, doch trotzdem fühlte er ihr Haar an seinem Gesicht, ihren Atem auf seiner Haut.

»So.« Sie sah ihn ruhig an. »Gehen wir.«

Unterstützt von Swan auf der einen und Friederike auf der anderen Seite, taumelte Blackwood zur Tür.

»Stiefel und Koppel«, keuchte er.

Swan seufzte; wenn er so weitermachte, würde der Hauptmann sich noch selbst umbringen. Er schob die Tür auf, und eng beieinander gingen sie langsam in den Salon. Dort brannten mehrere abgeschirmte Lampen, und der Geruch von Blut lag in der Luft.

Die, die nicht schliefen oder aus Schwäche gleichgültig waren, wandten sich mit flackernden Augen dem Trio am Eingang zu. Blackwood bemerkte Stolz, vielleicht auch Feindseligkeit ihr gegenüber, weil sie das Schiff in diese gefährliche Lage gebracht hatte, und mehr noch. Doch sie hatten überlebt, sie waren die Sieger.

Unter Schmerzen ging Blackwood durch den ganzen Salon. Aus dem Dunkel tauchte Fox auf. »Sie sollten nicht hier sein, Sir.« Doch aus seinem Ton merkte Blackwood, daß er das Richtige getan hatte.

Er blieb stehen und sah auf Sergeant Kirby hinunter. Selbst in dem schwachen Licht wirkte er alt und blaß.

»Wenn wir ihn rechtzeitig zu einem Arzt bringen können, wird er durchkommen«, sagte Fox kurz. Und mit einem Blick auf die Gräfin: »Sie hat Wunder an ihm vollbracht, Sir.« Ein knappes Lächeln erschien um seine Mundwinkel. »An Ihnen auch, wenn ich das sagen darf.«

Ihre Finger krallten sich in seine Haut, als ein Mann aufschrie; ein Kamerad kniete sich mit einer Wasserflasche neben ihn. Blackwood roch den starken Tabakduft von Austad und freute sich, daß der Norweger überlebt hatte.

»Ich möchte euch nur sagen ...« Blackwood zögerte und blickte nach unten. Was sollte er ihnen sagen? Sie wußten selbst, was sie geschafft hatten und was es sie gekostet hatte. Er versuchte es erneut. »Ich bin stolz auf euch alle. Dankbar, daß ich die Ehre hatte, bei euch zu sein.« Sein nicht verbundenes Auge wurde feucht, er mußte an den Blick des sterbenden Marineinfanteristen denken. Warum ich? hatte der Blick gefragt.

»Bald werden wir wieder an Bord eines Schiffes sein und auf neue Befehle warten. Von einigen Kameraden werden wir uns trennen müssen.« Blackwood hob das Kinn, wie er es so oft bei seinem Vater gesehen hatte. Wie treffend war das Motto ihres Corps, dachte er. *Über Meer und Land.* Tu alles, geh überall hin. Stell keine Fragen.

»Und einige kehren niemals zurück.« Er schwankte und wäre gefallen, hätte Swan ihn nicht mit kräftigem Griff gehalten. »Aber wir werden sie nicht vergessen. Das ist nicht unsere Art.«

Er wandte sich mit seinen beiden Helfern zur Tür. Dort lächelte Bannatyre ihn mit verschränkten Armen an und schien überhaupt keine Sorgen zu haben. Aus dem Dunkel folgte ihm eine Stimme: »Immer noch der gute alte Blackie, was, Jungs?« Das mußte O'Neil gewesen sein, der Akzent war unverkennbar.

An Deck standen die drei an der Reling und schauten übers Wasser. Es war kein Mondschein und zu dunkel, um zu erkennen, wie weit draußen Austad geankert hatte. Doch Blackwood konnte das Land riechen und fühlte die Kraft der Dünung unter dem alten Schiff, das sie in Sicherheit gebracht hatte.

»Sie lieben diese Männer, nicht wahr?« fragte Friederike.

Er schaute sie an und legte dann langsam den Arm um ihre Schultern. »Darüber habe ich nie nachgedacht. Ich wußte bloß nicht, was ich sagen, wie ich das erklären sollte.«

Schweigend gingen sie zur Kabine zurück. Rund um sie rollte und ächzte das Schiff, als läge es nach dem Kampf in unruhigem Schlaf. Swan setzte ihn auf die Koje, nahm ihm die Stiefel ab und trat zur Seite. »Danke, Swan«, sagte sie. »Den Rest mache ich nun selber.«

Die Tür schloß sich, Blackwood ließ sich von ihr die Uniform ausziehen und auf die Koje betten.

»Jetzt wird geschlafen.« Traurig sah sie ihn an, auf ihren Wangen sah er Tränen. »Wer weiß, was morgen ist?«

Er nahm ihre Hand. »Ich wünschte ...« Ihre Finger zuckten unter seinem Griff, im nächsten Moment würde sie sie zurückziehen.

Trotzdem fuhr er fort: »Wenn nur ...«

Ohne ihren Blick von seinem Gesicht zu wenden, nahm sie seine Hand, legte sie unter ihre Brust und hielt sie dort fest.

»Glaubst du wirklich, mein lieber David, daß ich aus Eis bin? Das ist mein Herz, was du da fühlst.«

Ihre Brust lag in seinen Händen, als sie sich über ihn beugte und ihn küßte. Errötend richtete sie sich auf, für einen Augenblick aus der Fassung gebracht. Dann sagte sie leise: »Wenn nur ... Ja. Aber was sind schon Worte, David? Vieles hätte anders sein können.«

Damit streckte sie den Arm aus und löschte die Lampe. »Ich bin ganz in der Nähe, wenn du mich brauchst.« Sie schloß die Tür hinter sich.

Wieder starrte er in die Dunkelheit. Sie hatte ihn beim Vornamen genannt. Selbst der Schmerz schien nun geringer, das Stechen in seinen Augen bedeutungslos. Er dachte nur daran, wie sie ihn angesehen hatte, an den Druck ihrer Brust in seiner Hand.

Mit dem Gedanken an sie sank er in tiefen Erschöpfungsschlaf.

IX Hin- und hergerissen

Kapitän Masterman beobachtete unbewegt den Schiffsarzt der *Mediator*, der Blackwood untersuchte. Nur das Zerren seiner linken Hand an der weißen Uniform verriet seine Ungeduld und wachsende Irritation.

Schließlich konnte er es nicht länger aushalten.

»Na, Doktor, wie ist Ihr Urteil?«

Der Arzt richtete sich auf und rieb sich die Hände wie beim Waschen.

»Die Augen sind in Ordnung, Sir. Der Schlag auf den Kopf verursachte eine schwere Gehirnerschütterung. Sie könnte für Hauptmann Blackwood Folgen haben, wenn er nicht Ruhe hält oder allenfalls leichten Dienst macht.«

Blackwood saß auf dem Rand der Koje und bezwang seinen Wunsch zu lachen. Sie sprachen über ihn, als sei er überhaupt nicht existent. Durch die Tür des Schiffslazaretts sah er die leichte Bewegung der makellos weißen Schwingkojen.

Er mußte an seine Rückkehr auf die *Mediator* denken: an die ungeheure Erleichterung, weil er nicht damit gerechnet hatte, den Kreuzer wiederzusehen. Die arme kleine *Bajamar* hatte es gerade noch geschafft. Sie hatten alles Brennbare an Bord verheizt, um bis nach Taku zu kommen. Auf dem Kreuzer brauste Jubel auf, als der schief liegende Raddampfer in Sicht kam.

Jetzt, in der kühlen, geordneten Welt des Schiffslazaretts, war nicht mehr zu ermessen, was hinter ihnen lag. Schon die Reede bot eine Überraschung. Sie waren auf die schlanke Silhouette der *Mediator* gefaßt gewesen, vielleicht noch auf ein paar Versorgungsschiffe, doch statt dessen lag hier eine ganze Flotte: nicht nur britische Schiffe, auch deutsche, russische, japanische und amerikanische, vom mächtigen Schlachtschiff bis zum flachen schwarzen Torpedobootzerstörer.

Blackwood faßte sich an den Kopf und merkte, daß sich sofort zwei Augenpaare auf ihn richteten. Wenn er nicht auf der Hut war, würden sie ihn möglicherweise nach England zurückschicken. Er dachte an die vergangenen Tage, in denen *Bajamar* qualmend und stampfend nach Norden gelaufen war, rund um die Halbinsel Shantung, in den weiten Golf von Chihli, bis hierher zum Peiho-Fluß. Friederike war kaum von seiner Seite gewichen, hatte sein verletztes Auge gebadet, seine Verbände gewechselt und nicht einmal Swan erlaubt, für ihn zu sorgen. Nun war das alles vorbei. Sie hielt sich drüben auf dem deutschen Kreuzer auf, den Westphal in Schanghai angekündigt hatte.

Die Tür schloß sich hinter dem Arzt, und schon brach es aus Masterman hervor: »Er ist wie ein altes Weib! Ich bin wirklich froh, Sie wieder an Bord zu haben. Aber für wie lange?«

Blackwood kämpfte sich in seinen weißen Uniformrock. »Ich fühle mich schon sehr viel besser, Sir.«

»Ich hätte Sie sowieso nicht gehen lassen.« Masterman schien erleichtert. »Mehr denn je brauchen wir hier erfahrene Offiziere.« Zornig setzte er hinzu: »Ich hasse die Politiker! Anscheinend glauben sie, daß eine Machtdemonstration genügt, um diesen Aufstand zu unterdrücken. Aufstand?« Er schnaubte verächtlich. »Wenn wir nicht aufpassen, haben wir einen ausgewachsenen Krieg am Hals!«

Blackwood stand auf und schaute durchs Bulleye. Gehirnerschütterung, hatte der Arzt gesagt. Ja, er fühlte, wie sein Kopf schmerzte, wie das Blut hämmerte. Er mußte vorsichtig sein. Er hatte mal einen jungen Leutnant gekannt, der sich von einem Schlag auf den Kopf nie erholt hatte, vergeßlich wurde und immer nur halb begriff, was vorging.

»Wie ist die Lage, Sir?«

Masterman zuckte die Schultern. »Wir, sowie unsere Verbündeten, haben per Bahn weitere Truppen zum Schutz der Gesandtschaften nach Peking geschickt. Von der chinesischen Regierung erhalten wir wenig Hilfe. Alle Macht scheint in den Händen der verdammten Boxer zu sein. Verschiedene außerhalb liegende Missionsstationen sind angegriffen, Priester und Nonnen brutal mißhandelt worden. Das muß aufhören.« Prüfend sah er in Blackwoods ernstes Gesicht. »Und es wird aufhören! Übrigens, Ihr neuer Kommandeur ist angekommen. Blair aus Hongkong.«

»Major Blair?«

»Jetzt Oberstleutnant Blair. Das gibt Ihnen vielleicht einen Begriff, wie dringlich es ist.«

Ein nervöses Klopfen an der Tür, ein kleiner Fähnrich spähte herein und sah seinen Kommandanten angstvoll an.

»Der – der Erste Offizier läßt melden, Sir, Sie möchten sofort an Bord der *Centurion* kommen.«

»Hm. Laß der Pinnaß pfeifen, mein Junge.«

Blackwood spitzte die Ohren. *Centurion* war ein Schlachtschiff. So wichtig war es also.

Masterman bemerkte seinen Gesichtsausdruck und nickte. »Unser Herr und Meister, Sir Edward Seymour, ist über uns gekommen.« Wieder schnaubte er. »Jeder Kapitän, der auch nur einen Pfifferling wert ist, könnte das regeln.« Plötzlich lachte er auf. »Aber wenn ich Admiral wäre, sähe ich die Sache anders, was?«

In der Ferne hörte Blackwood einen Bootsmannsmaaten gedämpft rufen: »Nachmittagswache und Bootscrews Essen empfangen!«

Ein neuer Ankerplatz, die handgreifliche Aussicht auf einen Krieg, doch in der Royal Navy änderte sich nichts.

Über die Schulter sagte Masterman: »Meinetwegen können Sie wieder Dienst tun.« Er blickte sich um und setzte hinzu: »Tut mir leid, daß Sie das alles durchmachen mußten. Haben paar gute Leute verloren, wie ich hörte.«

Das war das Höchste, was Masterman an Anerkennung über sich brachte.

Nur Sekunden nach Weggang des Kommandanten trat Swan durch die Tür. »Ich habe Ihre Kammer aufgeklart, Sir.« Er fuhrwerkte herum, nahm Kleidungsstücke und Blackwoods Feldmütze mit, nichts entging ihm. »Sie haben von Oberstleutnant Blair gehört, Sir?«

»Ja.« Blackwood freute sich, ihn wiederzusehen, doch wie Blair die Lage einschätzte, stand auf einem anderen Blatt. »Ich werde mich sofort bei ihm melden.«

Swan beobachtete, wie Blackwood sich erhob und sich dem leichten Schlingern anpaßte. Das wird schon besser, dachte er.

»Ich fürchte, er ist ebenfalls auf der *Centurion*, Sir«, sagte Swan. »Alle Kommandanten und höheren Offiziere sollen sich dort melden.«

Swan mußte an die Aufregung bei ihrer Rückkehr denken: Schulterklopfen und dazu mehr Grog, als jeder vertragen konnte. Noch immer schwirrten durch das Schiff die Berichte über ihre Heldentaten stromaufwärts, und die deutsche Gräfin gab den Geschichten gerade die richtige Würze: eine schöne Frau in Gefahr, errettet durch die tapferen Royal Marines. Sollte diese Geschichte je Portsmouth erreichen, würde sie sich in den Zeitungen gut machen.

Langsam ging Blackwood durch das Schiffslazarett und blickte im Vorbeigehen in die verschiedenen Gesichter, meistens Seeleute der Schiffsbesatzung. In den letzten Kojen fand er jedoch die vertrauten Gesichter seiner Marines, die sich von ihren Verwundungen erholten. Bei einem blieb er stehen.

»Hallo, Erskine, wie geht's?«

Der Junge war am Fuß schwer verwundet worden, und der Arzt der *Mediator* hatte ihm das Bein amputiert, um ihm das Leben zu retten. Erskine sah Blackwood an, ohne ihn zu erkennen. Er stand unter Drogen, hatte aber wahrscheinlich dennoch große Schmerzen.

Doch dann bedeckte er die Augen mit der Hand und fragte: »Warum hat er mir das angetan, Sir?«

Swan versuchte, ihn weiterzuziehen, doch Blackwood beugte sich über den Jungen, der weiterflüsterte: »Lieber wäre ich tot. Jetzt bin ich wie die andern, die sich immer vor den Toren unserer Kaserne herumdrücken.« Er wandte das Gesicht ab. »Verzeihung, Sir. Es ist nicht Ihre Schuld.« Er schluchzte unaufhaltsam.

Blackwood wandte den Blick ab. Sergeant Kirby, blaß und schmallippig, wehrte sich gegen das Sterben. Farley, der als erster niedergehauen worden war, versuchte, einen Arm in der Schlinge, mit einem kranken Seemann Karten zu spielen. Er war über das Schlimmste hinweg. Bald würde er wieder bei seinen Kameraden sein, über Fox schimpfen und an Land hinter den Mädchen her pfeifen.

Blackwood kannte Erskine. Sein Vater war im Corps gewesen, doch vor sieben Jahren mit seinem Schiff, der *Victoria*, untergegangen, nachdem sie von der *Camperdown* beim Manöver im Mittelmeer gerammt worden war. Nicht nur Erskines Vater war an diesem Tag umgekommen. Die *Victoria* war das Flaggschiff von Vizeadmiral Sir George Tryon gewesen, und der Admiral war mit dreihundert anderen aufgrund einer dummen Fehleinschätzung ertrunken.

Erskine war der letzte Marineinfanterist in der Familie und jetzt für den Rest seines Lebens ein Krüppel.

Warum hat er mir das angetan? hatte er gefragt. Darauf gab es keine Antwort. Seit der ersten Schlacht der Geschichte hatten Männer die gleiche Frage gestellt.

Er berührte die Schulter des Jungen. »Ich werde tun, was ich kann.«

Swan folgte seinem Hauptmann und überlegte, warum dieser immer so sehr von privaten Schicksalen berührt wurde. Schließlich war es ihr Beruf. Man dachte, einem selbst könne das nicht passieren. Aber wenn es geschah, dann war es eben Schicksal.

Statt in die Geborgenheit seiner Kammer ging Blackwood an Deck und wurde trotz der Sonnensegel fast geblendet.

Das Ganze sah mehr nach einer Flottenschau als nach der Vorbereitung auf einen Krieg aus. Mehrere der vor Anker liegenden Schiffe erkannte er wieder. Wie das Corps war auch die Navy eine Familie. Schiffe kamen und gingen, alte und neue, glückhafte und die, die unter einem schlechten Stern standen.

»Sie sehen sehr viel besser aus, Sir.«

Blackwood wandte sich um und erwiderte den Gruß seines Vetters. In Ralfs Blick lag Argwohn, als erwarte er Kritik. Für Blackwood gehörte er zu den vielen nebelhaften Gesichtern, die im Schiffslazarett an ihm vorbeigezogen waren. Jetzt fiel ihm auf, daß Ralf bleich aussah. Vielleicht war er einer von denen, die niemals braun wurden.

»Es ist schön, wieder zurück zu sein.« War es das wirklich? Ihm ging durch den Sinn, wie Friederike wenige Stunden vor ihrer Ankunft noch seine Verbände gewechselt hatte, wie ihre Hände kühl auf seiner Haut lagen und sie mit niedergeschlagenen Augen seinem Blick ausgewichen war. Seine eigene Hand war ihm wie die eines Fremden vorgekommen. Er hatte ihre Schulter berührt, und beim Arbeiten hatte sie den Kopf gebeugt und ihre Wange auf sein Handgelenk gelegt, immer noch ohne ihn anzuschauen.

Blackwood hatte ihr Kinn gehoben und gesagt: »Ich liebe dich, Friederike. Das weißt du.«

Sie hatte ein Lächeln versucht. »Ich mag die Art, wie du meinen Namen aussprichst.« Doch statt eines Lächeln waren ihr nur Tränen gekommen. Sie umarmten einander, murmelten Worte, die keiner von beiden wirklich aufnahm, klammerten sich voll Verzweiflung aneinander.

Dann hatte sie sich gewaltsam losgerissen. »Bitte, David, hilf mir! Du weißt, ich kann – ich darf nicht!«

Ohne auf die herabhängenden Binden zu achten, war er aufgestanden. »Und ich liebe die Art, wie du meinen Namen aussprichst.« Sie umarmten einander, seine Hand lag auf ihrer Brust, und sie hatte ihn wieder und wieder geküßt.

Jetzt sah Blackwood an seinem Vetter vorbei, Kopfschmerzen peinigten ihn.

»Es tat mir schrecklich leid, als ich das von Charles Earle gehört habe«, sagte Ralf fast flehentlich. »Eigentlich hätte ich das sein sollen.«

Blackwood lächelte. »Keiner hätte das sein sollen.« Er mußte an den jungen Marineinfanteristen mit nur einem Fuß denken. »Hast du dich nun eingewöhnt?« Fast hätte er »endlich« gesagt.

Ralf zuckte leichthin die Schultern, froh, wieder Boden unter den Füßen zu haben.

»Es sind keine schlechten Kerle. Einige dachten, du kämst nicht mehr zurück. Denen hab' ich aber Bescheid gesagt.«

Ein Fähnrich rief dem wachhabenden Offizier zu: »Boot vom deutschen Kreuzer, Sir. Von SMS *Flensburg*. Nimmt Kurs auf uns, Sir.«

Der Oberleutnant, in der Hitze nur an einen kühlen Trunk denkend, packte seinen Säbel. »Richtig, das ist angekündigt worden. Irgendein deutscher Graf will uns seinen Besuch machen.« Nach einem Blick auf Blackwood setzte er hinzu: »Meldung an den Ersten Offizier, Mr. Lacy, und lassen Sie die Wache antreten.« Dann hob er sein Fernrohr und rief laut: »Und verjagen Sie die Faulenzer vom Oberdeck, die Gräfin ist auch im Boot.«

Mit weißer Bugwelle drehte die elegante Dampfpinaß im Bogen auf das Fallreep zu. Blackwood erkannte am Heck die weiße Kriegsflagge mit dem schwarzen Kreuz und dem Adler, doch seine Augen hafteten auf ihr, die den Rand ihres großen Hutes festhielt und zu dem verankerten Kreuzer hinaufblickte.

Die Marines traten am Fallreep an, Premierleutnant de Courcy und Sergeant Greenway vom dritten Zug prüften, ob alles für den Empfang ausländischer Gäste bereit war.

»Sie sollten wohl nach unten gehen und sich umziehen, Sir«, bemerkte Swan leise. Dann sah er den neugierigen Blick des Secondeleutnants. Kleiner Rotzjunge, dachte Swan, Blackwood hin oder her. Doch sein Hauptmann hörte ihn nicht, es war, als rede er gegen eine Wand.

Schwungvoll zog de Courcy seinen Säbel. »Royal Marines ...«

Die Marines strafften sich, die weißen Handschuhe packten die Gewehre. Wenige Schritte vom messingnen Namensschild des Schiffes entfernt zog Fregattenkapitän Wilberforce die Mütze tiefer über die Augen und betupfte sich den Mund mit dem Handrücken.

»Präsentiert das ... Gewehr!«

Manfred Graf von Heiser stand mit dem Hut in der Hand da, während die kleine Kapelle der Marineinfanterie ihre Version der deutschen Nationalhymne schmetterte und der Ehrenzug das Gewehr präsentierte. Die Augen auf irgendeinen Punkt gerichtet, wartete er, bis sich der Lärm legte.

»Ihr Besuch ist uns eine große Ehre, Graf von Heiser«, sagte Fregattenkapitän Wilberforce. »Zu meinem Bedauern weilt der Kommandant an Bord des Flaggschiffs. Er läßt sich entschuldigen.« Mit einer leichten Verbeugung setzte er hinzu: »Es war uns natürlich eine besondere Ehre, die Gräfin als Passagier an Bord zu haben.«

Der Graf war eine kräftige Erscheinung, groß und aufrecht wie Masterman. Man konnte ihn sich ohne Schwierigkeiten in Uniform vorstellen.

Blackwood hörte den Grafen mit tiefer Stimme erwidern, klar und gar nicht guttural. Eindrucksvoll wie der ganze Mann.

»Wir haben alle unsere Pflichten, Herr Kapitän. Jetzt noch mehr als sonst.«

Blackwood bemerkte, daß Friederike ein wenig neben ihrem Gatten zur Seite trat, so daß er sie besser sehen konnte. Im Vergleich zu ihm wirkte sie jung, wie ein junges Mädchen, das nur eine Rolle spielte. Ihr Mann sei vierzig, hatte sie gesagt, aber er sah erheblich älter aus.

Blackwood versuchte, die Vorstellung zu unterdrücken, wie der Graf sie umarmte, zärtlich zu ihr war, einen Erben haben wollte. Aber aus ihren Blicken glaubte er schließen zu können, daß sie genau wußte, woran er dachte.

»Ich weiß nicht, wo ich anfangen soll, Ihnen allen für das zu danken, was Sie getan haben. Als ich hörte, was geschehen war, fürchtete ich, die Gräfin sei verloren. Ich möchte Ihre und meine Zeit nicht mit langen Reden verschwenden. Der Zweck meines Besuchs ist, den verantwortlichen Offizier kennenzulernen, wenn das möglich ist.«

Blackwood sah den Schmerz auf ihrem Gesicht. Ob ihr Mann sie nur mitgebracht hatte, um ihm deutlich zu machen, daß nichts sich jemals ändern würde?

»Natürlich, Graf.« Wilberforce sah einen Leutnant an und schnippte mit den Fingern. »Ich lasse Hauptmann Blackwood bitten ...«

Blackwood trat vor und ging zögernd auf die Gruppe zu. Premierleutnant de Courcy riß vor Schreck die Augen auf beim Anblick seines Kompaniechefs, der ohne Helm und nicht in korrekter Uniform war. Sergeant Greenaway holte tief Luft, blieb aber dennoch regungslos neben seinen Männern stehen. Wilberforce jedoch schien seine weltmännische Ruhe verloren zu haben.

»Das ist also der Mann.« Von Heiser ergriff seine Hand, seine tiefliegenden Augen glitten forschend über Davids Gesicht, während er fortfuhr: »Blackwood, Victoriakreuz. Jetzt verstehe ich.«

Er trat zur Seite, als Friederike Blackwood die Hand reichte. So leicht war die Berührung ihrer behandschuhten Finger, daß er sie kaum fühlte. Nach seinem Handkuß zog sie sie sofort zurück.

»Schön, nun können wir wohl nach achtern gehen und einen Sherry trinken«, ließ sich Wilberforce vernehmen.

Blackwood folgte ihnen wie in Trance. Es wäre besser gewesen, er hätte sie nie wiedergesehen. Doch beim Anblick ihrer Schultern wurde ihm klar, daß das eine Lüge war.

In Mastermans Tagesraum standen sie herum wie Schauspieler auf der Probe. Die Anwesenheit des Grafen brachte eine unnatürliche Steifheit mit sich, die alles nur noch schwieriger machte. Die Stewards gingen mit ihren Tabletts herum, und Blackwood vermutete, die anderen anwesenden Offiziere ahnten bereits, was in der Luft lag. Der dienstälteste, zur Besatzung der *Mediator* gehörende Offizier der Marines war anwesend, zwei oder drei der Wachoffiziere des Schiffs, sowie ein deutscher Offizier, der den Grafen begleitet hatte.

Von Heiser betrachtete Blackwood genau und hob sein Glas zum Gruß. In seiner kräftigen Hand sah es wie ein Fingerhut aus.

»Es war sinnlos, die Handelsmission am Hoshun weiterbestehen zu lassen. Der Fluß ist zu flach und nur für kleinere Schiffe befahrbar, und die Straßen sind kaum besser als Ziegenpfade.« Mit einem Blick auf seine Frau fuhr er fort: »Wenn die Boxer also beabsichtigten, auf meine Regierung Druck auszuüben, indem sie die Gräfin als Geisel nahmen, war das völlig zwecklos. Natürlich bedaure ich, daß ihre Schwester unter so schrecklichen Umständen starb.«

Das klang nach einer sorgfältig vorbereiteten Ansprache, dachte Blackwood.

»Was werden Sie nun tun, Sir?« fragte er und merkte, wie sie ihn beobachtete. Nur mühsam konnte er vermeiden, sie anzuschauen.

»Weiterreisen wie beabsichtigt.« Von Heiser schien etwas erstaunt über diese Frage. »Wir werden morgen unsere Reise nach Peking antreten, anfangs auf dem Fluß, später per Bahn. Der Schienenweg ist ziemlich sicher, und Baron von Ketteler von unserer Gesandtschaft in Peking hat mir versichert, daß er weitere Soldaten und Marineinfanteristen zu ihrem Schutz erwartet. Sie sehen also, Hauptmann Blackwood, es besteht kein Grund zur Besorgnis.«

Blackwood starrte ihn an und merkte an der plötzlichen Stille, daß die anderen zuhörten.

»Ich bin nicht Ihrer Ansicht, Sir. Die Boxer haben sich gegen alle Ausländer verschworen. Es gibt bestätigte Berichte, daß...«

Von Heiser lächelte milde. »Sie sind ein tapferer Mann. Aber die Diplomatie überlassen Sie besser anderen, erfahreneren Leuten.«

Mit einem Blick auf die Wanduhr murmelte der deutsche Offizier etwas über von Heisers Schulter.

Der Graf nickte. »Ich muß gehen.« Er wandte sich ab, um mit Wilberforce zu sprechen, und Blackwood flüsterte ihr zu: »Fahren Sie nicht mit ihm, es ist schrecklich gefährlich.«

»Wollen Sie, daß ich davonlaufe? Meine ganze Habe ist in Peking, auch die meiner toten Schwester...« Sie zögerte errötend. Blackwood fühlte, daß der Graf ihnen zuhörte, auch wenn er ihnen den Rücken zuwandte.

Bitter sagte Blackwood: »Sie machen einen Fehler. Ein neuer Aufstand könnte ganz China entflammen. Ich mag kein Diplomat sein, aber ich habe wegen der Selbstgefälligkeit der Politiker gute Männer sterben sehen.«

Wilberforce warf ihm einen warnenden Blick zu, doch Blackwood konnte nicht an sich halten. Sein Kopf schmerzte, und er war sich klar, daß er das Falsche sagte.

Beschwörend flüsterte sie: »Ich muß jetzt gehen, Hauptmann.«

Blackwood fühlte, wie sich eine Kluft zwischen ihnen auftat. Was für ein Narr war er gewesen! Sie hatte nur versucht, ihn zu warnen. Nun war der Augenblick verpaßt.

Nacheinander verließen sie den Raum. Der Artillerieoffizier des Schiffs blickte auf die Uhr. »Zeit zum Essen, Gott sei Dank.« Blackwood flüsterte er zu: »Nur ruhig Blut. Es lohnt sich nicht.«

Ganz in Gedanken an seinen Verlust fuhr Blackwood herum. »Was zum Teufel wissen Sie davon?«

Der Artillerieoffizier sah ihm nach und sagte dann zu seinem Kameraden: »Na, na, da steckt doch mehr dahinter, als es scheint.«

Aus dem Schatten an Deck sah Blackwood der Pinaß nach, die auf den deutschen Kreuzer zufuhr.

Wilberforce ging vorbei und murmelte: »Sie können Ihrem Schutzengel danken, daß ich da war und nicht der Alte. Er hätte Sie lebendigen Leibes geröstet!« Er hielt inne und sah dem schnell verschwindenden Boot nach. »Dennoch kann ich Ihnen keinen Vorwurf machen.«

Wie von Zauberhand erschien Swan.

Mein Gott, der Hauptmann nahm es schwer, dachte er. Schlimmer als er es je erlebt hatte. Swan wartete, und als Blackwood sich dem Niedergang zuwandte, streckte er ihm einen kleinen Samtbeutel hin. »Ich habe etwas für Sie, Sir.«

Blackwood öffnete den Beutel und hielt ein Medaillon in der Hand. Als er es aufklappte, sah er eine perfekte Miniatur von Friederike, selbst ihr Haar war genauso, wie sie es eben in der Kajüte getragen hatte.

Swan sagte nichts, es war nicht der richtige Moment. Aber er erkannte, daß das Medaillon ein Vermögen gekostet haben mußte. Das war nicht nur ein Geschenk zum Andenken.

Blackwood legte das Medaillon in den Samtbeutel zurück und steckte ihn sorgfältig in die Tasche.

Also war doch noch nicht alles vorbei.

Oberstleutnant James Blair überflog eine Liste mit Namen und dienstlichen Tätigkeiten. »Sie haben mit Ihrer neuen Kompanie gute Arbeit geleistet, David«, bemerkte er. Dann schaute er vom Schreibtisch hoch und fragte: »Stimmt was nicht, alter Knabe?«

Blackwood riß sich vom Anblick der auf Reede liegenden Kriegsschiffe los. Trotz des Deckenventilators fühlte er die drückende Hitze und eine Art banger Ahnung, die über den Schiffen lag, in denen die Kompanien warteten und warteten.

Eine Woche war vergangen, seit die Deutschen nach Peking abgereist waren, begleitet von Einheiten mehrerer Nationen. Man hatte erfahren, daß alle sicher und unbelästigt eingetroffen waren; ganz leicht war alles gegangen, zu leicht.

»Ich wollte, wir könnten etwas tun, Sir, und nicht nur Tag für Tag um die Anker schwojen.«

»Das war schon ein Unglück mit dem jungen Earle.« Blair schien gar nicht gehört zu haben, was Blackwood gesagt hatte, seine Gedanken waren offenbar woanders. »Aber Ihr Sergeant Kirby muß eine Bärennatur haben. Der Arzt sagt, daß er bald wieder gesund sein wird.«

Irgendwie war es ein Wunder. Das schwere, altmodische Geschoß, das Kirby getroffen hatte, war durch das Dollbord des Sampans abgelenkt worden. Andernfalls wäre er nicht mehr hier gewesen.

Es war schon zum Verrücktwerden, wie sie über die wahre Situation an Land im unklaren gelassen wurden. Sie wußten nur, daß die verschiedenen Gesandtschaften – und vor allem Sir Claude MacDonald, der britische Geschäftsträger in Peking – ohne Erfolg versucht hatten, mit der chinesischen Regierung ins Gespräch zu kommen. Ein böses Omen war das Eintreffen mehrerer Kisten mit den neuen langen Lee-Enfield-Gewehren für die Marineinfanterie auf der *Mediator* sowie einiger Nordenfeldt-Maschinengewehre auf Radlafetten, die nur an Land eingesetzt werden konnten.

Ganz offensichtlich wurden die Boxer täglich kühner. Masterman hatte von einem Blutbad an etwa siebzig chinesischen Christen berichtet, nur sechzig Meilen von Peking entfernt, und von mehreren brutalen Angriffen auf ausländische Besitzungen an der Bahnlinie, der letzten Verbindung mit der Hauptstadt.

Wie aus weiter Ferne hörte Blackwood Fox eine Abteilung an ihren neuen Lee-Enfields drillen. Es war ein Zeichen, daß sie vielleicht doch noch mit der Armee gleichzogen. Alte Marineinfanteristen behaupteten, das Corps sei in fast allem, von der Waffe bis zur Uniform, fünf Jahre hinter der regulären Armee zurück. Vielleicht konnte die augenblickliche Notlage da etwas beschleunigen.

Ein zaghaftes Klopfen an der Tür, Premierleutnant Gravatt, der diensttuende Adjutant, trat in die Kammer und übergab dem Kommandeur ein Schreiben.

Langsam las Blair die Nachricht, dann sagte er: »Die Boxer haben in Peking zugeschlagen, die Rennbahn niedergebrannt und alle Gebäude rundum geplündert. Unser Gesandter, Sir Claude MacDonald, hat starke Kräfte der Marines und Matrosen zur Verstärkung angefordert.« Er sah unvermittelt auf. »Wann ist das eingetroffen?«

»Gestern, Sir.«

»Und seitdem nichts mehr?«

Gravatt warf Blackwood einen Blick zu. »Die Telegraphenlinie nach Peking ist unterbrochen. Sie sind ganz auf sich allein gestellt.«

Blackwood biß sich auf die Lippen. Das war noch schlimmer, als er erwartet hatte.

Blair glättete das Telegrammformular. »Admiral Seymour wird sofort Entsatz nach Peking schicken müssen. Dürfte ziemlich schwierig werden, besonders wenn die Boxer die Bahnlinie unterbrochen haben.«

Ein Seemann stand in der offenen Tür. »Kapitän Masterman läßt alle Stabsoffiziere sofort an Bord des Flaggschiffs bitten.«

Blair strich sich den sauber gekämmten Schnurrbart.

»Jetzt geht's los, David.« Er griff nach seiner Mütze. »Die verdammten Narren! Sie hätten früher auf uns hören sollen. Jetzt geht es hart auf hart.«

Blackwood überlegte, wen er wohl mit »sie« meinte. Die Chinesen oder die Fremdlinge in ihrem Land? Er erinnerte sich daran, was man über Blairs chinesische Geliebte in Hongkong gesagt hatte, und erriet die Antwort.

Gab es denn kein Ende des Schreckens für Friederike? Er dachte an das harte Gesicht ihres Mannes und die unerbittliche Art, mit der er seine Gründe für die Rückkehr nach Peking vorgetragen hatte. Blackwood ballte die Fäuste. Auch diesmal hatte er wieder unrecht gehabt und Friederike direkt in die Feuerlinie gebracht.

Während sie zum Fallreep gingen, ließ Hauptfeldwebel Fox die schwitzenden Marineinfanteristen Haltung annehmen. Ein Blick auf Blackwoods Gesicht genügte ihm; man brauchte ihm nichts zu sagen, er verstand auch so. Die neuen Gewehre waren gerade im richtigen Augenblick gekommen.

Später, als die Stabsoffiziere der verschiedenen Schiffe und Detachements in der geräumigen Messe des Flaggschiffs versammelt waren, kam Admiral Sir Edward Seymour gleich zur Sache.

»Unser Gesandter in Peking hat mich dringend ersucht, mit Verstärkung gegen Peking vorzurücken.« Er sprach mit sanfter Stimme und machte den Eindruck, als berühre ihn der schnelle Wechsel der Lage überhaupt nicht. »Ich beabsichtige, morgen früh nach Tientsin auszulaufen und dort mehrere Sonderzüge für eine Entsatztruppe aus Royal Marines und Seeleuten zu beschaffen. Andere Nationen werden ebenfalls Verstärkung schicken, insgesamt etwa zweitausend Mann. Ich denke, daß wir am Ende des Tages in Peking sein werden.«

Blackwood sah schnell zu Blair hinüber, doch der Kommandeur blickte gelassen vor sich hin. Seymours Zeitplan war doch wohl ein Irrtum? Von Tientsin bis Peking waren es etwa hundert Meilen, und das durch ein Land, von dem man wußte, daß es von Boxergruppen durchstreift wurde, die vielleicht sogar die Bahnlinie unterbrochen hatten.

Außerdem, so hatte Blackwood gehört, stand die kaiserliche chinesische Armee irgendwo zwischen Peking und der See. Ihr General würde sich wahrscheinlich auf die Seite der Boxer schlagen, besonders wenn er sich die Gunst der Kaiserin erhalten wollte. Sie war ganz offen gegen weitere Verhandlungen mit den Ausländern, und obwohl einige ihrer Gouverneure gegen die Boxer waren, blieb sie fest.

»Das ist alles, meine Herren.« Der Admiral lächelte traurig. »Die Royal Marines gehen wie üblich als erste an Land.« Das brachte ihm wie erwartet ein paar Lacher ein.

Stühle scharrten, Adjutanten nahmen ihre Mappen und Notizbücher auf, und alles strömte hinaus in die Sonne und wartete auf die Boote.

»Ein harter Brocken, Sir«, meinte Blackwood.

Blair zuckte die Schultern. »Das werden wir bald erfahren, alter Junge. Wir sind die ersten.« Zum erstenmal, seit sie an Bord des Flaggschiffs gekommen waren, sah er Blackwood prüfend an.

»Ich glaube mich zu erinnern, daß Sie mir in Hongkong seinerzeit sagten, dieser Einsatz bedeute kaum mehr, als die Wagensitze der Damen unserer Gesandtschaft abzuwischen. Jetzt scheint es mir doch etwas komplizierter zu werden.« Er lachte und sah zehn Jahre jünger aus.

Gemeinsam mit Kapitän Masterman bestiegen sie das am Fallreep liegende Boot der *Mediator*.

Wie zu sich selbst sagte Masterman: »Morgen in Peking, Blair? Daß ich nicht lache!«

X Kein Erbarmen

Langsam ging David Blackwood mit Premierleutnant Gravatt an den Geleisen entlang. Ihm war seltsam zumute, fast wie bei einem Schulausflug. Sorge und Unsicherheit waren verflogen. Sie waren an Land gekommen, bereit, auf Befehl zu kämpfen, doch statt dessen lief alles ganz anders.

Auf dem Weg nach Tientsin hatten die Royal Marines und die Seeleute große Marschabstände zwischen den einzelnen Einheiten gehalten. Die meisten Dörfer schienen verlassen, einige sogar aufgegeben, und in den Außenbezirken der alten Stadt Tientsin waren mehr chinesische Truppen als Zivilisten zu sehen. Vielleicht hatte von Heiser doch recht gehabt, über Blackwoods Sorgen zu spotten.

Bis auf einen einzigen Zug war die Bahnstation, zu der seine Abteilung marschiert war, völlig verlassen. An seiner Spitze dampfte eine gedrungene, kräftig aussehende Lokomotive, die der Marineinfanterist Kempster sofort als in seiner Heimatstadt Leeds gebaut erkannte. Vor der Maschine sollte ein flacher Wagen fahren, mit Kesselplatten, Sandsäcken und schweren Balken als Kugelschutz bestückt. Auf diesem ersten Wagen war ein Nordenfeldt-Maschinengewehr montiert, Korporal O'Neil stand dahinter und grinste Blackwood an, als sei dies alles ein Riesenspaß. Von dem, was er durchgemacht hatte, war ihm nichts mehr anzumerken.

»Ich habe eine Gruppe Marines für diesen Wagen abgeteilt«, sagte Gravatt.

Blackwood nickte. Die rohe Schutzwehr des Zuges war typisch für die Militärzüge in Ägypten und Südafrika, die Neil in seinem letzten Brief erwähnt hatte.

Die Wagen hinter der Lokomotive waren für den Rest der Abteilung und die Seeleute bestimmt, die die leichten Feldgeschütze bedienen sollten. Schließlich kam noch ein Güterwagen mit Schienen, Schwellen und Werkzeug zur Reparatur beschädigter Streckenteile. Der Rest der Kompanie wartete im Schatten eines schrägen Daches neben dem Zug, stützte sich auf die Gewehre und schwatzte mit einigen deutschen Seeleuten von der *Flensburg,* die später mit einem anderen Zug nachkommen sollten.

Blackwood faßte sich an die Stirn, vor Ärger hatte er wieder Kopfschmerzen.

Trotz allem, was geschehen war, hatte Seymour seinen Flaggleutnant folgende Weisung über Zustand und Erscheinungsbild seiner Kompanie an Blair durchgeben lassen: »Sie befinden sich inmitten von Streitkräften anderer ausländischer Regierungen. Was Sie auch erwarten, die Royal Marines haben in ihre scharlachroten Röcke und blauen Hosen gekleidet zu sein, nicht in die zerknitterten weißen Uniformen.«

Blair hatte sich Blackwoods Protest geduldig angehört. Da seine Abteilung an der Spitze marschierte, war er damit einverstanden, daß Blackwood selbst entscheiden konnte. Weiße Uniformen ließen sich notfalls mit Tee färben, diesen Trick hatten sie beim Kampf mit den Buren entdeckt. Scharlachrot machte sie zur ausgezeichneten Zielscheibe.

Seymour hatte das anscheinend akzeptiert, aber durch seinen Adjutanten entgegnen lassen, die Marines sollten ihre richtige Uniform auf jeden Fall mitnehmen, damit sie beim Marsch durch die Tore Pekings nicht auf Kritik stießen.

Das war lächerlich, dachte Blackwood. Ebenso wie Seymours Beharren darauf, daß die Reise bei Anbruch der Nacht beendet sein werde. Aus dem gleichen Grund hatte er Befehl gegeben, nur für drei Tage Proviant mitzunehmen.

»Er muß wohl bessere Informationen haben als wir, Sir«, hatte Fox dazu nur finster bemerkt.

Von See aus hatte Blackwood durch sein starkes Glas die geduckten Forts, die den Eingang zum Peiho-Fluß schützten, sorgfältig studiert. Es war schwer zu sagen, wo die Taku-Forts aufhörten und das Land begann. Wenn diese Befestigungsanlagen in falsche Hände fielen, konnte eine ganze Flotte aufgehalten werden.

»Der Kommandeur kommt, Sir.«

Das war Swan, immer da, wenn man ihn brauchte. Bestimmt hatte er bereits im ersten Zugabteil Platz für Blackwood reserviert und auch seinen umfangreichen Beutel, in dem er gewöhnlich etwas Whisky für Notfälle aufbewahrte, dazugelegt.

Blair erwiderte ihren Gruß und betrachtete den Zug ohne große Begeisterung.

»Scheißkommando, was?«

»Fahren Sie mit uns, Sir?«

»Natürlich, verdammt noch mal!« Er blinzelte den Schienenstrang entlang in Richtung See, als erwarte er, den Admiral zu entdecken.

»Ich möchte das nicht diesem ...« Er suchte nach einem passenden Wort, »diesem blutigen Amateur überlassen.«

Blackwood lächelte. »Ich habe die beiden Dolmetscher, die wir in der zerstörten Handelsmission gefunden haben, mitgebracht, Sir. Wahrscheinlich werden sie versuchen, davonzulaufen. Sie könnten jedoch von großem Wert sein, wenn es zu Auseinandersetzungen kommt.«

Blair nickte. »Guter Gedanke. Sagen Sie ihnen ...« Er lächelte traurig. »Nein, ich werd's ihnen selbst sagen, daß einer vorn im ersten Wagen mitfährt und der andere im letzten Wagen. Beim geringsten Zeichen von Verrat reiße ich ihnen den Kopf ab. Das werden sie natürlich nicht glauben.«

Bereits im Gehen fügte er noch hinzu: »Ich habe den Sekondeleutnant Blackwood als meinen Ordonnanzoffizier abgeteilt, klar? Ich werde versuchen, ein Auge auf ihn zu halten.«

Ein Läufer keuchte die Geleise entlang und grüßte.

»Befehl, Sir: Zeit zur Abfahrt.«

Blair sah zur Lokomotive, sie war in Dampf gehüllt, als könne auch sie nicht abwarten, daß es endlich losging.

»Lassen Sie aufsitzen, oder was sagt man bei einem Zug?« Man merkte Blair seine Verzweiflung an.

Blackwood winkte dem Hauptfeldwebel. »Erster Zug aufsitzen!«

Drei Tagesrationen hatte Seymour gestattet. Das war nicht viel. Selbst wenn sie Peking erreichten, würden sie dort nur knappe Vorräte finden. Doch er würde Friederike wiedersehen. Was sie auch dachte oder was die Loyalität ihr gebot, sie würde wissen, er war da, für sie erreichbar. Beim Gedanken an Hawkshill mußte er lächeln; was wohl sein Vater zu diesem liebeskranken Benehmen gesagt hätte?

Jetzt war dort Hochsommer. Der Duft der Felder, Hecken und der guten Erde lag über den Bauernhöfen von Hampshire.

Swan schwang sich gerade leichtfüßig in das erste Abteil und schien mit seinem neuen Gewehr bereits verwachsen. Dachte er jemals an zu Hause, an Hampshire, das ihnen beiden so vertraut war?

»Zweiter Zug aufsitzen!« Seinen Stock unter dem Arm, marschierte Fox am Zug entlang. Er würde Sergeant Kirby vermissen. Ehe sie zum Corps gekommen waren, hatten sie nur eine Straße weit voneinander gewohnt. Fox blieb stehen, jemand sprach ihn aus dem Fenster an. Es war Kempster, der ihm von der Lokomotive erzählte.

»Leeds?« schnarrte Fox. »Ich dachte, ihr lebt dort noch in Höhlen. Zieh bloß den Kopf ein, Mann, sonst denkt man, das ist ein Viehwaggon.«

»Ich bin froh, daß ich diesmal mitkomme, Sir«, sagte Ralf Blackwood leise.

Blackwood sah ihn an und wünschte sich sehr, er könne Ralf gernhaben. Vor allem jetzt, da es Neil nicht mehr gab.

»Ich auch, Ralf. Halt dich an die alten Krieger. Versuche nicht, schlauer zu sein als die Unteroffiziere. Die meisten von ihnen haben so was schon mehrmals durchgemacht.«

»Ja, Sir.« Ralf sah zum ersten Wagen mit dem Maschinengewehr und dem starrenden Gewehr hin.

Die Hände auf den Hüften, stand O'Neil da oben und wechselte vergnügt Schimpfworte mit dem Lokomotivführer und seinem Heizer. Ralf bemühte sich, seine Verachtung zu verbergen. Ein betrunkener Lümmel. Er hatte gehört, wie Fox Gravatt erzählte, der irische Korporal solle seinen dritten Streifen bekommen und dazu eine Auszeichnung, wenn er dieses Unternehmen überstand.

»Ich würde mich nicht wundern, wenn es ein Viktoriakreuz wäre«, hatte Gravatt ernsthaft erwidert. »Das macht sich gut, wenn er nachher bei der Ersatztruppe ist.«

War das alles, was ihnen wichtig erschien? Kaum konnte er seinen Abscheu unterdrücken. Er gehörte nicht hierher. Ralf dachte an London, an ein Mädchen namens Helen, die Tochter eines Kabinettministers. Sie verstand, was er wollte, und verspottete seine Familientradition, das Corps oder »das Regiment«, wie sie es nannte. Sein Magen zog sich zusammen. Während er in Übersee war, fand sie vielleicht einen anderen. Als er sie kennenlernte, war sie bei jedem Tanz begehrt.

»Fertig, Mr. Blackwood?« mahnte Blair.

Ralf kletterte die Stufen hoch, wütend, weil Blair ihn blamiert und die Marines zum Grinsen gebracht hatte.

Blackwood beobachtete ihn und wandte sich dann an seinen Kommandeur.

»Genau pünktlich, Sir.« Schon lag die Station verlassen da, alle Männer waren wie Ölsardinen in die Wagen gestopft.

Blair zögerte. »Ich vermute, wir werden nachher zu beschäftigt sein, um uns noch zu unterhalten, David. Aber mit Ihnen, habe ich das Gefühl, kann ich wirklich reden.«

»Ich danke Ihnen. Wie an dem Tag, an dem Sie es auf sich nahmen, mir persönlich über den Tod meines Bruders zu berichten. Das werde ich Ihnen nie vergessen.«

Blair sah ihn forschend an. »Ich habe keine engeren Verwandten«, sagte er. »Nicht mehr. An Bord der *Mediator* habe ich einen Brief zurückgelassen, den Sie einer Dame in Hongkong geben können, wenn es sich einrichten läßt.« Sein Mund verzog sich zu einem Lächeln. »Jedenfalls wäre ich Ihnen dankbar dafür.«

Blackwood nickte und wartete, bis er eingestiegen war. Was gab es da noch zu sagen? Blackwood war erst siebenundzwanzig, aber er hatte genug gesehen und erlebt, um die Zeichen zu kennen. Blair war alt für seinen Rang, und das wußte er auch. Unverbindliches zu sagen, war sinnlos.

Ihm war klar, daß Blair nicht zurückkommen würde.

Blackwood gab dem Lokomotivführer ein Zeichen, und ein Zittern ging durch den Zug. Dann gab es einen Ruck, und die Maschine zog an.

Wegen möglicher Schäden oder verborgener Minen ratterte der Zug nur mit mäßiger Geschwindigkeit über die Strecke.

Blackwood saß in einer Ecke des Abteils am offenen Fenster. Die Sonne brannte auf das flache Land nieder, der Wagen war bereits heiß wie ein Ofen, und sie würden alle aufpassen müssen, nicht in

Schlaf zu fallen. Das Klappern der Räder auf den Schienen wirkte einlullend.

Gelegentlich sah man ein kleines Dorf oder einen Bauernhof. Niedrige gelbe Gebäude verschwammen in Hitzedunst und Staub, alle anscheinend weit abgelegen von der Strecke. Als hätten die Einwohner diesem Eindringling, einer weiteren Erfindung der Fremden, niemals getraut.

Gegenüber saß Dago Trent, die Augen gegen die Helligkeit zugekniffen, das Gewehr ans Fenster gelehnt. Er erinnerte Blackwood an den jungen Erskine, der einen Fuß verloren hatte. Er und Dago waren Freunde. Der alte Krieger und der blutjunge Rekrut waren unzertrennlich gewesen. Möglicherweise dachte Trent gerade an ihn und daß er besser tot wäre als für alle Zeit ein Krüppel.

Von hinten kam Hauptfeldwebel Fox durch den Wagen. Blackwood überlegte, wie er das bloß schaffte, immer sauber und ordentlich auszusehen. Sogar sein Uniformrock war weißer als der jedes anderen.

»Alles ruhig?«

Fox blickte Blair an, der offensichtlich fest schlief. Mit verschränkten Armen, die Beine zwischen die gestapelte Munition geschoben, schien er seit Wochen zum erstenmal richtig ausruhen zu können.

»Korporal Lyde meint, er habe gerade rechts von uns ein paar Reiter gesehen, Sir.« Er lächelte, fast hätte er »Steuerbord« gesagt.

»Geben Sie es durch an die Maschinengewehrgruppe«, sagte Blackwood. »Es können auch eigene Leute gewesen sein.« Auch das war beunruhigend an Seymours Hast: Es gab keine richtigen Informationen darüber, wer was tat. Es hieß, die Russen hätten Kosaken angelandet und die Deutschen ebenfalls ihre Kavallerie zum Entsatz von Peking eingesetzt. Aber niemand wußte Genaues. Korporal Lyde war vielleicht ein Krakeeler und Streithammel, aber ein zuverlässiger Unteroffizier. Wenn er sagte, er habe Berittene gesehen, dann gab es keinen Zweifel.

Fox verschwand durch die kleine Tür an der Vorderseite des Wagens und über einen Haufen hastig gefüllter Sandsäcke.

Ohne die Augen zu öffnen, murmelte Blair: »Das sind Boxer, ganz bestimmt. Das ganze Land weiß jetzt, daß wir kommen.«

Blackwood grinste. »Dachte, Sie schliefen, Sir.«

»Schlafe nie. Nicht mehr. Werde alt. Vorbei.«

Mit zwei dampfenden Bechern erschien Swan. »Tee, Sir.« Er bemerkte ihre Überraschung. »Einer der Dolmetscher hat ihn gemacht.«

Der Tee war überraschend gut und erfrischend, und wieder gingen

Blackwoods Gedanken zu Friederike von Heiser. Was sie wohl jetzt tat, wie sie ihn bei seiner Ankunft empfangen würde? Wenn nicht schon längst, mußte ihr Mann bald Verdacht schöpfen.

Blackwood schüttelte sich. Wieder einmal gab er sich Illusionen hin. Ihre Besitzungen in Ostpreußen, die Tradition und die Macht der Familie würden einen Eindringling wie ihn nicht zulassen. Und doch ... Er faßte nach dem Medaillon, das er unter dem Waffenrock um den Hals trug, und warf einen kurzen Blick auf seine dösenden Gefährten. Gravatt und de Courcy waren zu müde, um sich für irgend etwas zu interessieren, doch Ralf starrte mit glanzlosen, aufgerissenen Augen durchs offene Fenster.

Blair richtete sich bolzengerade auf. »Der Zug wird langsamer! Seid ihr denn alle taub?«

Blackwood beugte sich aus dem Fenster. Vor ihnen lag eine leichte Biegung, er konnte die Spitze des Zuges sehen, die Sandsäcke auf dem vordersten Wagen und Bannatyre, der mit den Armen gestikulierte. Blackwood fingerte nach seinem Fernglas. Die scharfe Bemerkung Blairs hatte auch ihm gegolten.

Ächzend kam der Zug zum Stehen, unter der Lokomotive quoll eine weiße Dampfwolke heraus.

Er hob das Glas und hielt den Atem an. »Die Geleise sind aufgerissen, Sir.«

»Ich hab' auch nicht geglaubt, daß wir anhalten, um Andenken zu kaufen«, grunzte Blair gereizt.

»Zwei Gruppen absitzen, Edmund«, sagte Blackwood zu de Courcy. »Die anderen sollen ihnen Feuerschutz geben.« Er beschattete seine Augen. »Jedenfalls ist nicht viel Deckung da. Nicht genug für einen Hinterhalt.« Sein Blick ging über den Dunst hinweg zu dem verschwommenen Kamm der blauen Berge.

»Ich seh' mir das mal an«, sagte Blair. »Damit's mit der Reparatur schneller geht. Ich möchte nicht, daß Admiral Seymours Zug uns einholt.« Die Sache wurde für ihn offensichtlich persönlich.

Blair entfernte sich vom Zug, seine Ordonnanz hatte Mühe, mit seiner geschmeidigen, adretten Gestalt Schritt zu halten.

»Von wegen Peking noch am selben Tag«, murmelte Gravatt. »Ich bezweifle, daß wir auch nur dreißig Meilen zurückgelegt haben.«

Posten wurden aufgestellt und um die Männer bei Stimmung zu halten Verpflegungsrationen und ein Schluck Rum pro Kopf ausgegeben.

Die Reparatur des zerstörten Geleises dauerte nicht so lange, wie

Blackwood vermutet hatte. Das war in erster Linie das Verdienst eines Maschinenmaaten von der *Mediator,* der seine Arbeitsgruppe in der kochenden Hitze hin und her jagte, um Schienen auszulegen und Schwellen in Position zu schlagen.

Es stimmte schon, was man über Seeleute sagte, dachte Blackwood. Sie waren zu allem zu gebrauchen.

Am Nachmittag setzte sich der Zug wieder in Bewegung. Immer noch kein Zeichen vom Gegner, doch die ganze Zeit hatte Blackwood das Gefühl, daß sie von unsichtbaren Augen beobachtet wurden.

Während der Zug gemächlich durch die öde Landschaft klapperte, entfaltete Blair seine Karte.

»Etwa zehn Meilen voraus liegt ein Dorf. Dort werden wir für die Nacht halten. Jetzt kann ich nicht mehr umhin, auf Seymour zu warten«, setzte er bitter hinzu. »Es kostet uns mindestens einen Tag, aber in der Dunkelheit fahre ich nicht weiter.«

Blackwood lehnte sich auf dem abgenutzten Sitz zurück. Er stand unter ungewöhnlicher Spannung, wie damals in Afrika. So war das nun mal bei den Royal Marines: Ein Fluß, sogar ein kleiner Wasserlauf, war ihnen lieber als gar nichts. Hier jedoch waren sie von der See abgeschnitten, und jede Umdrehung der Räder brachte sie weiter ins Ungewisse.

»Von jetzt ab nur halbe Rationen, Toby. Sagen Sie das dem Hauptfeldwebel.«

»Das wird ihm nicht gefallen, Sir«, grinste Gravatt.

Blair wartete, bis er weg war, und sagte dann leise: »Vielleicht bekommen wir Vorräte im Dorf, aber ich bezweifle das.« Er fuhr sich mit dem Finger in den Kragen. »Ich habe ein ganz ungutes Gefühl, und ich merkte, Ihnen geht's ebenso.«

Blackwood nickte. »Hier draußen fühlt man sich nackt, Sir.«

»Hm.« Plötzlich stand er auf, denn eine Stimme rief: »Achtung, Jungs!« Der Zug kam zum Stehen, und die Marineinfanteristen griffen erneut nach ihren Waffen. Blackwood kletterte durch die kleine Tür und stand auf den Kohlen im Tender.

Durchs Glas sah er zu seinem Erstaunen einen einzelnen Reiter auf den Schienen ihnen entgegenkommen. Es war ein Europäer, und er schwankte wie betrunken im Sattel. Das Pferd war schweißüberströmt und ziemlich am Ende.

»Los, helft ihm! Korporal Lyde, beziehen Sie mit sechs Mann dort in der Senke Stellung, marsch, marsch!«

Die Marineinfanteristen liefen über das offene Gelände, ihre

Stumpfheit war vergessen; die fünf Läufe des Maschinengewehrs schwenkten herum und folgten ihnen. Weitere Rufe erklangen, ein paar Schüsse pfiffen übers Geleis, sie kamen jedoch aus großer Entfernung und summten harmlos über ihre Köpfe weg.

In dem Moment, als zwei Soldaten heran waren, um ihn aufzufangen, kippte der Reiter aus dem Sattel. Vorsichtig trugen sie ihn zum Zug und legten ihn auf die Sitze. Swan befeuchtete seine Lippen mit Wasser aus einer Feldflasche. Blackwood hatte erwartet, daß er verwundet war, aber er schien unverletzt. Als er wieder zu Kräften kam, stotterte er eine unglaubliche Geschichte heraus.

Er hieß John Twiss, war Engländer und in Peking Reitlehrer für die zivilen Mitglieder der verschiedenen Gesandtschaften. Er beschrieb mit schreckensweiten Augen, wie die Boxer die Pekinger Rennbahn brutal überfallen und das Gesandtschaftsviertel zusammen mit mehreren Einheiten der chinesischen Armee umzingelt hatten. Diese hatten sich auf Gedeih und Verderb mit ihnen verbündet. Prinz Tuan hatte in Peking die Macht und unterstützte die Boxer nun ganz offen. Es war nur eine Frage der Zeit, bis ein von Artillerie unterstützer Großangriff gegen die Gesandtschaften erfolgte, die ohne Verstärkung keine Überlebenschance hatten.

Der britische Gesandte hatte nach Freiwilligen gerufen, die versuchen sollten, sich durch die feindlichen Linien zu schlagen und Admiral Seymour über die wachsende Gefahr zu unterrichten. Ohne Telegraf und Postverbindung gab es keinen anderen Weg. Twiss, den man unter gewöhnlichen Umständen überhaupt nicht bemerkt hätte, hatte angeboten, an der Bahnstrecke entlang zu reiten, bis er Hilfe fand. Mit zwei anderen ebenfalls hervorragenden Reitern war er aufgebrochen; der eine war gefangengenommen worden, als sein Pferd zusammenbrach, den anderen hatte man morgens in der Nähe des vor ihnen liegenden Dorfes erschossen.

Twiss sah auf seine Hände nieder. »Er war der Glücklichere von den beiden.«

Blackwood sah Swans grimmigen Gesichtsausdruck. Auch er dachte an Earles entsetzliche Schreie.

»Rufen Sie die Posten zurück«, befahl Blair. »Wir fahren weiter, sobald das Pferd getränkt ist. Teilen Sie jemanden ab, der es neben dem Zug herreitet. Vielleicht kommt es uns eher gelegen, als wir glauben.« Und zu dem Reitlehrer: »Sie haben erreicht, was Sie sich vorgenommen haben, Twiss. Sie sind ein tapferer Bursche. Ich werde Admiral Seymour berichten, was wir Ihrem Mut zu verdanken haben.«

Twiss sah ihn mit vor Müdigkeit glasigen Augen an. »Er wird niemals durchkommen. Die Boxer wollen die Bahnstrecke vor ihm und hinter ihm zerstören. Das habe ich von einem Offizier in der Gesandtschaft gehört.«

»Nun, wir müssen abwarten.« Blair richtete sich auf und blickte durchs Fenster. Blackwood wußte, daß er begriffen hatte: Der gesamte alliierte Verband sollte abgeschnitten und nach und nach aufgerieben werden. Dann würde Seymour der Hilfe bedürfen.

Schließlich setzte sich der Zug wieder in Bewegung. Eine Ewigkeit schien zu vergehen, ehe sie das Dorf, das nur aus ein paar kleinen Gebäuden beiderseits der Schienen und einem Wasserturm auf Stelzen bestand, erreichten.

Die Marineinfanteristen kauerten sich zu beiden Seiten des Zuges nieder und spähten, die Gewehre schußbereit, nach Gefahren aus.

Marineinfanterist Knowles, der auf einem Hof in Dorset aufgewachsen war, kämpfte mit dem bockenden Pferd, das kurz zuvor noch friedlich unter seinem neuen Reiter dahingetrabt war.

»Es wittert Gefahr, David«, sagte Blair leise. »Ich fühle es auch.«

»Sergeant Davis!« rief Gravatt. »Lassen Sie die Feldflaschen und Wasserbehälter am Wasserturm füllen.«

»Nein!« Blair wies auf ein Gebäude neben dem Geleise. Ein Marineinfanterist lehnte dagegen und erbrach sich in Krämpfen.

»Kommen Sie mit«, sagte Blair. »De Courcy, übernehmen Sie hier!«

Was sie sahen, war kaum noch als menschliche Gestalten zu erkennen. Nur daß sie weißhäutig gewesen waren, sah man. Ohne Kopf und mit aufgeschlitzten Bäuchen hingen die beiden Leichen wie ekelhafte Fleischbrocken in dem Wasserbehälter.

»Einer von ihnen war bereits tot«, rief Fox heiser. »Und trotzdem haben sie ihnen das angetan!«

Blair schien nicht gehört zu haben. »Schicken Sie eine Wache zum Wasserturm. Er soll aber auf Heckenschützen achten.« Dann zwang er sich, die baumelnden Schreckensgestalten anzusehen. »Schneidet sie ab und begrabt sie.«

Aber das war noch nicht alles. Die Boxer mußten wie ein Sturmwind über das Dorf hergefallen sein; jeden, den sie antrafen – Männer, Frauen und sogar Kinder – hatten sie in einer Blutorgie umgebracht.

Bei seinem Gang durchs Dorf zwang sich Blackwood, mit seinen Männern nach Überlebenden zu suchen. Die Siedlung war ärmlich, doch durch die neue Eisenbahn wäre sie wohl eines Tages zu Wohlstand gekommen. Aber auch dieser ausländische Einfluß war eine Sünde für die puritanischen Boxer und mußte ausgemerzt werden.

In einer Hütte fand Blackwood eine junge chinesische Mutter mit schreckensgeweiteten Augen, die Arme schützend um das Kind an ihrer Brust gelegt. Der Tod hatte sie beide gemeinsam ereilt, aber was mußte das für ein Ungeheuer gewesen sein, das beim Anblick dieser jungen Frau mit ihrem Baby kein Mitleid fühlte!

Angeekelt vom Blutgeruch und den Fliegen lehnte er sich gegen die Wand. Blair trat zu ihm. »Was ich mir gedacht habe: Das Wasser ist auch hier vergiftet, voller Leichen.« Er sprach ohne jede Erregung, und doch hatte Blackwood den Eindruck, daß er kurz vor dem Zusammenbruch stand.

Einige seiner Männer blickten sich wie von Sinnen um. Diese Männer, einschließlich der Rekruten, würden auf Befehl kämpfen, notfalls auch sterben, aber solchen Schreckensbildern waren sie nicht gewachsen.

Bleich wie der Tod kam Gravatt über die Schienen. »Befehle, Sir?«

Blackwood sah den Kommandeur an. »Ich glaube, es hat keinen Sinn, weiter vorzustoßen, Sir.«

»Nein. Twiss sagt, etwa zwanzigtausend Gegner strömen bei Peking zusammen. Und wie viele sind wir?« Er blickte die stummen, teilnahmslosen Männer an. »Hundert? Das ist selbst für Royal Marines ein zu ungleiches Verhältnis, fürchte ich.« Allmählich wurde er wieder lebhaft. »Hier gibt es ein Rangiergleis. Wechseln Sie die Wagen, wir fahren mit dem Zug zurück nach Tientsin – oder zumindest so nahe heran, wie es geht.«

Blackwood gab seine Befehle weiter und fragte dann: »Was wird der Admiral tun, Sir?«

»Tun?« Blair sah ihm in die Augen, und Blackwood erkannte zum erstenmal seine innere Qual. »Er wird sich seewärts absetzen, so schnell er kann. Zumindest hoffe ich das. Denn wenn ich ihm gegenüberstehe, werde ich ihn wahrscheinlich erschießen!«

Die ganze Nacht stand der Zug neben dem verseuchten Wasserturm. Niemand schlief, nicht einmal die abgelösten Posten.

Die auf Stangen gesteckten Köpfe der beiden ermordeten Reiter fand man beim ersten Tageslicht wenige Meter von der Stelle entfernt, wo zwei Posten gestanden hatten. So dicht waren sie also heran.

Die Räder drehten sich, Rauch quoll aus dem Schornstein; mit dem nebenher trabenden Pferd fuhr der Zug langsam die Strecke zurück, die er gekommen war.

Blackwood kletterte durch die Wagen, sprach zu seinen Männern oder zeigte sich ihnen wenigstens.

»Sag mal, Fred«, hörte er einen von ihnen fragen, »diesmal fahren wir doch in Richtung See, oder?«

Blackwood fühlte einen Kloß im Hals. So einfach war das.

Aber ihnen stand noch eine ganze Menge bevor, ehe sie die See wiedersahen.

XI Der Held

Kapitän Masterman stellte die leere Teetasse hin und starrte unbewegt durch die Heckfenster seiner geräumigen Kajüte. Wenn ihn auch Stahlschotten von der geschäftigen Tagesroutine der *Mediator* trennten, so hörte er doch das Schrillen der Bootsmannsmaatenpfeife und den Ruf: »Alle Mann Frühstück und Aufklaren!« Es war also sieben Uhr morgens. Die Männer des Leichten Kreuzers, oder zumindest viele von ihnen, waren jedoch bereits seit anderthalb Stunden auf den Beinen.

In einer Stunde würde der Tag mit der Flaggenparade offiziell beginnen; für Masterman war diese Stunde am frühen Morgen die schönste. Sein Blick fiel auf das ihnen nächstgelegene Kriegsschiff, die deutsche *Flensburg;* dahinter dümpelte eine ältere französische Dampfkorvette. Wie eine Reihe anderer ausländischer Kriegsschiffe hatten sie ihre Kanonen auf die Küste gerichtet. Dieser Anblick irritierte Masterman; denn auch ohne sinnlose Kraftmeierei waren die Dinge bereits ernst genug.

Bis er den gegenteiligen Befehl bekam, wurde auf seinem Schiff jedenfalls normaler Dienst gemacht. Und wenn die Zeit gekommen war, würde *Mediator* ohne großes Theater reagieren.

Als der Morgendunst sich hob, sah er zwei der chinesischen Forts im schwachen Sonnenlicht liegen. Mit ihren chinesischen Kommandanten würden weitere nutzlose Unterhandlungen stattfinden, doch nichts geschehen. Die Chinesen wußten genau, daß die Alliierten das Feuer nicht eröffnen würden, solange Seymours Verband an Land in der Falle saß. Und jeder Kommandant eines Schiffes wußte das ebenfalls. Was hatte das Getue also für einen Sinn?

Es klopfte an der Tür, und Fregattenkapitän Wilberforce trat ein, unter dem Arm ein Bündel von Listen, Gesuchen und die Signalkladde. Wilberforce nahm sich Zeit, alles hinzulegen; das war seine übliche Methode, die Stimmung des Kommandanten abzuschätzen. Es sah nicht gut aus.

»Signal vom Flaggschiff, Sir. Es ist eine Meldung durchgekommen: Admiral Seymours Verband setzt sich wie vorgesehen ab.«

»Absetzen?« Masterman gab sich keine Mühe, seinen Zorn zu unterdrücken. »Eine Flucht ist das!«

»Jawohl, Sir.«

Masterman starrte hinaus auf das Gewühl von Dschunken und Sampans, die die vor Anker liegenden Kriegsschiffe wie Motten umschwärmten; darunter waren sicher auch Piraten, der Abschaum des Chinesischen Meeres. Wahrscheinlich haßten sie die Boxer mehr als alle anderen, so wie ein Verbrecher den Mann haßt, der einen Polizisten ermordet. Sie wußten, solange die Boxer wüteten, konnten sie ihrer ungesetzlichen Beschäftigung nicht in Ruhe nachgehen.

»Die Korvette *Caistor* hat geankert, Sir. Kommt von Hongkong mit Depeschen für das Flaggschiff.« Er übergab ihm eine Nachricht. »Das kam mit dem Wachboot, Sir.«

Masterman sah es sich nicht sofort an. Seine Gedanken waren bei den Royal Marines, die er an diesem gottverlassenen Ort an Land gesetzt hatte. Einen Tag bis Peking, hatte der Admiral verkündet. Nun waren bereits fünf Tage verstrichen, und Seymours Verband befand sich in vollem Rückzug, ließ Vorräte und Ausrüstung zurück, um in aller Hast die See zu erreichen.

Und nach den schrecklichen Gerüchten, die sich wie ein Waldbrand im alliierten Geschwader ausbreiteten, wurde es immer schlimmer.

Die Boxer hatten das Eingeborenenviertel von Tientsin besetzt und bereiteten nun einen Angriff auf die internationale Siedlung dort vor. Es hieß, der japanische Botschaftssekretär Sugiyama in Peking sei von chinesischen Truppen ermordet worden, so daß jede Hoffnung auf Verhandlungen in letzter Minute dahin war.

Masterman las die Nachricht und begriff erst allmählich, was darin stand.

»Weiß Sergeant Kirby es schon?«

»Nein, Sir.«

»Dann wollen wir das so schnell wie möglich erledigen. Ich spreche nach der Flaggenparade selbst mit ihm.«

Pünktlich hörte man den Bootsmannsmaaten rufen: »Wache und Musikkapelle auf dem Achterdeck antreten!«

Masterman warf einen Blick zur Decke, nur wenige Zentimeter über seinem Kopf. Manche Kommandanten haßten den Marschtritt über ihrer Kajüte, das Klirren der Waffen und das Schmettern der Kapelle. Nicht so Masterman. Er liebte das alles, so wie er auch Namen und Gesicht jedes seiner Männer kannte.

»Seltsam«, meinte Wilberforce, »aber Sergeant Kirby hatte bereits beantragt, Sie zu sprechen. Den Umständen nach kann er schon ganz gut gehen.«

»Gut. Das ist wirklich ein Schicksalsschlag nach all dem, was er gerade durchgemacht hat.«

Ein Fähnrich pochte an die Außentür, und Mastermans Steward rief: »Für den Ersten Offizier, Sir: zwei Minuten bis zur Flaggenparade.«

Wilberforce nahm seine Mütze und entfernte sich.

Das Heck schwang leicht herum, denn die Strömung an der Küste ließ die Schiffe um ihre Anker schwojen. Masterman war froh, wenn das Land wenigstens für ein paar Stunden aus seinem Blickfeld verschwand.

Er nahm die Fotografie seiner Frau zur Hand, die im Silberrahmen auf einer Anrichte stand. Zu dieser Tagesstunde fühlte er sich ihr immer besonders verbunden.

Durch das offene Oberlicht drang eine Stimme: »Zeit zur Flaggenparade, Sir.« Und Wilberforces ruhige Antwort: »Fangen Sie an.«

»Royal Marines, präsentiert ... das Gewehr!«

Alles weitere ging im Schmettern der Hörner und Rasseln der Trommel unter; doch Masterman kannte sich aus. In jedem größeren Hafen der Welt hatte er diesen Gruß beim Hissen der weißen Kriegsflagge erlebt. Und immer wieder rührte ihn die Zeremonie an.

Wo waren Blackwood und seine Männer? Abgeschnitten und von der übrigen Landungsabteilung in Stich gelassen. Unglaublich!

Masterman setzte sich und bezwang mühsam seinen plötzlichen Zorn.

Die Außentür öffnete sich; gefolgt von dem verwundeten Sergeanten und einem Lazarettgehilfen, der sich angstvoll im Hintergrund hielt, erschien Wilberforce wieder.

Sergeant Kirby sah sehr bleich aus, bewegte sich jedoch schon recht gut und gab sich Mühe, seine Schmerzen nicht zu zeigen.

Er nahm die Hacken zusammen und sah seinem Kommandanten offen ins Gesicht. Ihm war klar gewesen, daß das einmal kommen mußte; doch nun, da er von seiner Kompanie und den ihm befreundeten Unteroffizieren getrennt werden sollte, schien ihm der Schock doch schlimmer als gedacht.

Masterman sah ihn ernst an. »Ich habe leider schlechte Nachrichten für Sie, Sergeant Kirby.«

»Sir?« Er hatte erwartet, sofort festgenommen zu werden.

»Ich habe gerade aus Hongkong die Nachricht erhalten, daß Ihre Frau tot ist.« Masterman schnippte mit den Fingern. »Einen Stuhl, Mann!«

Der Lazarettgehilfe hielt dem hineinsackenden Kirby einen Stuhl hin.

»Tot, Sir?« Kaum erkannte Kirby seine eigene Stimme wieder. Er wurde wohl verrückt. Wochen der Verzweiflung und der Qual lagen hinter ihm, und nun tat der Kommandant, als wolle er ihm kondolieren. Natürlich war sie tot. Am liebsten hätte er es laut geschrien.

Masterman nickte. »Vor Ihrem Haus stand anscheinend eine Gaslaterne. Nach einer Gasexplosion ist Ihre Frau leider in dem daraus entstehenden Brand umgekommen.«

Kirby versuchte zu sprechen, bekam jedoch kein Wort heraus. Ganz deutlich sah er die einsame Straßenlampe vor sich. Bei ihrem Schein hatten sie sich oft ausgezogen, um Geld zu sparen, als sie jung verheiratet gewesen waren. Eine Explosion? Ein Brand? Mastermans Stimme rüttelte ihn auf.

»Ich habe Ihnen mitzuteilen, Sergeant Kirby – und ich hoffe, es ist vielleicht ein schwacher Trost für Sie –, daß vom Flaggschiff Ihre Auszeichnung bestätigt wurde. Für außergewöhnliche Tapferkeit im Gefecht werden Sie zu gegebener Zeit das Viktoriakreuz erhalten. Ich darf Sie dazu beglückwünschen.«

Masterman sah, wie der Sergeant auf dem Stuhl schwankte. Er mußte zum Ende kommen.

Mit freundlicher Stimme, die Wilberforce nicht wiedererkannte, sagte er: »Denken Sie daran, Kirby, Ihre Frau wäre stolz auf Sie gewesen.« Verlegen über seine eigene Bewegung wandte er sich ab. »Wir alle sind stolz auf Sie!«

Wilberforce winkte dem Steward. »Helfen Sie dem Lazarettgehilfen, Sergeant Kirby wieder ins Lazarett zu schaffen.«

Nachdem sich die Tür hinter den beiden weißgekleideten Männern und der großen gebeugten Gestalt des Sergeanten geschlossen hatte, sagte Masterman: »Ich weiß, wie mir an seiner Stelle zumute wäre.« Wieder warf er einen Blick auf die Fotografie seiner Frau. »Und nun, John, zu diesem Rückzug. Wie ist unser Bereitschaftsstand?«

Kirby lag wieder in seiner Koje, starrte den Deckenventilator an und versuchte, seine Gedanken zu ordnen. Es war kaum zu glauben, aber wahr. Wochenlang hatte ihn sein Geheimnis gequält, und nun war die Last von ihm genommen. Er blickte sich um. Er war allein. Selbst Erskine war trotz seines amputierten Fußes an Deck gebracht worden, um Sonne und frische Luft zu genießen.

Er dachte an den Orden und an Mastermans Worte. Was wohl Fox sagen würde, wenn er das hörte? Das Viktoriakreuz! Wie Hauptmann Blackwood und sein Vater.

Jeff Kirby, in einem Londoner Slum geboren und aufgewachsen, von seinen Männern geachtet und oft gefürchtet, erlebte etwas, das ihm noch nie passiert war. Entsetzt mußte er feststellen, daß unaufhaltsame Tränen über sein Gesicht liefen. Er versuchte, sie aufzuhalten, sein schreckliches Schluchzen im Kissen zu ersticken, die Erinnerung an ihr Entsetzen und ihre flehenden Worte aus seinem Gedächtnis zu verdrängen.

»Oh, Nance!« Er knüllte das Kissen zusammen und drückte es gegen sein Gesicht, doch er sah sie nur noch deutlicher. »Nance! Liebstes, es tut mir ja so leid!«

Das zu ertragen, war schlimmer als das furchtbarste Geheimnis.

»Anhalten!« Oberstleutnant Blair kletterte durch die kleine Tür am Ende des Wagens, der nun an der Spitze des Zuges fuhr. »Sofort!« Seine Brust hob und senkte sich vor Anstrengung und drückender Hitze. Den größten Teil der Reise hatte er auf dem Dach des Wagens gekauert. Als der Lokomotivführer die Bremsen zog, ging der Warnruf von Wagen zu Wagen: »Sie haben die Strecke erneut aufgerissen.« Blair nickte Swan, der ihm einen Becher Wasser reichte, dankbar zu. »Eine Meile vor uns.«

Blackwood spähte nach vorn, konnte ohne Glas jedoch nichts erkennen.

»Diesmal sind es nicht nur Boxer, sondern auch kaiserliche Soldaten«, setzte Blair leise hinzu. »Ich habe die Uniformen im Glas erkannt. Sie warten darauf, daß wir dort anhalten. Dann können sie die Hälfte unserer Leute töten oder verwunden, ehe wir zurückschlagen. Ihnen ist dieses Gelände vertraut, uns nicht.« Mit vor Aufregung zitternder Hand entfaltete er seine Karte.

»Hiernach verläuft drüben, hinter den Hügeln zu unserer Rechten, ein kleiner Fluß. Nach etwa einer Meile mündet er in den Peiho und dieser ins Meer.«

Blackwood wartete ab, er merkte, wie in Blairs schmales Gesicht wieder Leben kam.

»Aber beim Versuch, diese Hügel zu erreichen, würden uns die Boxer zusammenhauen, ehe wir den halben Weg hinter uns gebracht hätten. Unsere Männer sollen kämpfen und nicht wie Kakerlaken abgemurkst werden.«

Kämpfen? Blackwood sah ihre niedergeschlagenen, erschöpften Gesichter vor sich.

»Wir werden hier aussteigen, meine Herren, und zwar zugweise. Mr. Gravatt, gehen Sie mit dem Hauptfeldwebel los und veranlassen Sie das Nötige.« Das Ganze sagte Blair so leichthin, als handle es sich um eine Übung und nicht um ihren Gang in den wahrscheinlichen Tod.

Gravatt schluckte. »Ins offene Gelände, Sir?«

»Jawohl. Dort, wo sie die Schienen aufgerissen haben, steht ein Verband von Boxern und Soldaten. Dort erwarten sie auch von uns, daß wir in Stellung gehen oder ausbrechen. Dann wollen sie uns aus der Deckung heraus zusammenschießen.«

Gravatt nickte. »Ich verstehe, Sir.«

Blair lächelte. »Sie verstehen gar nichts, aber das ist egal. Sehen die Boxer, daß wir den Zug hier verlassen, dann werden auch sie aus der Deckung kommen müssen.« Er sah Blackwood an. »Der Maschinengewehrtrupp bleibt auf dem Zug. Leider werden wir die beiden Feldgeschütze zurücklassen müssen. Lassen Sie sie unbrauchbar machen, ehe Sie uns folgen. Sagen Sie dem Lokomotivführer, er soll wie der Teufel fahren, ich möchte diese Mistkerle im Freien mit runtergelassener Hose überraschen.«

Blackwood nickte. »Ich sag's ihm.«

Blair packte seinen Arm. »Es liegt alles an Ihnen. Fahren Sie hierher zurück, wenn Sie soweit sind, und verlassen Sie den Zug nicht zu spät.« Und mit einem Blick auf die anderen: »Laßt keinen zurück!« Sekundenlang ruhten seine Augen auf Ralf. »Im Corps kümmern wir uns um unsere Leute.« Er nickte kurz. »Dann wollen wir mal!«

Von draußen hörte Blackwood Kommandos, plötzliche Geschäftigkeit und das Stampfen von Füßen. Mit Tornistern und Munition sprangen die Marineinfanteristen vom Zug.

»Lassen Sie antreten, Hauptfeldwebel.«

Als Blackwood bei der Lokomotive ankam, standen die Soldaten zugweise neben dem Zug. Er fühlte ihr Zögern, seinen schwachen Schutz zu verlassen.

Blair stand vor der Front und hob die Stimme. »Alle mal herhören.

Wir werden jetzt zu diesen Hügeln da drüben marschieren, und ich meine *marschieren!* Was ihr in der Vergangenheit erlebt oder getan habt, ist mir egal, jetzt kommt's drauf an! Hört also auf, euch selbst leid zu tun!«

Blackwood sah die Verlegenheit und den Unmut auf ihren Gesichtern; sie hielten die Gewehre, als hätten sie den Mann, der sie schmähte, am liebsten über den Haufen geschossen.

»Denkt dran, daß ihr Royal Marines seid und keine verdammten Muttersöhnchen!«

Als Blair am Zug entlang zurückging, warf er Blackwood einen Blick zu und grinste. »Ich bin ein richtiger Leuteschinder, was?« Mit der Hand an der Mütze dankte er für eine Meldung von Fox. Auf ein Kommando hin setzte sich der erste Zug in Marsch.

Blair grinste noch mehr. »Aber es wirkt.«

Blackwood holte tief Luft. Ihre Arme schwangen gleichförmig, die staubigen Stiefel bewegten sich im Takt, und die Gewehrhaltung hätte selbst auf dem Kasernenhof einen guten Eindruck gemacht.

Blair hob das Glas und starrte den Schienenstrang entlang. »Bei denen da wirkt es auch schon. Gehen Sie mit Ihren Männern in Deckung.«

Eine Tür quietschte, ein Nordenfeldt-Maschinengewehr schob den Lauf durch den Spalt. Blair nickte zufrieden und schritt dann frisch hinter der Kolonne Marineinfanteristen her. Er sah nicht mehr zurück.

Über Sandsäcke und Eisenplatten hinweg kletterte Blackwood auf den vordersten Wagen und kniete sich neben eine kleine Gruppe Marines.

Durch sein Doppelglas sah er einen wilden Haufen Boxer aus ihrem Versteck brechen und über das flache Gelände auf die Marschkolonne zurennen.

Wenn jetzt die Lokomotive den Dienst versagte oder der Lokomotivführer in Panik geriet und davonlief ...

Voller Unruhe bewegten sich die Männer und zogen noch mehr Munition in Reichweite.

Mit der Hand auf dem Maschinengewehr murmelte O'Neil: »Und wenn du jetzt streikst, Bürschchen, vergesse ich dir das nie!«

Aufgeregt rief einer: »Ein paar laufen hier auf den Zug zu, Sir!«

Sorgfältig zielend hob Swan das Gewehr; die Boxer auf den Schienen kamen wahrscheinlich mehr um zu plündern. Sie würden eine böse Überraschung erleben.

Jetzt war es bald soweit. Der Schweiß lief Blackwood den Rücken hinunter. Er zwang sich, bis zwanzig zu zählen, und stellte sich dann oben auf die Sandsäcke, damit der Lokomotivführer ihn über die Dächer der Wagen sehen konnte.

»Los!« Zu seiner Überraschung erkannte er auf dem Führerstand neben dem Lokomotivführer den Maschinenmaaten und zwei Seeleute in breitrandigen Strohhüten. An die hatte er gar nicht mehr gedacht. Sie würden schon dafür sorgen, daß die Lokomotive in Fahrt blieb, mit oder ohne ihren Führer.

Durch die Wagen ging ein starker Ruck, fast wäre Blackwood heruntergefallen. Aber die Boxer wurden weder langsamer, noch änderten sie ihre Richtung.

Blackwood zog den Revolver. »Feuer eröffnen!«

Die Sandsäcke wurden zur Seite gerollt, knatternd setzte das eine Maschinengewehr ein; auch aus dem anderen fuhr ein langer Feuerstoß in die Masse der angreifenden Boxer und Soldaten. Auch ein paar Gewehre fielen ein. Blackwood überlegte, ob die marschierenden Marineinfanteristen wohl wagen würden, den Kopf zu wenden, um sich nach dem Zug umzusehen.

Immer wieder strich das fünfläufige Maschinengewehr über die Geleise, bis die auf den Zug zulaufenden Gestalten fielen oder sich zur Flucht wandten.

»Nachladen! Ganz ruhig, Jungs!« Bei dem Anblick konnte manch einer dazu verleitet werden zu schießen, ohne richtig zu zielen.

Jetzt fielen drüben zwei der marschierenden Marineinfanteristen aus dem Glied. Blackwood zuckte zusammen. Die Kolonne nahm sie jedoch sofort wieder auf, als ob sie ein lebendes Wesen sei und der einzelne Marineinfanterist nur Nebensache.

»Wir kümmern uns um unsere Leute«, hatte Blair gesagt. So hatte man es wahrscheinlich bereits vor Abukir und bei Trafalgar von Offizieren des Corps gehört.

Als er die aufgerissenen Geleise erkennen konnte, begriff Blackwood, daß sie niemals rechzeitig repariert werden konnten. Auch darin hatte Blair recht gehabt.

»Anhalten! Und jetzt rückwärts!« Sie waren weit genug gefahren. Zitternd kam die Maschine zum Stehen. Swan sprang hinunter, um sich eine Pike mit der fürchterlichen Klinge zu schnappen, und war wieder zurück, als die Räder sich andersherum zu drehen begannen.

»Du verdammter Narr!« rief Blackwood heiser. »Dafür sollte ich dich zum Rapport stellen!«

Swan ließ den Kopf hängen. »Ein Andenken, Sir.«

Sie starrten sich an, und jeder wußte den wahren Grund für Blackwoods Ärger.

»Feuer eröffnen!«

Auf der ganzen Länge des Zuges krachten die wenigen noch verbliebenen Gewehre, und mit tödlicher Wirkung mähten die Maschinengewehre nach beiden Seiten.

»Fast keine Munition mehr, Sir«, rief O'Neil über die Schulter. Und mit einem Blick auf seinen Kameraden: »Sergeant Kirby würde das nicht sehr gefallen, was, Willy?«

»Sie sind in voller Flucht, die verdammten Hunde!« Der Mann duckte sich und fluchte, als eine Kugel an seinem Kopf vorbeipfiff.

Der Zug hielt an derselben Stelle, wo Blair seine kurze Ansprache gehalten hatte.

Es war ein seltsames Gefühl, auszusteigen, ohne daß sie angegriffen wurden. Über das freie Gelände wehte ein heißer Wind und bewegte die weißen, blutgetränkten Gewänder der Boxer, so daß es aussah, als seien sie tatsächlich unverwundbar und kehrten allmählich ins Leben zurück.

Die Marschkolonne war in Staub und Dunst völlig verschwunden; als hätte die Erde sie verschluckt.

Sie häuften Gepäck und Munition auf die beiden Nordenfeldt-Wagen und eilten dann, die plumpen Karren schiebend und ziehend, hinter den anderen her.

Der Lokomotivführer blieb stehen und blickte zu dem verlassenen Zug zurück. Wie ein Kapitän, der sein Schiff aufgibt, dachte Blackwood. Noch immer stieg Dampf aus dem Kessel.

»Los, komm«, sagte Blackwood, »es gibt noch mehr Züge.«

Der Fahrer schüttelte den Kopf. Sein ganzes Leben schien ihm plötzlich sinnlos, und er begriff nicht, warum.

»Keinen wie diesen«, war alles, was er sagen konnte.

Swan nahm neben ihm Gleichschritt auf, das Gewehr umgehängt, die Pike mit der großen, blitzenden Klinge über der anderen Schulter.

Der Hauptmann hatte vorhin Angst um ihn gehabt. Das bedeutete für Swan mehr als jeder Orden.

Blackwood lag neben dem Kommandeur, die Ellbogen in die Kiesel gebohrt, die Gläser auf das Terrain unter ihnen gerichtet. Die Anhöhe war nicht sehr hoch, doch in dem flachen Gelände bot sie eine gute Aussicht.

»Da ist jedenfalls der Fluß.« Vorsichtig bewegte Blair sein Glas. Die Sonne ging blutrot unter, doch das Licht war immer noch stark genug, um verräterisch von einer ruckartig bewegten Linse zu reflektieren.

Der Fluß war schmal und wahrscheinlich wie der andere sehr flach. Dort, wo er in den Peiho mündete, lag ein langes, gedrungenes Gebäude, vielleicht eine alte Festung. Es war ihnen bereits aufgefallen, als sie die Posten und Maschinengewehre in Stellung gebracht hatten.

Die beiden verletzten Marines hatten nur Fleischwunden und würden mit einigem Glück bald wieder hergestellt sein.

»Sehen Sie die breite Straße hinter dem Gebäude?« bemerkte Blair. »Seltsam, ich hätte gedacht, es ginge dort überhaupt nicht weiter.«

Blair straffte sich und stellte sein Glas genauer ein. Oben auf dem Festungswall erschien eine winzige Gestalt.

Leise, als könne es der Mann dort drüben hören, sagte er: »Ein Soldat von der Kaiserlichen Armee.« Er setzte das Glas ab und sah Blackwood nachdenklich an. »Keine Boxer in Sicht. Wissen Sie, was ich glaube, David? Das ist ein Arsenal. Es würde auch die breite Straße erklären.« Er klappte seinen Taschenkompaß auf. »Wie ich das sehe, führt sie direkt nach Tientsin hinein.« Er nickte bestätigend. »Rund um die Stadt liegen mehrere große Arsenale. Was für ein Jammer, daß wir die beiden Feldgeschütze auf dem Zug zurücklassen mußten. Aber sie hätten unseren Marsch noch mehr verlangsamt.«

Blackwood wartete; es war faszinierend zu beobachten, wie Blairs Gehirn arbeitete.

Er dachte doch nicht etwa an einen Angriff auf das Arsenal? Dazu hätten sie über den Fluß setzen müssen, und das war fast unmöglich.

Blair drehte sich nach Swan um, der hinter ihnen lag, das Gewehr an der Schulter. Nur für alle Fälle.

»Wieviel Trinkwasser hast du noch, Swan?«

»Etwa zwei Fingerbreit, Sir«, erwiderte Swan überrascht.

»Sehen Sie, David? Swan ist ein alter Kämpe, aber auch er hat nur noch einen Schluck in seiner Feldflasche. Die Jüngeren haben ihre Rationen schon getrunken, ganz egal, welche Drohungen ihnen die Unteroffiziere an den Kopf geworfen haben.« Wieder sah Blair zu dem langen Gebäude hinunter, das allmählich in der Dunkelheit verschwand. »Da drüben gibt's frisches Wasser und Proviant jede Menge. Offensichtlich ist bereits das ganze Land gegen uns aufgewiegelt, damit müssen wir rechnen. In Tientsin werden wir dringend gebraucht, und dorthin schlagen wir uns auch durch!«

»Und Admiral Seymour?«

»Wer?« fragte Blair mit boshaftem Grinsen. Doch sofort wurde er wieder ernst. »Ich brauche den Unteroffizier und einen Dolmetscher. Wir starten jetzt ein Ablenkungsmanöver.« Er rutschte ein paar Meter den Hang hinab. »Ich sage dem Unteroffizier, was ich von ihm will.«

Blackwood spähte zu dem Gebäude hinüber, bis seine Augen tränten. Bisher hatten sie nur zwei Ausfälle gehabt. Soweit überschaubar, wurden sie auch nicht verfolgt, noch nicht jedenfalls. Vielleicht hatten sich die Boxer nach Tientsin zurückgezogen, um wie die in Peking zur Armee zu stoßen.

»Da unten am Fluß liegen mehrere verlassene Boote«, hörte er Blairs Stimme. »Die Leute hier scheinen in Panik davongerannt zu sein, als sie hörten, daß die Boxer kommen.« In schärferem Ton fuhr er fort: »Sobald es dunkel wird, nehmen Sie sich ein Boot und fahren stromab. Das sollte nicht weiter schwierig sein. Ich gebe Ihnen eine Nachricht für Kapitän Masterman mit, verstanden?«

»Ich werd's versuchen, Sir«, knurrte der Unteroffizier.

»Nein, Sie werden's *schaffen*, Unteroffizier.« Blairs Stimme klang scharf. »Wir sind alle auf Sie angewiesen.« Ehe der Mann etwas erwidern konnte, drehte er sich um. »David, lassen Sie die Seeleute antreten.«

Blackwood ging hinunter zu den in Deckung liegenden Marineinfanteristen. Gravatt und die anderen warteten auf ihn; einige Schritte daneben, wie es sich gehörte, stand Fox.

Blackwood berichtete kurz von Blairs Vorhaben und unterstrich, wie wichtig Lebensmittel und Trinkwasser für sie waren, die sie im Arsenal finden würden.

Niemand sprach, doch ihr Schweigen wirkte erschrocken.

»Sobald es dunkel ist«, beendete Blackwood seine Ansprache, »sollen sich die Männer gut ausruhen. Außerdem wünscht der Kommandeur, daß das Pferd zum Fluß geführt und getränkt wird.«

»Hat er auch gesagt, warum, Sir?« fragte Gravatt höflich.

Blackwood grinste. »Er will auf diesem Biest als Sieger in Tientsin einreiten, denn dorthin schlagen wir uns als nächstes durch.«

Gravatt warf Bannatyre einen Blick zu. »Ach du meine Güte, Ian, ich glaube, er meint das wirklich ernst!«

Blackwood fand den Kommandeur allein, den Rücken an einen hohen Felsen gelehnt. Jetzt, da keine anderen in seiner Nähe waren, schien er angespannt und nervös.

»Es ist unsere einzige Chance, David«, sagte Blair. »Diesmal wäre es vorbei, wenn die Falle zuschnappt.«

»Ich weiß.« Blackwood setzte sich neben ihn und berührte heimlich das Medaillon unter seinem Waffenrock.

Ob Friederike in Sicherheit war? Und ob sie wohl manchmal an ihn dachte?

Sein Kopf fiel nach vorn, er war eingeschlafen.

XII   Das Hornsignal

Beim Trillern der Silberpfeifen betrat Kapitän Masterman das Achterdeck der *Mediator* und legte die Hand an die Mütze, um die Flagge zu grüßen.

Fregattenkapitän Wilberforce eilte herbei, kam jedoch nicht dazu, etwas zu sagen.

»Absolut hoffnungslos«, schimpfte Masterman. »Sind das wirklich Verbündete? Man könnte glauben, sie wären alle verfeindet.« Er blickte zu den umliegenden Kriegsschiffen hinüber. »Die Japaner möchten einlaufen und angreifen, die Russen wollen hier vor der Barre von Taku abwarten, die Deutschen möchten am liebsten die Forts beschießen, und die Amerikaner wollen überhaupt nichts tun. Ihrem Admiral Kempff sind durch Weisung aus Washington die Hände gebunden, er darf nicht an feindseligen Handlungen gegen die Chinesen teilnehmen. Die Tatsache, daß auch amerikanische Marineinfanteristen in Peking eingeschlossen sind und wir uns praktisch mit den Chinesen im Kriegszustand befinden, scheint Washington überhaupt nicht zu beeindrucken.« Er senkte die Stimme. »Ich hätte ebensogut hier bleiben können. Seymours Stellvertreter will nichts veranlassen, bis sein Herr und Meister zurückkommt, *wenn* er überhaupt zurückkommt!« Er peilte über die Bordwand. »Und was ist das für ein Ding, das da an der Backspier festgemacht hat?«

Wilberforce zog an seinem Kragen. Alles ging schief, und Masterman war obendrein miserabler Laune.

»Das wollte ich Ihnen gerade melden, Sir. Es ist das Boot von Maschinenmaat Gooch. Er kam an Bord, kurz nachdem Sie zum Flaggschiff gefahren waren.«

»Was sagen Sie da?«

Zwei Seeleute, die das Namensschild des Schiffes putzten, hielten regungslos inne, um zuzuhören.

Wilberforce versuchte zu erklären. »Gooch ist mit dem Boot den Fluß herunter gekommen und hat eine Nachricht von Oberstleutnant

Blair gebracht.« Unter Mastermans zornigen Blicken knickte er förmlich zusammen.

Der Kommandant verschwand im Niedergang und ließ den wachhabenden Offizier und seinen Fähnrich staunend zurück. Der Maschinenmaat wurde nach achtern in die Kapitänskajüte befohlen, wo Masterman bereits Blairs Nachricht studierte. Seine Messekameraden hatten den Unteroffizier wie einen Sieger gefeiert, und er hatte sogar Zeit gefunden, einen großen Schluck Rum auf seine geglückte Flucht zu trinken.

»Seit wann ist dieser Mann an Bord, Eins O?« fragte Mastermann.

»Seit acht Uhr, Sir«, antwortete Wilberforce gequält.

Fast freundlich fuhr Masterman fort: »Warum haben Sie so lange gebraucht, Gooch? Hier steht, Sie haben die anderen bei Einbruch der Dunkelheit verlassen.«

»Wir hatten Schwierigkeiten, Sir. Zweimal lief das Boot in dem flachen Wasser auf Grund. Als wir dann den großen Fluß erreichten, mußten wir uns zeitweilig verstecken. Am Ufer waren chinesische Soldaten, die weiter stromab Minen legten.«

Masterman runzelte die Stirn. Ähnliches hatte er bereits auf dem Flaggschiff gehört. Gelang es den Chinesen, die Mündung des Peiho zu verminen, dann war nicht nur Seymour mit seinen Männern erledigt, sondern auch die letzte Möglichkeit dahin, Peking zu entsetzen.

Er musterte den Unteroffizier prüfend, schließlich war er der einzige Augenzeuge. Blackwood und seine Männer waren also immer noch zusammen, und Blair plante einen Angriff; der Maschinenmaat verdankte es allein seinem Glück, wenn er unversehrt zurückgekehrt war. Innerhalb achtundvierzig Stunden würden die Verbündeten handeln müssen.

Sie mußten die Forts nehmen und die Durchfahrt für weitere Verstärkungen offenhalten. Gelang ihnen dies nicht, konnten sie ebensogut ankerauf gehen und Taku auf Nimmerwiedersehen verlassen.

»Wie ging es den Marineinfanteristen, als Sie sie verließen?«

Maschinenmaat Gooch versuchte, den unbarmherzigen Blicken standzuhalten.

»Sie waren müde und hungrig, Sir, und Wasser haben sie auch keins mehr.« Er errötete. »Sie haben uns das letzte gegeben.«

»Das paßt zu ihnen.« Masterman sah weg. Mit den Jahren hatte er gelernt, seine Gedanken zu verbergen und stets ruhig zu bleiben. Die armen Teufel würden da draußen für nichts und wieder nichts sterben.

»Holen Sie mir den Leitenden Ingenieur und den Artillerieoffizier«, sagte er zu Wilberforce. Und zum Maschinenmaat: »Wenn Sie am Ende dieses Tages noch die gleichen Rangabzeichen auf Ihrem Ärmel haben, Gooch, dann können Sie sicher sein, daß ich bei der Vorsehung für Sie gesprochen habe. Und nun gehen Sie mir aus den Augen!«

Wilberforce verständigte den Posten vor der Tür und wurde dabei von dem aus der Kajüte stürzenden Maschinenmaat fast über den Haufen gerannt.

Der Kommandant trat an die Heckfenster und starrte über das ruhige Wasser. Die Tide hatte gewechselt, mit Ausnahme einiger kleiner Inseln war vom Land nichts mehr zu sehen.

Vorsichtig ließ sich Wilberforce von der Tür her vernehmen: »Ich meine, wir können Gooch keinen Vorwurf machen, Sir. Man hat ihm doch ziemlich viel Verantwortung aufgeladen.«

»Ihm mache ich auch gar keinen Vorwurf, sondern Ihnen, weil Sie mich nicht sofort verständigt haben, als er an Bord kam.« Langsam wurde Masterman friedlicher. »Holen Sie die Karte des Peiho und der Forts.«

Der Leitende Ingenieur betrat die Kajüte, seine Augen glitten von einem zum anderen.

»Wie lange brauchen wir, um Dampf aufzumachen, Chief?«

Der Ingenieur zuckte die Schultern. »Bin jederzeit bereit. Allmählich weiß ich ja, was Sie unter ›Bereitschaft‹ verstehen, Sir.«

Masterman lächelte. »Da haben Sie recht, Chief.«

Noch Brotkrumen auf der Brust, stürzte der Artillerieoffizier herein.

Masterman beäugte ihn eindringlich. »Wir gehen ankerauf, AO. Auf der Brücke werden wir Blairs kleine Skizze mit der Seekarte vergleichen. Sobald wir die Flußmündung passieren, werden Sie unter schwierigen Umständen Feuer eröffnen, es muß aber genau liegen!«

Der Artillerieoffizier warf Wilberforce einen protestierenden Blick zu, der jedoch schnell den Kopf schüttelte.

»Die Royal Marines beabsichtigen, ein Arsenal anzugreifen«, fuhr Masterman fort. »Wir werden den Gegner ablenken, obgleich ...« Er warf einen Blick auf die Wanduhr, »ich fürchte, daß wir schon zu spät dran sind.« Er schnappte seine Mütze. »Untere Decks räumen, John. Dampf aufs Spill, alle Boote einsetzen.« Mit einem letzten Blick in die Runde schloß er: »Und danach, John, klar Schiff zum Gefecht!«

Wilberforce eilte hinter ihm hinaus, winkte Bootsmannsmaaten und Läufer herbei und versuchte, mit dem Alten Schritt zu halten.

»Sind Sie Ihrer Sache ganz sicher, Sir? Ich – ich meine, sind wir dafür verantwortlich?«

Im Niedergang hielt Masterman inne. Diese Frage würde dafür sorgen, dachte er, daß Wilberforce niemals einen Posten mit wirklicher Verantwortung erhielt.

»Es ist meine Verantwortung, John. So etwas nennt man Entschlußkraft.« Er rannte die letzten Stufen hinauf. »Und nun setzen Sie die Leute in Bewegung!«

Er eilte durchs Ruderhaus in das dahinterliegende Kartenhaus. Überall waren die Männer tätig, man hörte bereits das dumpfe Klikken des Spills, das die Kette kurzstag hievte.

Er blieb stehen und warf einen Blick auf das Ruderrad, den glänzenden Kompaß und die Maschinentelegrafen. Mehr als alles andere liebte er sein Schiff; und wie stolz war seine Frau gewesen, als er die *Mediator* erhielt! Nun aber konnte seine Karriere in wenigen Stunden zum Teufel sein. Er dachte an Blackwood: Wie jung hatte er ausgesehen, als die deutsche Gräfin um seine Begleitung gebeten hatte. Verglich man ihn mit dem Zauderer Wilberforce ... Er schüttelte sich. Nein, da gab es keinen Vergleich.

»Seewache auf Station! Erster Teil der Steuerbordwache auf der Back antreten!«

»Signal vom Flaggschiff, Sir«, meldete der Wachoffizier verwirrt. *»Was beabsichtigen Sie zu tun?«*

Masterman sah ihn nachdenklich an. Nelson hätte stets die rechte Antwort gewußt.

»Machen Sie an Flaggschiff: *meine Pflicht.«*

»Aye, Sir.« Der Offizier eilte zum Flaggenstand, überzeugt, daß der Kommandant verrückt geworden war.

Jetzt war die Brückenbesatzung vollständig: Rudergänger, Maschinentelegraf, Signalmeister – allesamt Mastermans Werkzeuge.

»Anker ist los, Sir.«

»Beide Maschinen langsame Fahrt voraus.«

Langsam fuhr der Leichte Kreuzer an. Der tropfende Anker kam hoch, das Schiff drehte ins offene Wasser.

Der Signaloffizier konferierte leise mit dem Signalmeister, dann sagte er unsicher: »Vom Flaggschiff, Sir: *Haben Ihr Signal nicht verstanden.«*

Wilberforce kam gerade auf die Brücke und sah seinen Kommandanten in Lachen ausbrechen.

»Die ahnen gar nicht, wie recht sie haben«, meinte Masterman.

Bei Wilberforces Anblick sagte er etwas ruhiger: »Wenn wir das letzte Fort querab haben, lassen Sie kräftig ›Klar Schiff zum Gefecht‹ blasen.« Er trat hinaus auf die sonnendurchglühte Brückennock und starrte zum Land. »Vielleicht hören sie es und wissen, daß wir kommen.«

Blackwood krabbelte den Hang hoch und warf sich neben den Kommandeur. Blair sah durch sein Doppelglas. »Bald setzt die Morgendämmerung ein«, stellte er fest.

Durch den rauhen Ginster spähte Blackwood zum Arsenal hinunter. Wie er es fertiggebracht hatte zu schlafen, war ihm ein Rätsel. Doch das lag nun hinter ihm. Dies war ein neuer Tag, vielleicht der letzte.

»Ich habe die Feldwachen überprüft, Sir, und das Maschinengewehr neu plaziert, dort wird es die beste Wirkung haben.« Alle Nordenfeldt-Munition hatte er ebenfalls zu dem einen Gewehr bringen lassen. Das andere würden sie, wie tags zuvor die Feldgeschütze, zurücklassen müssen.

Blair fragte ihn niemals, was er wo getan hatte, und das schätzte er an ihm. Ganz anders als manche Stabsoffiziere, die Blackwood erlebt hatte, konnte er delegieren.

Über die Dächer des Arsenals kroch zunehmende Helligkeit. Ob der Maschinenmaat mit seinem Bootstrupp inzwischen in Sicherheit war?

Mit den meisten Marines hatte Blackwood gesprochen. Weder Wasser noch Tee war vorhanden, um das Frühstück herunterzuspülen – kein guter Tagesbeginn.

In der Nacht hatte Fox ihn geweckt. Die Wachen hatten zwei weißgekleidete, in der Dunkelheit herumirrende Seeleute aufgegriffen. Es war ein Wunder, daß sie kein Bajonett zwischen die Rippen bekommen hatten, ehe sie sich zu erkennen gaben: österreich-ungarische Seeleute, die von Seymours Truppe versprengt worden waren und die Verbindung verloren hatten. Der eine sprach etwas englisch, und mit Hilfe von Gesten und einer Skizze hatten sie erklärt, wo sich der Verband in voller Flucht befand und Waffen sowie Gerät wegwarf, um so schnell wie möglich voranzukommen. Sie wußten nicht, wie weit Seymour gekommen war, aber sie hatten eine grausige Geschichte über ein weiteres Blutbad in einem anderen Dorf erzählt, und daß die Flagge der Boxer schon über dem Eingeborenenviertel Tientsins wehte. Die internationale Siedlung der Stadt war ihr nächstes Ziel.

»Na schön, zwei Gewehre mehr«, hatte Blair bemerkt. »Immerhin etwas.«

»Schauen Sie!« Blair faßte ihn am Arm. »Ist das ein Anblick!«

Blackwood hatte geglaubt, er habe eine feindliche Bewegung bemerkt. Doch nun sah er plötzlich die See, die wie eine dunkelblaue Schranke hinter der Landzunge mit dem Arsenal lag: der schönste Anblick, den er je erlebt hatte.

»Da ist das andere Fort, genau hinter der Biegung. Sicherlich erbaut, um den Fluß zu beherrschen. Es heißt, sie hätten gute, moderne Artillerie in diesen Forts.« Grinsend sah er Blackwood an. »Aber alle Kanonen sind seewärts gerichtet. Glück für uns, was?«

Blackwood nahm den Helm ab und robbte zum Hügelrand. »Die Boote liegen noch da, unbewacht«, fuhr Blair fort. »Wir werden uns tummeln müssen, wenn wir über den Fluß setzen.« Und die Entfernung abschätzend: »Wenn wir erst drüben sind, kann uns das Maschinengewehr Feuerschutz geben. Dann müssen die für kurze Zeit in Deckung gehen.« Zu Blackwoods Überraschung drehte er sich auf den Rücken und starrte in den heller werdenden Himmel.

»Ich bin zu meiner Zeit hier in China wirklich glücklich gewesen. Das liegt nun alles hinter mir, glaube ich.« Er wandte den Kopf und sah Blackwood an. »Ich bin rund zwanzig Jahre älter als Sie, und das merke ich.«

Blackwood beobachtete ihn im fahlen Licht. Ohne Helm wirkte er unrasiert und müde. Aus irgendeinem Grund wollte er reden, vielleicht um die Zeit zu vertreiben oder die Spannung zu lockern.

»Als junger Offizier war ich wie alle anderen«, fuhr Blair fort. »Man lernt den Jargon und die richtige Haltung, das andere kommt von allein. Ein Schiff nach dem anderen, Kommandanten mit den verschiedensten Ideen und Launen, und immer ist man als Marineinfanterist von den anderen abgesondert. Ich glaube, ich hatte dazu keine Lust mehr. Selbst Urlaub in England konnte mir nichts mehr bieten. Ich hatte keine Familie, während in Hongkong...« Seufzend rollte er sich wieder auf die Ellbogen.

»Aber das ist alles weit weg. Wir sind jetzt hier.« Er wurde wieder sachlich und munter. »Schicken Sie einen Melder zu de Courcys Abschnitt. Er soll einen Trupp runter zu den Booten schicken, sich aber dort versteckt halten.«

»Ich erledige das«, sagte Swan.

Blackwood leckte sich die aufgesprungenen Lippen. In einer Stunde würde der Boden wieder in der Hitze glühen. Ohne Wasser konnte es nicht noch einen ganzen Tag so weitergehen. Doch während er das dachte, wurde ihm klar, daß es im Notfall trotzdem weitergehen würde. Noch einen Tag und noch einen, bis die Sonne sie fertigmachte.

»Ein guter Mann, Ihr Swan.« Blair gähnte gewaltig. »Ein paar tausend seiner Sorte, und ich würde ganz China erobern!« Doch das Lächeln gelang ihm nicht.

In einer Geländefalte des Nachbarhügels hören sich Premierleutnant Edmund de Courcy Swans Meldung an und winkte Greenaway, seinem Sergeanten. »Gehen Sie mit einem Trupp runter zu den Booten. Vom Arsenal aus darf man Sie nicht sehen, aber halten Sie ein wachsames Auge auf das verdammte Fort!«

Sergeant Tom Greenaway war der Älteste in der ganzen Kompanie und seit seinem fünfzehnten Lebensjahr im Corps. Die meisten großen Feldzüge in Afrika und Ägypten hatte er mitgemacht, sowie mehrere kleinere Buschkriege. Alt genug, der Vater seines Leutnants zu sein, mochte er dennoch de Courcy gut leiden. Er konnte schnell entscheiden und danach handeln, ganz anders als der arme junge Mr. Bannatyre. Auch kam er aus einer guten alten Marineinfanteristenfamilie. Das wog seine mangelnde Erfahrung auf.

Greenaway teilte seinen kleinen Trupp ab und nahm sein Gewehr. Einige der Jüngeren schienen ängstlich und nervös, doch Greenaway war über all das hinaus. Seltsamerweise hatte er niemals auch nur einen Kratzer abbekommen, abgesehen von dem einen Mal bei einer Schlägerei in Southsea.

Er hörte de Courcy sagen: »Gehen Sie mit, Ralf. Machen Sie sich ein Bild von der Lage.«

Greenaway schlug die Augen nieder, um seinen Ärger zu verbergen. Der Sekondeleutnant mochte ein Blackwood sein, war aber trotzdem unnütz.

»Klar zum Abrücken, Sir.«

Ralf nickte. »Gut. Machen Sie weiter.«

Greenaway knirschte mit den Zähnen. Das war alles, was der kleine Snob jemals sagte: *Weitermachen*.

»Poole, nach vorn. Adams, an den Schluß.«

»Lassen Sie Bajonette aufpflanzen, Sergeant«, sagte Ralf.

Greenaway schob die Unterlippe vor. »Zu gefährlich, Sir. Bald wird die Sonne aufgehen und von den Klingen reflektieren.«

De Courcy hörte ihn, ging jedoch weiter. Mit der Zunge rollte er einen warmen Kiesel im Mund herum, um seinen scheußlichen Durst zu betäuben. Ralf Blackwood würde Greenaway nicht beeindrucken, dachte er.

Die Gruppe kroch unter einige Büsche und ertastete sich einen Weg zum Fluß. Wie einladend die See von der Anhöhe her ausgesehen hatte, dachte Ralf. Es war alles so unsinnig. Beim ersten Zeichen von Gefahr hätten sie sich zurückziehen sollen.

Wahrscheinlich lag die *Mediator* sicher und gemütlich hinter dem nächsten Landvorsprung. Hier in dieser Wildnis ließ man sie doch gewiß nicht sterben? Der Gedanke nahm ihm den Mut, einen Augenblick lang fühlte er Panik.

»Wir sind nahe genug, Sir.« Greenaway winkte die anderen in Deckung, er selbst ließ sich hinter einige Steine fallen.

Ralf musterte den Sergeanten, der sich die verlassenen Boote genau ansah. Er war groß, derb und häßlich, mit dicht behaarten Handrücken.

Ralf wandte sich ab, in ihm stieg Zorn hoch. Die Sonne fiel ihm ins Gesicht, und er fürchtete die kommende Hitze. Am Himmel zeigte sich aus der Richtung Tientsin eine dunkle Wolke, die vorher noch nicht dagewesen war. Ein Teil der Stadt mußte brennen. Er dachte an die verstümmelten und kopflosen Leichen in dem überfallenen Dorf und mußte sich fast erbrechen.

Doch hier gab es keinen Zug, in den man sich flüchten konnte, keine Hilfe; zudem hatte er gehört, daß nur eines der Maschinengewehre verwendbar war. Selbst Blair, dieser Narr, mußte doch erkennen, daß es hoffnungslos war!

Eine Stunde verging, und Ralfs Angst wuchs mit jeder Minute. Ihm war, als habe man sie zurückgelassen und abgeschrieben.

Greenaway kaute auf einem Grashalm, das Gewehr durch das Gestrüpp geschoben und auf kleinen Steinen aufgelegt. Sein Blick hing am gegenüberliegenden Ufer. Wenn er diese Geschichte hinter sich hatte, wollte er endgültig den Dienst quittieren. Doch in der Vergangenheit war das Corps seine Heimat gewesen. Was sollten er und Beth anfangen, wenn er zum letzten Mal die Kaserne verließ? Er hatte zwei Töchter, aber keinen Sohn, der die Familientradition weiterführen konnte. Doch vielleicht würde eines der Mädchen einen Enkelsohn bekommen.

Jemand kroch neben ihn, er spannte sich, als erwartete er einen Stoß dieser schrecklichen Messer. Aber es war Korporal Addis.

»Wir greifen in Kürze an, läßt Hauptmann Blackwood sagen.« Der Korporal spähte an ihm vorbei auf den Fluß hinaus.

Trotz seines Schocks zischte Greenaway ihm zu: »Sag's dem Offizier!«

Verächtlich blickte Addis den Sekondeleutnant an. »In fünfzehn Minuten greifen wir an, Sir. Mr. de Courcys Melder hat berichtet, ein Verband von Boxern rückt vom Südwesten her an.«

Greenaway verzog das Gesicht. »Dann gibt's nur noch einen Weg für uns, und zwar durch das verflixte Arsenal.«

Ralf rang nach Worten. »Aber – aber was ist mit dem Schiff? Ich dachte, wir erhalten Unterstützung.«

Greenaway runzelte die Stirn. So hätte er vor einem Korporal nicht reden sollen. Percy Addis war als altes Klatschmaul bekannt.

»Sag dem Hauptmann, wir halten aus, bis er kommt«, knurrte er. Dann zog er vorsichtig das Gewehrschloß auf und schob eine Kugel hinein.

Ralf stand auf und starrte wild zum Hügel zurück, aber Addis war bereits verschwunden.

»Ich gehe, um mit Mr. de Courcy zu sprechen.« Er nickte hastig und wurde sich nur vage der an den Boden gepreßten Marineinfanteristen bewußt, die ihn ausdruckslos anstarrten.

»Das ist zu gefährlich, Sir.« Greenaway streckte den Arm aus, um den jungen Offizier in Deckung zu ziehen. Doch als er dessen Ärmel berührte, schien Rolfs angestaute Furcht und Erregung zu explodieren.

»Wagen Sie es nicht, mich anzurühren, Sie ... Sie ...« Er riß die Pistolentasche auf und versuchte, die Waffe zu ziehen. »Sie meinen, alles zu wissen ...«

In seiner Erregung hatte Ralf den Revolver mit gespanntem Hahn eingesteckt. Als er ihn nun, vor Haß wie von Sinnen, herausriß, verfing sich der Hahn an seinem Gürtel, der Revolver schlug gegen Greenaways Gewehr und ging los.

Niemand sah, wohin die Kugel flog, aber das Krachen des Schusses dröhnte wie ein Donnerschlag über den Fluß.

Im Unklaren darüber, was irgend jemand veranlaßt haben konnte, das Feuer zu eröffnen, sprang Blair hoch und rief: »Auf, marsch, marsch!« Die bereits in verschiedene Gruppen eingeteilten Marineinfanteristen sprangen auf und trabten mit grimmigen Gesichtern, die Gewehre vorgehalten, den Hügel hinab zum Fluß.

Die meisten hatten keine Ahnung, was man von ihnen erwartete. Und die, die es wußten, waren sich darüber klar, daß sie jetzt nicht mehr auf einen Überraschungsvorteil hoffen konnten.

Blackwood winkte mit dem Arm, die Männer schwärmten trotz des vorzeitigen Angriffs in richtigen Abständen aus. Von fern hörte er Hörnerklang, es wurde also Alarm gegeben.

Sie waren in einer verzweifelten Lage, und dabei hatte es noch nicht einmal angefangen.

»Unteroffizier«, rief er, »die Fahne!«

Einige der laufenden Marines sahen sich um. Der stämmige Unteroffizier zog die Fahne aus ihrer Hülle und schwenkte sie durch die Luft, damit sie sich entfalte.

Das war zwar nur eine Geste, aber Schlachten waren schon aus nichtigerem Anlaß gewonnen worden.

De Courcy hielt einen Augenblick inne, blickte hinüber zum hohen Wall des Arsenals und rief mit blitzenden Augen: »Erste Abteilung in die Boote!« Er zog seinen Revolver und wartete, daß die Marines die letzten Meter zum Wasser liefen.

Um sie herum krachten Schüsse, schlugen in den Fluß oder in die Boote.

Sergeant Greenaway winkte seine Männer vorwärts. »Stakt sie rüber, Jungs!« Den Mund in lautlosem Schrei aufgerissen, wirbelte ein Mann herum. Eine Kugel hatte ihn in die Kehle getroffen.

Weitere Marines hasteten vorbei, vornübergebeugt, als trügen sie schwere Lasten.

Mit einem Seufzer der Erleichterung hörte de Courcy das verborgene Maschinengewehr einsetzen, dessen Beschuß aus der hohen Brustwehr, woher die chinesischen Kugeln kamen, kleine Dreckspritzer aufsteigen ließ.

Er warf Ralf einen Blick zu. »Kümmern Sie sich um die Maschinengewehrabteilung und die Verwundeten!« Er packte ihn am Arm und schüttelte ihn. »Reißen Sie sich zusammen, Mann! Man schaut auf Sie!«

Mit aufgerissenen Augen starrte Ralf ihn an. »Aber – aber die Boxer kommen!«

»Zweite Abteilung!« Beim Schmerzensschrei eines weiteren Kameraden zuckte de Courcy zusammen, er mußte sicherstellen, daß Ralf ihn verstand. »Ich gebe Ihnen ein Zeichen, wenn Sie uns folgen sollen. Bis dahin geben Sie uns Feuerschutz!« Er sprang über die Steine in das zweite Boot, das bereits in den Fluß gestakt wurde, während einige Marines auf die Köpfe über der Brustwehr feuerten.

Die ersten Boote knirschten drüben ans Ufer, ihre Insassen sprangen erleichtert hinaus und rannten auf den Hang zu, der sich zum Arsenal erhob. Ohne den verfrühten Schuß hätten sie durch die Überraschung einen gewissen Vorteil gehabt. Nun sah Blackwood, wie ein Marineinfanterist in dem Augenblick, als er aus dem Boot sprang, sich den Magen hielt und fiel. Alles ging schief. Doch wenn sie hierblieben, mußten sie von den schnell näherkommenden Boxern umzingelt werden.

Weitere Männer liefen zu den Booten, aber Blackwood sah seinen Vetter auf die Anhöhe zurückklettern; sein Revolver baumelte noch an der Sicherheitsleine. Irgendwie hatte er gewußt, daß Ralf der Schuldige war.

Blair trat zu David und richtete sein Fernglas auf das Arsenal. »Es wird Zeit für uns«, sagte er. »Aber nicht im selben Boot.« Er lächelte gequält.

Blackwood lief über das letzte Stück Ufer, neben ihm spritzte die Erde auf; ein unsichtbarer Schütze hatte sich ihn zum Ziel gewählt. Swan hielt Schritt neben ihm und legte das Gewehr nur hin, um zusammen mit Korporal Addis eine der langen Stangen zum Staken zu ergreifen.

Zu langsam, dachte Blackwood. Er wandte den Kopf, denn das Maschinengewehr war verstummt. Gleich darauf setzte es jedoch wieder ein, und er malte sich aus, wie der Munitionshaufen neben dem Gewehr langsam kleiner wurde.

Weiter, weiter, weiter! Über ihren geduckten Köpfen und gespannten Gesichtern wehte leuchtend die Fahne.

»Formiert euch!« Blair humpelte die letzten Meter des jenseitigen Ufers hinauf und lehnte sich an einen der Felsen unterhalb des Arsenals. »Holt die Verwundeten in Deckung!«

Blackwood musterte die Männer neben ihm. Einige luden fieberhaft nach, andere standen mit geschlossenen Augen da und holten tief Luft.

»Denkt dran, Jungs: Da drüben hinter dem Wall wartet Essen und Trinken«, bellte Hauptfeldwebel Fox. »Los, reißt euch zusammen, verdammt noch mal!«

Die Männer schauten den breitschultrigen Mann finster an, verfluchten ihn, reagierten aber doch so, wie Fox es erwartet hatte.

In eines der Fischerboote, das gerade mitten im Fluß war, schlugen Kugeln. Mehrere Marines brachen zusammen, einer fiel über Bord. Ein anderer, wahrscheinlich sein Freund, versuchte, ihn zu packen, doch die Strömung trieb den seltsam friedlich aussehenden Toten davon.

»Mr. Gravatt, Ihre Männer sollen die Brustwehr unter Feuer nehmen«, stieß Blair hervor. »Wir schlagen uns zu den Toren an der Straße durch. Dort ist der schwächste Punkt.«

Pfeifen schrillten, Unteroffiziere riefen ihre Männer beim Namen. »Mein Gott, ist das eine verdammte Schweinerei«, knurrte Blair durch die Zähne.

»Den Kommandeur hat's erwischt, Sir«, flüsterte Swan.

Blackwood merkte, daß Blair den linken Ellbogen an die Seite preßte und blutige Flecken auf seinem Ärmel erschienen. Trotz seiner Schmerzen schien er Blackwoods Besorgnis zu bemerken und keuchte: »Sagen Sie nichts, David, kein Wort!«

Plötzlich mußte Blackwood an Ralf hinten beim MG-Zug denken. Die Maschinengewehrbedienung, ein Reitlehrer, ein Lokomotivführer, ein Heizer und das Pferd; damit war Ralf überfordert.

Für die näherkommenden Boxer stellten sie keine Bedrohung dar. Sie saßen in der Falle, diesmal gab es keinen Ausweg. Aber wenn er auch nur das leiseste Anzeichen von Angst verriet, würden alle davonlaufen. Zurück zu den Booten oder sonstwohin.

Er nickte dem Hornisten zu. Nein, er verspürte keine Angst mehr, nicht einmal Zorn.

»Blas zum Angriff, Oates!« Großvater Blackwoods alter Diener hatte Oates geheißen, und dieser blutjunge Hornist war mit ihm verwandt. Es war immer dasselbe.

Oates hob sein Instrument. Da klang durch das Gewehrfeuer ein anderer schwacher Hornruf.

»Jesus!« sagte Sergeant Greenaway heiser und wischte sich das schweißüberströmte Gesicht. »Schaut, da ist sie!«

Blackwood fuhr herum. Unter den Jubelrufen seiner Leute zog der lange, elegante Rumpf der *Mediator* langsam von links nach rechts hinter dem Fort vorbei. Vor ihrem weißen Steven stiegen Wassersäulen auf, aber sie schwenkte ihre Kanonen auf die Küste, und Blackwood hatte das Gefühl, sie ziele direkt auf ihn.

»Jetzt bist du dran, Oates«, sagte er zu dem Hornisten, um seiner Bewegung Herr zu werden. Nur ein Masterman brachte es fertig, in genau diesem Augenblick Signal zu geben.

»Los, auf sie, Marines!« rief Blair.

Unter dem wilden Geschrei der Marines ging das Schmettern des Horns und das plötzliche Krachen der Fünfzehn-Zentimeter-Geschütze der *Mediator* fast unter. Die Männer stürmten zum Wall und über die Straße, die Blackwood von der Anhöhe aus gesehen hatte.

Hohe Erd- und Feuersäulen schossen gen Himmel, die ersten Geschosse schlugen an Land ein. Der Artillerieoffizier der *Mediator* ist erstklassig, dachte Blackwood, wenn er auch dank des großen Entfernungsmeßgeräts die Forts und das Arsenal fast auf Armeslänge vor sich hatte.

Erregt deutete Fox mit dem Arm. »Seht dort, die Kerle kommen raus!«

Während die Marines noch niederknieten und die Gewehre anlegten, öffneten sich die Arsenaltore. Durch die Lücke drängte sich nur eine Handvoll kaiserlicher Soldaten in ihren seltsamen Röcken und dunklen Mandarinhüten. Sie duckten sich beim Einschlag einer weiteren Salve. Masterman ließ neben das Arsenal feuern, aber das konnten die chinesischen Soldaten nicht wissen. Eine einzige Fünfzehn-Zentimeter-Granate, die innerhalb des alten Arsenals detonierte, hätte sie in Fetzen gerissen.

»Legt an!«

»Kommando zurück, Gravatt«, keuchte Blair. »Laß sie laufen. Es ist genug Blut geflossen.«

Gravatt senkte den Revolver, seine Augen blitzten vor Erregung. »Ins Arsenal, Sergeant! Hinein!«

Besorgt beobachtete Blackwood den Kommandeur. Er blutete stark, zeigte jedoch noch keine Schwäche. De Courcy befahl seinem Melder, den Maschinengewehrtrupp zu rufen und dem dritten Zug Anweisung zu geben, ihm während der Flußüberquerung Feuerschutz zu geben.

Als er sich umwandte, waren die meisten bereits mit gefälltem Bajonett durch die Tore verschwunden, immer noch auf einen Trick oder Hinterhalt lauernd.

Wenige Augenblicke später wurde die chinesische Flagge über dem Wall niedergeholt, und an ihrer Stelle erschien leuchtend die britische Fahne. Blackwood starrte hinauf. Wenn Masterman nicht gekommen wäre, hätte wohl keiner von ihnen überlebt.

»Das war knapp«, murmelte Swan.

Doch nun gab es keine Gegenwehr mehr. Die Verwundeten wurden in den Schutz eines kühlen Kellers gebracht, die Toten zur eiligen Beerdigung an den Wall gezogen.

Das letzte Boot schob sich aufs Ufer, das Pferd war nebenher geschwommen. Bei der Nachhut bemerkte Blackwood auch seinen Vetter. Alle duckten sich, denn eine weitere Salve heulte über ihre Köpfe hinweg und detonierte hinter den niedrigen Hügeln. Wahrscheinlich konnten die Artilleriebeobachter die vorrückenden Boxer sehen. Auf so kurze Entfernung und im freien Gelände hatten die Boxer keine Chance.

Vorsichtig setzte sich Blair auf eine Munitionskiste; der Ordonnanzoffizier stützte seinen verwundeten Arm.

»Wie steht's mit den Vorräten, David?« fragte Blair.

Blackwood begann, Blairs Waffenrock mit Hilfe der Ordonnanz aufzuknöpfen.

»Wie Sie gesagt haben, Sir: Es gibt hier Proviant, Wasser, Munition, alles. Es muß eines der Hauptarsenale Tientsins sein.«

Blair nickte matt. »Die Straße ... Mir war klar, daß das ein Fingerzeig war.«

»Mein Gott, Sir!« Swan holte zischend Luft. »Das ist eine üble Wunde.«

Die Kugel hatte Blair in die Seite getroffen und ein schwarzrandiges Loch gerissen, in dem eine zerbrochene Rippe sichtbar wurde. Wie hatte er es nur geschafft, unter solchen Schmerzen weiterzumachen?

Blair saß steif aufgerichtet, während sie versuchten, ihm einen dikken Verband um die Brust zu legen, der jedoch bald blutdurchtränkt war.

»Wir müssen ihn aufs Schiff schaffen«, flüsterte Gravatt.

Doch Blair hatte ihn trotzdem gehört. »Nein! Wir bleiben zusammen. Ich habe Befehl, Peking Verstärkung zu bringen, doch zuerst müssen wir unseren Rücken und den Nachschub dadurch sichern, daß wir Tientsin halten. Haben Sie verstanden?«

»Jawohl, Sir«, nickte Blackwood traurig.

Forschend sah Blair ihn an. »Sie sind ein guter Kerl, David. Aber nun stellen Sie Posten auf und sorgen Sie dafür, daß unsere Leute etwas zu essen kriegen.« Anscheinend kam ihm ein Gedanke. »Wo ist das Pferd? Ich möchte es sehen.«

Blackwood erklomm eine Anzahl schmaler Steinstufen, wie viele war ihm nicht bewußt. Von der hohen Brüstung aus hatte er freien Blick auf die toten Chinesen, die von dem Maschinengewehr niedergemäht worden waren, sowie auf die erschöpften Marines, die am Wall lehnten und den weißen Kreuzer beobachteten.

Gravatt und der Hauptfeldwebel hatten bereits alles veranlaßt; aus einem dünnen Schornstein stieg Rauch empor, Proviantpackungen wurden geöffnet.

Swan reichte ihm eine volle Feldflasche. »Hier, Sir.«

Das Wasser von dem Brunnen im Hof des Arsenals schmeckte wie Champagner.

Stoßweise war von der Küste her weiteres Geschützfeuer zu hören. Schließlich hatten sich die alliierten Admirale nun doch zum Vorgehen gegen die anderen Forts entschlossen. Doch ob sie ohne das Beispiel der *Mediator* die Peiho-Barre jemals verlassen hätten, schien zweifelhaft.

Blackwood stieg die Stufen wieder hinab und sah das Pferd unversehrt mitten im Hof stehen und aus einem Eimer saufen.

Als er mit ihm zum Hauptgebäude ging, saß Blair immer noch auf seiner Munitionskiste.

»Hier ist das Pferd, Sir.«

Sergeant Greenaway beugte sich vor. »Er hört Sie nicht mehr, Sir.« Mit einer überraschend zarten Bewegung seiner großen Hand schloß er Blairs Augen. »Nun wird er es doch nicht mehr nach Tientsin hineinreiten.«

Blackwood starrte Blairs aufrechte Gestalt an. Er schien noch immer unter ihnen zu sein. Aber das war eine Illusion. Blairs Verlust hatte sie alle um den Triumph dieses Sieges betrogen.

Alle sahen sie ihn an: Gravatt und de Courcy, der Fahnenunteroffizier Nat Chittock und der Hornist, dessen Großvater mit einem Diener der Blackwoods verwandt gewesen war.

»Wir werden ihn mit den anderen begraben. Morgen rücken wir weiter. Nach Tientsin.«

David warf einen Blick auf den Kommandeur.

Hoffentlich, alter Freund, hast du das noch gehört.

Eine weitere Salve erschütterte die Anhöhe. Es klang wie eine letzte Ehrenbezeugung.

XIII   Landkampf

Die letzten Töne des Horns verklangen, Blackwood übergab das kleine Gebetbuch an Gravatt. Noch einmal sah er zu den sechs primitiven Gräbern zurück und hoffte, daß sie in Frieden gelassen würden. Ohne Blair schien alles so ganz anders – noch. Später würde auch er in der Erinnerung verblassen. Blackwood seufzte und stieß Blairs Säbel in das Kopfende des Grabes.

»Flußabwärts wird geschossen, Sir«, sagte de Courcy gedämpft. Blackwood nickte. Auch er hatte es gehört, aber in diesem Augenblick schien das alles weit weg.

Er bemerkte, daß sein Vetter ihn von der anderen Hofseite her beobachtete. Seit dem Vorfall hatten sie nicht miteinander gesprochen. Sergeant Greenaway hatte nichts gesagt und würde das auch nicht tun, wenn man ihn nicht dazu zwang.

Von der Brustwehr aus rief ein Posten: »Ein Boot kommt, Sir.« Nach der Bestattung klang seine Stimme zu hell und fröhlich, deshalb nahm Blackwood an, daß es sich um ein Boot der *Mediator* handelte.

»Übernehmen Sie hier, Toby. Halten Sie die Verwundeten klar zum Abtransport.«

Einige Marineinfanteristen hörten das, und Blackwood bemerkte, daß einer der Verwundeten sich zu den anderen Kameraden stellte. Er wollte nicht weg. Es war der Mann namens Carver, der versucht hatte, seinen über Bord gefallenen toten Freund zu retten.

Die Wachen öffneten das große Tor, und Blackwood ging hinunter zum Fluß. Außer den verlassenen Booten und einigen Blutspuren wies nichts auf den wilden, verzweifelten Kampf hin. Er beschattete die Augen und beobachtete, wie das Boot ungeschickt zwischen den Sandbänken manövrierte. Aus seinem kleinen Messingschornstein quoll Rauch, und im Cockpit stand ein Maschinengewehr.

Er erkannte den Bootsführer, einen Leutnant, dem die Verwirrung beim Anblick der Marineinfanteristen in ihren zerknitterten, blutigen Uniformen anzumerken war.

»Mein Gott, David, Sie stecken aber auch voller Überraschungen!«

Blackwood schüttelte den Kopf. Zwei Engländer trafen sich mitten im Nirgendwo. Er wollte lachen, doch ihm war zum Weinen zumute.

»Der Kommandeur ist tot, Harry.« Er merkte, wie betroffen der Offizier war, daß er nicht fassen konnte, was sie durchgemacht hatten.

»Der Alte hat vor, sobald die anderen Kommandanten zustimmen, seine eigenen Marineinfanteristen sowie ein paar Seeleute an Land zu setzen«, sagte der Leutnant. »Sie beschießen jetzt die anderen Forts. Wenn wir den Gegner zurückgedrängt haben, werden wir den Hafen besetzen.« Das klang alles ganz einfach. »Wir haben erfahren, daß Admiral Seymours Truppe ein anderes großes Arsenal genommen hat und dort bleibt, bis Entsatz kommt.« Das schien ihm höchst vergnüglich. »Die Retter erwarten Rettung, sozusagen. Es heißt, daß seine Männer am Verhungern waren, als sie das Arsenal nahmen.« Und mit einem Blick auf Blackwoods erschöpftes Gesicht: »Sie müssen aber auch auf dem letzten Loch gepfiffen haben.«

»Der mit seinem Drei-Tage-Proviant!« Blackwood machte aus seinem Zorn und seiner Verbitterung keinen Hehl.

»Ach, übrigens, ich habe einige Leute mitgebracht. Der Arzt meint, sie hätten sich bis zu einem gewissen Grad von ihren Verletzungen erholt. Jedenfalls haben sie darauf bestanden, mitzukommen.« Er wandte den Kopf, wollte wieder fort. Nicht weil er Angst hatte, aber dies hier war nicht seine Welt.

»Sagen Sie Kapitän Masterman, daß ich ihm danke. Es war Rettung in letzter Minute.« David zog einen eilig geschriebenen Bericht heraus und gab ihn dem Leutnant. »Hier drin steht auch etwas über einen Brief, den der Kommandeur an Bord zurückließ. Vielleicht nimmt Kapitän Masterman die Sache in die Hand, wenn ...«

Wenn – das Wort hing wie eine Drohung in der Luft.

Der Leutnant schob das Schreiben in die Tasche und rief seinem Bootssteurer zu: »Bringt die Verwundeten an Bord, Thomas. Aber ein bißchen schnell.« Dann wandte er sich wieder an Blackwood. »Da ist noch was, Sir.«

Blackwood bemerkte, wie seine Blicke zum Boot wanderten, und sah Sergeant Kirby zielstrebig herankommen.

»Das ist doch nicht zu fassen!«

Es war eine unwirkliche Szene. Auch die Art, wie Kirby seine Schultern straffte, als er Schmerz und Mühsal zu verbergen suchte. Daß er von Kopf bis Fuß in blütenfrischem Weiß gekleidet war, machte das Ganze noch unglaubhafter.

Kirby nahm die Hacken zusammen und grüßte. »Die Unteroffiziere von der *Mediator* haben mich ausgerüstet, Sir.« Das klang ruhig, in seinen Augen stand jedoch die blanke Angst.

Blackwood war klar, daß er nicht hierher gehörte, früher oder später mußte er zusammenbrechen. Trotzdem sagte er: »Ich freue mich, daß Sie wieder da sind«, und streckte ihm die Hand hin. »Sie sind mehr als willkommen!«

Kirby ergriff die ausgestreckte Hand, dann ging er den Hang hinauf, um Fox zu begrüßen.

Leise sagte der Marineoffizier: »Wir haben erfahren, daß seine Frau bei einem Brand umgekommen ist.«

»Armer Teufel. Kein Wunder, daß er zu seiner Kompanie zurück will. Mir ginge das ebenso.«

Der Oberleutnant nickte. »Er ist für das Viktoriakreuz vorgeschlagen.«

Blackwood dachte an seinen toten Bruder in Südafrika, an seine zarte Mutter und das hübsche Mädchen, das er zurückgelassen hatte. Kein Orden konnte diesen Verlust wettmachen.

Neben ihm wurde Twiss auf einer Tragbahre zum Boot gebracht. »Machen Sie sich keine Sorgen, ich kümmere mich um das Pferd«, sagte er zu dem Reitlehrer. Von seiner Verwundung hatte er nicht mal etwas bemerkt.

Mit vor Schmerzen blassem Gesicht grinste der Mann zu ihm hoch. »Sie sollten es reiten, schließlich haben Sie jetzt das Kommando.«

Der Bootssteurer legte die Hand an die Mütze. »Alles an Bord, Sir. Je eher wir sie zum Arzt bringen, um so besser.«

»Wartet!« Blackwood watete durch das gelbe Wasser und packte das Dollbord. Wie jung sie doch ohne ihre Helme aussahen!.

»Viel Glück, Jungs!« sagte er.

Irgend jemand rief zaghaft: »Dir auch, Blackie!«

Der Leutnant hielt ihm die Hand hin. »Der Alte würde es ganz bestimmt verstehen, wenn Sie sich entschlössen, zum Schiff zurückzukehren, David. Selbst wenn wir die Forts nehmen, müssen wir noch eine große Armee schlagen, ehe wir Tientsin befreien können. Sie werden dort mit einer gemischten Besatzung festsitzen, praktisch auf sich allein gestellt.«

Zurück auf die *Mediator?* Seltsam, Blackwood hatte niemals auch nur daran gedacht. Da die chinesische Armee sich offensichtlich auf die Seite der Boxer geschlagen hatte, war es um so dringender, die internationale Kolonie in Tientsin zu verstärken.

Vom Boot her stürzte eine kleine Gestalt an Land, einer der Dolmetscher, der mit der Nachricht für Masterman flußabwärts gefahren war. Der andere brach mit einem breiten Grinsen durch die Gruppe der Marineinfanteristen, lief auf seinen Freund zu und schloß ihn in die Arme.

»Die scheinen sich wohl sehr gern zu haben«, sagte der Leutnant.

»Sie müssen schon sehr lange auf See sein, Harry«, lächelte Blackwood. »Haben Sie vergessen, wie ein Mädchen aussieht?«

Die kleine Chinesin hatte den spitzen Strohhut abgenommen, das lange Haar hing ihr wie schwarze Seide über den Rücken.

»Ich bleibe.« Sie trat zwischen Blackwood und ihren Freund. »Wir für Sie arbeiten.« Und mit einem scheuen Lächeln: »Ich geboren in Tientsin. Weiß geheimen Weg durch Mauer.«

»Das ist ein großes Risiko, Sir«, murmelte Gravatt besorgt. »Kann man ihr trauen?«

Blackwood umfaßte ihr Kinn und hob es leicht an.

»Ich glaube ihr.« Und zu dem anderen Dolmetscher, der ebenso jung war: »Hast du ein Glück, Junge!«

Innen im Hof war es, als sei das Boot nie dagewesen. Die einzige Erinnerung an diesen langen Tag waren die Gräber.

Ein Marineinfanterist fütterte das Pferd, und Blackwood mußte an die Worte des Reitlehrers denken: *Sie haben jetzt das Kommando.*

An der Treppe erwartete ihn Ralf. »Es war nicht meine Schuld!«

Ruhig sah Blackwood ihn an. »Was genau ist passiert?«

Erstaunt fragte Ralf: »Hat Sergeant Greenaway nicht ...«

»Niemand hat etwas gesagt. Was hast du denn erwartet?«

»Greenaway hat versucht, mich vor den Männern zum Narren zu machen«, erwiderte Ralf. »Ich kann aber meinen Dienst durchaus ohne das Dazwischentreten solcher Leute erfüllen.«

Ralfs gereiztes Gesicht verursachte Blackwood fast Übelkeit; er wies auf die Gräber, vor allem auf das eine, wo ein Säbel im Sonnenlicht glitzerte.

»Wir haben heute ein paar gute Männer verloren. Ohne dein törichtes Benehmen wären einige vielleicht noch am Leben. Also merk dir das und ändere dich!«

Ralf ließ den Kopf hängen. »Ich dachte, du wärst auf meiner Seite.«

»Das bin ich auch.« Fox erwartete ihn; Pläne mußten gemacht, der Weg mit den Dolmetschern besprochen werden. Viel Zeit zum Ausruhen war nicht. Aber auch das hier war wichtig. »Selbst vor einem Kriegsgericht«, fügte er hinzu. »Und nun geh an deine Aufgabe und sorg dafür, daß deine Leute essen und sich ausruhen. Zeig ihnen, daß du Interesse an ihnen hast und daß sie sich auf dich verlassen können.« Er berührte Ralfs Schulter, obwohl ihm mehr danach zumute war, ihn zu schlagen. »Daß etwas in dir steckt!«

Er schritt davon in dem Bewußtsein, daß Ralf – wie schon früher – gar nicht zugehört hatte.

Umringt von den Offizieren und älteren Unteroffizieren breitete Blackwood sorgfältig seine Karte auf dem Tisch aus. Im Licht der einsamen Laterne wirkte der Raum so spartanisch wie das ganze Arsenal.

Bald würde es wieder Tag werden. Kaum zu glauben, daß sie bereits seit gestern hier waren. Von draußen hörte man, wie die Marineinfanteristen von ihren Gruppenführern gemustert wurden und das Pferd mit umwickelten Hufen auf dem Kopfsteinpflaster stampfte. In der Nacht hatten sie vom gegenüberliegenden Ufer die Tornister geholt, und Blackwood war dabei auf einen Angriff gefaßt gewesen. Doch Bannatyres Spähtrupp hatte nichts entdeckt. Nur Leichen waren hinter dem Hügel gefunden worden.

Schade, daß sie das zweite Maschinengewehr in den Fluß geworfen hatten, dachte Blackwood. Im Arsenal wäre reichlich Munition dafür vorhanden gewesen; auch Verpflegung gab es in Mengen. Gerieten die Marineinfanteristen jedoch unvermutet in ein Gefecht, mußten sie sich von ihrem überschweren Gepäck und dem Gerät trennen.

Erstaunlich, wie ein gutes Essen und einige Liter Tee seine erschöpften Leute wieder hergestellt hatten. Trotz der Verluste und allem, was noch vor ihnen lag, konnten sie wieder Witze reißen.

Blackwood zeigte auf die Karte. »Wir werden die Stadt umgehen und uns ihr vom Südwesten her nähern. Auf diese Weise meiden wir die stark bevölkerten Stadtteile sowie ein weiteres, vermutlich schwer bewachtes Arsenal. Die Truppen Admiral Seymours haben anscheinend das Hsiku-Arsenal im Norden besetzt und werden dort jetzt belagert. Unsere Schiffe müssen sich beim Angriff auf die Forts konzentrieren.« Er bemerkte, wie Sergeant Kirby nach vorn sank, als wolle er die Karte genauer studieren. Der Mann war unglaublich tapfer – und töricht dazu. »Ich beabsichtige, im ersten Tageslicht aufzubrechen und bei Einbruch der Dämmerung in die Stadt einzudringen.« David blickte in ihre gespannten Gesichter. Nun hing viel von den Informationen der Dolmetscher ab; über eine Stunde hatte er ihnen seine Taktik erläutert und war erstaunt, wie schnell sie seine Gedankengänge begriffen hatten. Das Mädchen aus Tientsin hatte seinen ursprünglichen Plan sogar abgeändert und ihm von einem langen, leeren Abwassergraben erzählt. Dieser ging von der Südwestmauer der Stadt aus und war ursprünglich dafür bestimmt, die seltenen, dann allerdings gewaltigen Regengüsse abzuleiten.

War das nicht genau die Stelle, die der Gegner überwachen würde? Doch warum sollte er? Die Verteidiger waren eingeschlossen und konnten nicht ausbrechen, die einzige wirkliche Gefahr drohte von See her. David lächelte gequält. Sein Plan war wohl der verrückteste, von dem er je gehört hatte.

»Ich habe einen Karren besorgt, Sir«, sagte Fox. »Ganz nützlich, um Verwundete oder sonst was zu transportieren.« Er befaßte sich nur mit Einzelheiten; die Frage des Risikos und des Überlebens war nicht seine Sache.

»Wir werden einige gute Späher brauchen«, bemerkte de Courcy.

David warf Sergeant Greenaway einen Blick zu. Der nickte und sagte: »Geht in Ordnung, Sir.«

»Ich habe mir eine Reservefahne geliehen, Sir«, warf Chottock, der Fahnenunteroffizier, ein. »Damit unsere nicht Schaden nimmt.«

Gelächter klang auf, denn alle wußten, was Chittock unter »ausleihen« verstand.

Blackwood richtete sich auf und sah jeden der Reihe nach an. »Noch etwas, und das muß ausdrücklich gesagt sein: Ergeben kommt nicht in Frage. Es würde die Qual nur verlängern.« Er zwang sich zu einem Lächeln. »Also dann, klar zum Abrücken!«

Als die anderen gegangen waren, fragte Gravatt: »Wollen wir das Arsenal sprengen, Sir?«

»Nein. Damit würden wir das Überraschungsmoment verspielen. Im Augenblick scheint der Gegner zu glauben, wir hätten uns mit der *Mediator* zurückgezogen.«

Gravatt lachte. »Das wäre auch das Vernünftigste gewesen.«

»Sie sind hier jetzt der zweite Mann, Toby. Überlegen Sie gut, was Sie gegebenenfalls tun wollen.«

»Ein ernüchternder Gedanke, Sir.«

Blackwood klopfte ihm auf die Schulter. »Nehmen Sie meinen ... äh ... Mr. Blackwood mit.« Er sah Gravatts Erstaunen. »Und behalten Sie ihn um unserer aller Sicherheit willen gut im Auge.«

Gravatt nickte, er hatte verstanden. Wahrscheinlich ahnte er, was es Blackwood gekostet hatte, das zu sagen. Doch jetzt stand mehr auf dem Spiel als Familiensinn.

Er blickte an seiner Uniform herunter und stöhnte: »Mein Gott, wie sehen wir aus!« Rock und Hose waren wie bei allen anderen in ein Faß Tee getaucht worden und nun braun gefleckt – eine gute Tarnung. »Möchte nur wissen, was mein Schneider dazu sagen würde.«

Im Hof stand Greenaways Spähtrupp. David mußte plötzlich an Blair denken, der seinen Leuten immer vertraut hatte. Das zahlte sich jetzt aus. Da waren sie alle: Korporal O'Neil, Dago Trent, Roberts, der Meisterschütze, der angeblich von einem Bauernhof kam, aber wahrscheinlich ein Wilderer war. Und noch ein paar andere, deren Gesichter ihm so vertraut waren wie sein eigenes.

Sergeant Greenaway schritt schwerfällig auf ihn zu. »Abmarschbereit, Sir.« Er zögerte. »Kommt ein Offizier mit?«

»Nein, Sergeant.« Es war peinlich zu sehen, wie erleichtert er war. »Das ist nun allein Ihre Sache. Öffnet das Tor!«

Der Spähtrupp verschwand im Dunkeln. Von der Brustwehr herab rief ein Posten gedämpft: »Alles in Ordnung, Sir.«

»Ziehen Sie die Posten ein, Mr. Bannatyre, und übernehmen Sie die Nachhut. Und keine wilden Geschichten diesmal, Ian. Wir wollen versuchen, zusammenzubleiben.«

Zugweise rückten die Marineinfanteristen zum Tor, die Gewehre umgehängt, den Rücken unter dem Tornister gebeugt, mit zusätzlicher Munition, Verpflegung und allem, was sie unabhängig machte, bepackt.

Swan hustete höflich. »Hier sind wir, Sir.« Seine Zähne glänzten weiß in der Dunkelheit. »Er heißt Trooper.«

Blackwood lächelte. Er hatte das deutliche Gefühl, daß Blair ihm jetzt zusah. Er hob den Fuß in den Bügel, schwang sich in den Sattel und dachte dabei an die Morgenstunden in Hawkshill, wenn das taufeuchte Gebüsch beim ersten Galopp an ihm vorüberzog.

Swan trat zurück und sah zu ihm auf. »Ich wollte, ich hätte eines von diesen neuen Fotografierdingern, Sir. Der General wäre wirklich stolz auf Sie.«

Blackwood spornte das Pferd an. »Los, Trooper, zeig, was du kannst!«

Als er an den Reihen der Marines entlangtrabte, sah er, wie sie zu ihm herüberschauten, ihre Kameraden anstießen und grinsten. Zur Abwechslung mal ein bißchen Landkrieg, würde Fox es nennen.

Am Ende der Reihe hatte Jack Swan seine erbeutete Pike auf den Karren gelegt und fiel dahinter in Gleichschritt. Sein Bauch war gefüllt, seine Kehle nicht länger ausgedörrt, und er besaß genug Munition, zumindest für die nächste Zeit.

Wenn man's richtig überlegt, dachte er, mehr braucht man eigentlich nicht.

Der Abwassergraben war etwa drei Meter tief und mit grob behauenen, uralten Steinblöcken eingefaßt.

Den größten Teil des Tages hatten sich die Marineinfanteristen auf seiner gekrümmten Sohle weitergeschleppt und in der unerträglichen Sonnenglut nach Atem gerungen.

Immer wieder hatte Blackwood sie eine Verschnaufpause einlegen lassen. Bei dem schweren Gepäck konnte man nicht erwarten, daß sie schnell vorankamen. In der Ferne war die ganze Zeit das Bellen leichter Artillerie und das Krachen von Gewehrfeuer zu hören. Auch eine Rauchsäule war zu sehen, die sich undurchdringlich in den Himmel erhob.

Ein Melder kam die auseinandergezogene Kolonne entlang, sprang über die Spalten zwischen den Steinen und die großen Grasbüschel, die irgendwie die sengende Hitze überstanden hatten.

»Meldung von Mr. de Courcy, Sir.« Er rang nach Atem. »Die Mauer ist in Sicht.«

»Sagen Sie der Vorhut, sie soll anhalten.«

Sergeant Greenaway würde seine Späher in Deckung lassen; der wußte immer, was zu tun war.

Während Blackwood hinter dem Melder hereilte, rief Swan jemandem zu, ihm das Pferd abzunehmen. Selbst hier wollte er keinem anderen Blackwoods Schutz überlassen.

Bäuchlings lagen Gravatt und de Courcy zwischen den Steinen, hatten die Helme abgenommen und spähten über den Rand.

Gravatt trug Blairs Doppelglas um den Hals, auf dem Lederetui war getrocknetes Blut.

David zog sein eigenes Doppelglas heraus und robbte neben die beiden. In dem flachen Gelände sah er die schwelenden Hütten der Eingeborenenstadt und aus den festeren europäischen Häusern Funkenregen aufsteigen. Beim vorsichtigen Schwenken des Glases erkannte er die Mauer und die Sandsackwehr an der Südwestecke. Die kleine Chinesin hatte bisher völlig recht behalten.

Das Geschützfeuer schien aus einem anderen Stadtteil zu kommen. Man hörte jemand rufen, weitere Schüsse krachten in den Ruinen.

»Der Kampf scheint sich vor allem auf der anderen Seite beim Kanal abzuspielen«, sagte er ruhig. »Vielleicht versuchen einige unserer Leute, vom Peiho aus die Stadt direkt zu erreichen. Dann erwartet sie ein heißer Empfang.«

Gravatt zeigte auf eine weitere niedrige Mauer, die diagonal vor der Stadt verlief. Sie war offensichtlich die erste Verteidigungslinie der Gesandtschaftstruppen gewesen, bevor sie in die Stadt zurückgedrängt worden waren. Die niedrige Mauer war mit weißen Sternen übersät, Hunderte von Kugeln hatten ihre Spuren hinterlassen. In der Mitte der Mauer, gegenüber dem verrammelten Tor klaffte eine große, V-förmige Lücke. Sie mußte von einer Granate herrühren.

Gravatt wartete ab, bis er gelegentlich Bewegungen erkannte, wobei die Angreifer die Mauer als Deckung nutzten: weiße Röcke, darüber gekreuzte Patronengurte und rote Turbane.

»Nicht mehr als ein Dutzend, Sir.«

Blackwood schätzte die Distanz. Wenn sie aus dem Graben herauskamen, waren es noch etwa hundert Meter bis zum Tor. Eine Menge hing von der Intelligenz der Verteidiger und der Stärke der in der Nähe befindlichen Feindkräfte ab.

Im Abwassergraben konnten sie nicht weiter vorrücken. Seine Seitenwände waren eingefallen oder gesprengt worden, um einen Überraschungsangriff zu verhüten.

Der Himmel wurde dunkler, färbte sich im Westen rot wie Blut. David biß sich auf die Lippen. Hoffentlich war das kein böses Omen.

»Die Schießerei wird stärker, Sir.« De Courcy beobachtete ihn geduldig. »Vielleicht ein letzter Angriff, ehe die Nacht hereinbricht?«

Gravatt glitt hinab und setzte seinen Helm auf. »Besser wird die Lage nicht, Sir.«

»Das glaube ich auch.« Erneut erhob Blackwood das Glas. Die Boxer hinter der niedrigen Mauer fühlten sich so sicher, daß nur zwei die Stadtmauer im Auge behielten. Die anderen wandten ihr den Rücken zu, hatten ihre Waffen dagegengelehnt oder abgelegt.

Mit unbewegtem, grausamem Gesicht sah ein Boxer direkt zu ihm her. Einen Augenblick dachte Blackwood, er habe ihn entdeckt, doch die Augen des Mannes wanderten unbeteiligt weiter.

»Wir werden zangenartig von links und rechts angreifen. Nur ein Zug bleibt mit dem MG-Wagen und Fox' Karre in der Mitte.«

Zweifelnd beäugte ihn de Courcy. »Sie könnten uns in Schach halten und Verstärkung anfordern. Möglicherweise sind in den Ruinen oder dahinter noch weitere Boxer.«

»Ja, wir brauchen etwas, das unser gefallener Kommandeur eine ›Ablenkung‹ genannt hätte.« Er sah sich nach Swan um. »Bring Trooper her und hol den Fahnenunteroffizier und einen Hornisten.«

Es war ein seltsames Gefühl. Sein ganzer Körper schien plötzlich gewichtslos zu sein. Jetzt oder nie!

Er hörte das Pferd an den kauernden Marines vorbeistapfen und sah Chittock mit der verhüllten Fahne dicht hinter ihm.

»Nehmt eure Stellungen ein.« Mit dem Versuch eines Lächelns warf er einen Blick auf die Offiziere, seine Muskeln waren jedoch so verhärtet, daß er es kaum schaffte. Es war wie damals, als er meinte, sterben zu müssen, und statt dessen sein Viktoriakreuz verdient hatte.

»Viel Glück. Sagen Sie Ihren Leuten, sie sollen losrennen, sobald sie das Horn hören. Sonst fallen sie wie die Fliegen, ehe sie die Hälfte der Strecke zurückgelegt haben.«

Mit harten, fremden Gesichtern nickten sie.

Und zu Swan gewandt: »Nimm die Lappen von Troopers Hufen.« Dann lockerte er Säbel und Revolver.

Swan starrte ihn an. »Sie wollen doch nicht etwa da hinüber reiten?«

»Beobachtet mich genau«, wandte sich Blackwood an die anderen. »Wenn ich vorbeikomme, blast zum Angriff und rennt los, ganz egal, was passiert.« Und leise zu Swan: »Hörst du? Das Feuer wird schwächer. Bald wird es zu spät sein. Versteh doch, dafür bin ich hier.«

Dann schwang er sich in den Sattel und fühlte, wie das Pferd nervös zusammenzuckte. Vielleicht wußte es Bescheid oder konnte das Blut riechen.

Im Galopp ritt er durch den Abwassergraben dahin zurück, wo die Unteroffiziere ihren Männern Anweisungen zuzischten.

»Bajonett pflanzt auf!« Im Widerschein des Himmels wirkten die Klingen bereits blutrot.

Beim Karren warteten Ralf und die Männer mit dem Maschinengewehr. Schade, daß sie das jetzt nicht einsetzen konnten, dachte Blackwood. Doch später, wenn sie dann noch lebten, würden sie es sicher gut gebrauchen können.

Er warf sein Pferd herum und blickte zum Ende des Grabens zurück. Es herrschte absolute Ruhe, die Marines kauerten oder lehnten an den Wänden, einige kauten auf ihren Kinnriemen, die anderen blickten zu ihm auf.

»Was ist los, Ralf?« Das klang schärfer als beabsichtigt.

»Die Dolmetscher, Sir. Sie wollen weg.« Ängstlich setzte er hinzu: »Sie werden uns bestimmt verraten.«

Die beiden Dolmetscher traten zum Pferd, die kleine Hand des Mädchens streichelte es.

»Wir gehen jetzt«, sagte sie sehr bestimmt. »Dorthin, wo ich zu Hause bin.«

Blackwood dachte an den dichten Rauch und die zerschossenen Häuser. Zu Hause?

»Ist es denn dort sicher?« fragte er.

Sie faßte den Bügel. »Wo ist es schon sicher?«

Er nahm seinen Helm ab und griff zum Säbel. »Laßt sie durch. Und viel Glück!« Dann spornte er das Pferd an und trabte, den Säbel über der Schulter, an den wartenden Marines vorbei.

Hinter der langgezogenen Kurve standen der Hornist und die anderen unbeweglich.

»Blas zum Angriff!« Das Horn schmetterte übers Gelände, Blackwood spornte sein Pferd zum Galopp. Einen Augenblick glaubte er, Trooper wolle sich aufbäumen und ihn abwerfen. Doch nachdem er die Zügel angezogen hatte, streckte sich der kräftige Körper unter ihm und donnerte plötzlich über das freie Feld. Wie in einem wilden Traum erlebte er alles: das Horn schmetterte, die beiden Hälften seiner Kompanie brachen aus der Deckung hervor und rannten hinter ihm her.

Und da war schon die Mauer mit gaffenden Gesichtern und dem plötzlichen Krachen eines Gewehrs. Ein Boxer rannte direkt auf ihn zu, fiel aber mit einem schrecklichen Schrei zur Seite. Blackwoods Klinge war ihm in den Hals gefahren. Weiter ging es und durch die Bresche in der Mauer. Mehr Schüsse jetzt, doch die kamen von den vorrückenden Marines, die ohne zu zielen aus der Hüfte feuerten. Kampfbereit standen die restlichen Boxer an die Wand gedrängt, doch die Marines stürmten durch sie hindurch und die, die nicht fielen, wichen vor den blitzenden Bajonetten zurück.

Im Schutz der mittleren Gruppe hielt der Unteroffizier seine Fahne hoch. Seine leuchtend rote Schärpe hob sich grell von seiner zerknitterten, teebefleckten Uniform ab.

An der rechten Flanke fielen zwei Marineinfanteristen in den Staub und wurden unter dem Feuerschutz einer weiteren Gruppe auf den Karren gezogen und zur Mauer gefahren.

Blackwood galoppierte an den Barrikaden und narbigen Mauern vorbei, vorbei an überraschten Gesichtern, die zu ihm herunterspähten. Ihre Uniformen waren so verschieden wie die Flaggen über Seymours Schiffen.

»Öffnet das Tor!« Blackwood schwenkte seinen Säbel. »Schnell!«

Die Torflügel schwangen nach innen auf, und während Blackwood sein Pferd zügelte, stürmten seine atemlosen Männer mit weit aufgerissenen Augen hindurch.

Ein paar Schüsse pfiffen über die Köpfe, doch Blackwood bemerkte es kaum.

Irgendwo war ein Ruf zu hören: »Die Verstärkung ist da! Mein Gott, sie sind durchgekommen! Wer seid ihr, Jungs?«

Dann Fox' rauhe Stimme, so laut wie auf dem Exerzierplatz: »Die Royal Marines sind da, Freundchen!«

Blackwood tätschelte das Pferd und wartete, bis Swan bei ihm war. Erst beim Zuschlagen des Tores hinter ihm begriff er, daß sie es geschafft hatten.

Als er mit dem Pferd unter einen Mauervorsprung ritt, hörte er einen seiner Leute rufen: »Du hättest ihn sehen sollen! Wie damals beim Angriff der Leichten Brigade!«*

Das wäre in Blairs Sinne gewesen.

---

* Anm. d. Übers.: Anspielung auf ein Gedicht von Tennyson, das jeder britische Schuljunge kennt: »The Charge of the Light Brigade«. Es schildert den Angriff einer britischen Kavalleriebrigade auf russische Artilleriestellungen im Gefecht von Balaclava während des Krimkrieges 1854.

XIV Liebe und Haß

Blackwood saß unbequem auf einem Stuhl mit gerader Lehne, etwa drei Meter vom Schreibtisch entfernt. Er fühlte sich dadurch von dem Mann dahinter auf Abstand gehalten, und das war vermutlich auch beabsichtigt.

Oberst Sir John Hay von der Garde-Infanterie hatte ihn kommen lassen, sobald die Royal Marines in ihrer vorläufigen Unterkunft eingetroffen waren. Das lange Steingebäude hatte früher als Stall gedient; wenigstens Trooper würde sich hier wohlfühlen.

Bei dem Gedanken mußte er lächeln. Wie alles andere war auch das irgendwie unwirklich: Sergeant Kirbys Rückkehr, der verrückte Vorstoß zu Pferde, die Jubelrufe seiner Männer...

Aber es hatte an seinen Kräften gezehrt. In seinem Schädel hämmerte der Schmerz, und ihm fiel wieder ein, was der Marinearzt über seine Gehirnerschütterung gesagt hatte.

Oberst Hay war wohl die seltsamste Figur, die man in so einer prekären Situation erwarten konnte: groß, breitschultrig, mit aufgezwirbeltem blonden Schnurrbart und strahlenden, blassen, fast farblosen Augen. Sein Grinsen war grimmig wie seine Stimme.

Blackwood mußte an Hays erste Worte für die erschöpften Marines denken, die geduldig auf einem Platz warteten, über den der Gestank von Leichen unter den Trümmern wehte. Nach dem, was sie geleistet hatten, um nach Tientsin zu kommen, hatte Blackwood zumindest eine kurze Willkommensrede erwartet.

Doch Hay schien vor Ungläubigkeit fast außer sich zu sein. »Ist das alles? Was ist mit unserem Entsatz geschehen?« Vorwurfsvoll sah er Blackwood an. »Wie viele haben Sie mitgebracht, um Himmels willen?«

So ruhig wie möglich hatte er geantwortet: »Siebzig Offiziere und Marineinfanteristen, Sir.« Und mit einem erzwungenen Lächeln: »Dazu zwei österreichisch-ungarische Seeleute, die wir unterwegs aufgesammelt haben.«

Hay war nicht sehr erfreut. »Man hat uns Verstärkung versprochen.« Er warf einen angeekelten Blick auf die Marines in ihren teebefleckten Uniformen und dreckigen Stiefeln »Mein Gott, sie sehen aus wie...« Mehr hatte er nicht gesagt. Damals wie jetzt bildete Hay in seinem roten Waffenrock und den goldenen Schulterstücken einen krassen Gegensatz zu ihm. Trotz der Kämpfe in der Stadt war kein Staubfleck auf seiner Uniform.

Blackwood setzte sich bequemer zurecht. In seinem scharlachroten Waffenrock, den Swan hastig ausgebürstet hatte, fühlte er sich beengt.

»Wir repräsentieren hier die britische Regierung«, sagte Hay hitzig. »Als ranghöchster Offizier in Tientsin erwarte ich, nein, verlange ich ein jederzeit tadelloses Aussehen. Das ist die einzige Möglichkeit, diesen Leuten hier Respekt einzuflößen.«

Blackwood war sich nicht ganz klar, wen er mit ›diesen Leuten‹ meinte, die Chinesen oder die alliierten Truppen, die den größten Teil der Verteidiger ausmachten.

Hay wandte den Kopf und starrte zum dicht verhängten Fenster. »Wir haben hier rund zweitausend Soldaten: Russen, Franzosen, Amerikaner, Japaner und natürlich meine Männer. Wir müssen eine Abwehrfront von etwa fünf Meilen verteidigen. Die Barrikaden am Fluß und am Kanal stellen einen wesentlichen Schutz dar. Irgendein amerikanischer Ingenieur namens Hoover hat die Planung gemacht. Recht gute Arbeit.« Das klang gönnerhaft, als sei es nicht von wesentlicher Bedeutung.

Blackwoods Kopf schmerzte immer schlimmer, mehr als alles andere fehlte ihm der Schlaf. Es schien ihm schier unglaublich, daß sie erst an diesem Morgen vom Arsenal abmarschiert waren. Jetzt war fast Mitternacht, und er mußte sich auf Hays scharfe, gereizte Stimme konzentrieren.

»Schade, daß Sie das Magazin nicht in die Luft gejagt haben. Der Gegner verfügt schon jetzt über reichlich erbeutete Waffen. Hier ist die Hölle los, und zu allem Überfluß müssen wir auch noch für die Zivilisten, für Frauen und Kinder sorgen.«

»Wie stark ist der Gegner, Sir?«

Hay blickte ihn an, als erwarte er eine Falle. »Man schätzt ihn auf etwa zehntausend Mann, und jeden Tag kommen weitere dazu. Ohne Verstärkung gibt es hier bald nichts mehr zu verteidigen. Irgendjemand sollte versuchen, noch einmal mit der chinesischen Regierung zu verhandeln. Dieser Aufstand muß sofort unterdrückt werden.«

Es war sinnlos, Hay zu erläutern, daß es sich nicht mehr um einen Aufstand, sondern um Krieg handelte. Deshalb sagte er nur: »Das ganze Land hat Angst vor den Boxern.«

»Sie müssen es ja wissen.« Wieder das grimmige Grinsen. »Über die Royal Marines habe ich einiges gehört.«

»Wir haben den Kommandeur verloren, ein weiterer Offizier und dreiundzwanzig Mann sind gefallen oder verwundet. Von den früher Verwundeten sind einige freiwillig wieder zu uns gestoßen.« Verbittert setzte er hinzu: »Wenn es darauf ankommt, können wir immer unseren Mann stehen.«

Hay wechselte das Thema. »Ich teile Ihren Leuten den Südwestsektor zu: einige Befestigungen, ein paar gute, starke Gebäude und ein Hotel, das wir den Zivilisten zur Verfügung gestellt haben. Unseren natürlich.«

Natürlich. Was war der wahre Grund seiner Abneigung? überlegte Blackwood. Die Gesichter seiner Männer fielen ihm ein, als Hay ihr Aussehen kritisiert hatte. Einen Augenblick lang hatte er befürchtet, jemand würde aus dem Glied heraus ein Zorneswort rufen. Aber wie stets hatte Kritik auf die Marines nur anspornend gewirkt. Innerhalb einer Stunde standen sie wieder in ihren roten Röcken da, und die Knöpfe blitzten wie eh und je.

Mit einem Silbertablett, auf dem zwei große Gläser Whisky standen, betrat ein kleines chinesisches Mädchen in weißem Kittel den Raum.

Blackwood konnte sich nicht erinnern, darum gebeten zu haben, doch er war so müde, daß er es nicht mehr genau wußte.

Bei einem Granateneinschlag irgendwo in der Stadt erzitterte der Raum, und die Dienerin riß vor Entsetzen die Augen auf. Ihm fielen dabei die beiden chinesischen Dolmetscher ein. Ob sie überhaupt noch am Leben waren?

Der Whisky war gut und stark und wärmte ihn innerlich.

»Die Offiziere hier sind natürlich ein zusammengewürfelter Haufen«, sagte Hay und runzelte die Stirn. »Einige haben ihr Gepäck bei den ersten Angriffen eingebüßt, deshalb besteht kein Zwang zum Umziehen fürs Abendessen.«

»Ich habe auch keine Messeuniform bei mir, Sir.«

»Das sehe ich ein.«

Wieder wechselte Hay das Thema. »Morgen oder übermorgen werden sie wohl einen Großangriff starten. Aber solange wir die Rundumverteidigung aufrechterhalten können, sollte unsere Lage immer besser werden.«

Blackwood konnte den Mann nicht ansehen. Bei diesem Stand der Dinge schien es ihm unbegreiflich, daß er die Probleme, die sich aus der Verknappung an Verpflegung und Munition ergaben, einfach ignorierte.

»Die Boxer greifen niemals bei Nacht an«, bemerkte Hay. »Vielleicht funktioniert ihre Unverwundbarkeit nur am Tage, wie?« Sein kurzes Lachen klang wie Hundegebell. »Schade, daß Sie nicht gleich hierher kamen«, fuhr er fort, und erneut klang ein Vorwurf aus seinen Worten. »Die Geschichte da flußaufwärts war natürlich reine Zeitverschwendung. Dort haben Sie auch einen Ihrer Offiziere verloren, stimmt's?«

»Jawohl, Sir.« Blackwood stellte das leere Glas auf den Tisch. Hay hatte überhaupt nichts getrunken. Was war mit ihm los? In der einen Minute behandelte er ihn völlig gleichgültig, in der nächsten zeigte er sich über Dinge unterrichtet, die er nur von einem anderen erfahren haben konnte.

»O ja, wirklich tapfer, ohne Zweifel, aber natürlich nicht durchdacht.«

»Wer hat Ihnen vom Hoshun erzählt?« fragte Blackwood schroff.

Hay erhob sich und reckte die Schultern. »Ich hörte davon, als Admiral Seymours Vorausabteilung durch Tientsin kam. Außerdem traf ich, ehe Sie hier auftauchten, einige der Leute, die versuchten, nach Peking zurückzukehren.«

»Die Deutschen, die zu ihrer Pekinger Gesandtschaft wollten?« Ohne sich dessen bewußt zu sein, beugte er sich im Stuhl vor.

»O ja, Graf von Heiser natürlich.«

Warum sagte er bloß immer »natürlich«? Blackwood versuchte es erneut. »Wie ich gehört habe, sind sie gut angekommen.«

»So, haben Sie das gehört?«

Er möchte, daß ich ihn bitte, dachte Blackwood. Aber wie kann er wissen oder ahnen...

Lässig bemerkte Hay: »Die Deutschen hatten sich für den Fall, daß die Bahnstrecke unterbrochen war, in Gruppen aufgeteilt. Zufällig haben die Chinesen an dem Tag, an dem sie ankamen, die Stadt für alle Ausländer geschlossen. Die zweite Gruppe mußte also umkehren.« Hays Augen glitzerten im Lampenlicht. »Diese Deutschen wissen auch nicht alles. Tut ihnen ganz gut, auch mal auf Hindernisse zu stoßen.« Wieder das knappe, humorlose Lachen.

Der Oberst zog seine Uhr. »Sie gehen jetzt besser wieder zurück in Ihren Sektor. Vergessen Sie nicht, die Wachen zu verdoppeln. Alle Plünderer werden ohne Warnung erschossen. Und beim Hellwerden haben Sie in Ihren Stellungen zu sein.« Er war entlassen.

Blackwood ging durch den Vorraum, wo ein müde aussehender Diener dabei war, die Stiefel des Obersten zu polieren. Ein seltsamer Vogel, dieser John Hay, dachte er. Wollte er mit seinen Bemerkungen nur irgendetwas anderes verdecken? Er wirkte so ungeheuer selbstsicher, vielleicht zu selbstsicher.

Die warme Nachtluft brachte ihn zum Gähnen; aber ehe er mit Gravatt sprach, mußte er erst noch die Postenreihe abgehen.

Es herrschte Totenstille, doch am Himmel konnte man immer noch den Widerschein der Brände und treibenden Rauch sehen.

Als er auf den Sektor zurschritt, wo sie nur wenige Stunden zuvor durch das Tor gestürmt waren, sah er, wie sich Swan aus dem Schatten löste.

»Du solltest dich ausruhen, Swan.«

Prüfend sah Swan ihn in der Dunkelheit an. »Ein chinesisches Mädchen brachte diesen Brief für Sie, Sir.« Dann konnte er sich nicht mehr länger verstellen und grinste über das ganze Gesicht. »Es war unsere kleine Anna.«

Blackwood drehte den Umschlag in seinen Händen.

»Sag Mr. Gravatt, er soll zu mir kommen.« Nachdem Swan davongeeilt war, kauerte er sich in den Eingang eines verlassenen Gebäudes, öffnete beim Licht seines Feuerzeugs den Umschlag und hielt das einzelne Notizblatt in den flackernden Schein.

Bitte komm, stand darauf. Unterzeichnet war es mit einem F.

Friederika war hier! Hay kannte also den Grund für seine bangen Fragen oder würde ihn bald wissen. Ihretwegen mußte er vorsichtig sein.

Mit knirschenden Schritten näherte sich Gravatt aus der Dunkelheit. »Ich habe die Posten inspiziert, Sir, und das Maschinengewehr auf einem Dach postiert. Die Männer sind dort durch eine Barrikade aus Sand- und Getreidesäcken geschützt. Mehr können wir nicht tun.«

»Bei Hellwerden in den Stellungen sein, Toby.«

»Ich weiß, Sir.«

Blackwood fragte ihn nicht, woher er das wußte.

»Rufen Sie mich, wenn Sie mich brauchen.«

Gravatt sah ihn in Richtung Hotel davongehen. Er hatte gesehen, wie Anna den Brief an Swan übergab; der Rest war leicht zu ahnen.

Er nahm den Helm ab und fuhr sich mit dem Finger rund um den Uniformkragen. Plötzlich beneidete er Blackwood. Nur einmal wieder die Hand einer Frau halten, sich seine Ängste von der Seele reden, so tun, als ob es noch eine Zukunft gäbe ...

Seufzend ging er um die Ecke, um den letzten Posten aufzusuchen.

Das Hotel, das Hay erwähnt hatte, lag hinter dem Sektor der Marines. Zu beiden Seiten war es von starken, verbarrikadierten Steingebäuden flankiert, auf deren Dach Gravatt ihr einziges Maschinengewehr postiert hatte. Wenn er überlebte, würde er eines Tages ein guter Stabsoffizier werden, dachte Blackwood. Denn stürmte der Gegner das Tor und drängte die Marines zur nächsten Verteidigungslinie zurück, konnte ihnen das MG vom flachen Dach her Feuerschutz geben und ohne Stellungswechsel noch über die Verteidigungslinie hinwegschießen.

Das mit Jalousien und Vorhängen abgedunkelte Hotel roch nach muffigen Teppichen und Verfall: der letzte Ort, den sich ein Europäer ausgesucht hätte, um sein Leben zu beenden.

Der britische Soldat am Empfang musterte Blackwood mit offensichtlichem Mißtrauen.

»Sir, nach Dunkelheit dürfen wir kein militärisches Personal hineinlassen. Das sind die Bestimmungen, Sir.«

»Oberst Hay hat gesagt, das ginge in Ordnung.«

Der Mann schien erleichtert. »In dem Fall, Sir ...« Er wies zur Treppe.

Blackwood eilte die Stufen hinauf. Der Soldat konnte seinen vorgesetzten Offizier anrufen, um seinen Besuch zu melden, doch er bezweifelte das. Schlaf war hier vermutlich ein seltenes Geschenk, und es gehörte viel Mut dazu, einen Offizier zu wecken.

In einem Lehnstuhl vor ihrer Tür kauerte eine kleine Gestalt.

»Hallo, Anna.«

Das Mädchen nahm seine Hände in die ihren und wiegte sich vor Kummer hin und her.

»Nach und nach wir alle erledigt, Sir«, flüsterte es. »Boxer kommen und hauen den Kopf ab. Alle tot.«

Ihre grauenhafte Angst war für Blackwood fast fühlbar, ebenso ihre Treue, mit der sie zu ihrer deutschen Herrin hielt.

Er ließ ihre Hände los und klopfte vorsichtig an die Tür.

Friederike öffnete sofort, sie schien dahinter gehorcht und gewartet zu haben.

Leise schloß er die Tür und folgte ihr in das halbdunkle Zimmer. Eine Lampe warf schwaches Licht, ansonsten lag der Raum im Dunkeln, die Luft war feucht und unbewegt.

Sie trug dasselbe dunkelblaue Gewand wie damals, als er mit Swan in ihre Kabine gestürmt war. Im schwachen Schein der Lampe glänzte ihr offenes Haar golden.

Er nahm sie bei den Schultern und zog sie an sich, ohne eine Gegenwehr zu spüren.

»Als ich die Aufregung und die Jubelrufe hörte«, sagte sie, »wußte ich, daß du es warst. Du mußtest es einfach sein.« Suchend sah sie in sein Gesicht. »Du bist nicht verletzt? Ich hörte, daß du Schweres durchgemacht hast, daß Männer getötet wurden.«

»Ja, einige. Gott sei Dank, daß du in Sicherheit bist, Friederike.« Wie leicht war es, sie beim Namen zu nennen.

»Als Oberst Hay von der deutschen Gruppe erzählte, konnte ich nicht glauben, daß auch du hier sein könntest.«

Er zog sie noch dichter an sich, strich ihr über das Haar, empfand ihre weiche Wärme; der Traum war Wirklichkeit geworden.

»Bist du allein hier?«

Sie legte den Kopf an seine Schulter. »Ja. Manfred hat sich nach Peking durchgeschlagen. Er wird dort gebraucht. Baron von Ketteler soll von chinesischen Soldaten ermordet worden sein. Aber alles ist so ungewiß.« Sie sah ihn wieder an. »Außer daß du gekommen bist. Zu mir.«

Irgendwo in dem muffigen Hotel schlug eine Uhr. Es klang wie ein Klagelied. Eine Stunde nach Mitternacht.

»Ich brauche frische Luft«, sagte sie plötzlich. »Wenn ich bei gelöschtem Licht das Fenster öffne, kann das doch nicht gefährlich sein, oder?«

Zögernd gab er sie frei. Hatte sie das mit Bedacht gesagt und sich nun wieder in der Gewalt?

Während sie die langen Vorhänge öffnete und die schweren Jalousien vom Fenster schob, drehte er die Lampe aus.

»Schau den Mond, David!« Das klang aufgeregt wie von einem Kind.

Hinter ihr, die Hände um ihre schmale Taille, schaute er über die belagerte Stadt. Was nützte es, an morgen zu denken? Das war sinnlos.

»Wird Hilfe kommen, David?«

Er fühlte, wie sie schauerte, doch als er ihren Hals berührte, war er heiß wie im Fieber.

»Meine Leute sind in deiner Nähe. Wir werden dich schützen, ganz egal, was geschieht.«

Sie überlegte. »Wenn aber die Boxer in die Stadt kommen, David, dann heißt das ...«

»Es heißt, daß wir es nicht geschafft und dafür bezahlt haben.« Er zwang sich, das Bild der ermordeten chinesischen jungen Frau und ihres Babys aus seiner Erinnerung zu bannen. »Aber du kannst dich darauf verlassen, wir werden uns hier vor dich stellen.«

Sie wandte sich in seinem Arm um und musterte ihn, obwohl Blackwood ihr Gesicht in der Dunkelheit nicht sehen konnte.

»Nun fühle ich mich sicher.«

Er bückte sich und küßte sie leicht auf den Mund. Ohne sich ihm zu entziehen, küßte sie ihn wieder. Erst als er seine Hand in ihr Gewand schob und ihre Brust berührte, rief sie: »O mein Gott, David, ich darf nicht!«

Doch seine Hand blieb auf ihrer Brust liegen, die lebendig war, warm und unter ihrem heftigen Herzschlag pochte.

Sie lehnte sich an ihn, ihr Haar berührte seinen Mund. »Ich kann nicht«, stöhnte sie. Dann befreite sie sich aus seinen Armen und wich ein paar Schritte zurück. »Aber was sage ich da, David? Wir machen uns nur etwas vor. Ich sah es auf deinem Gesicht, als du hereinkamst: Wir werden nicht überleben!«

Plötzlich zog sie an der Schnur um den Hals und ließ ihren Umhang zu Boden sinken. Im blassen Mondlicht zeichnete sich ihr wundervoller Körper so deutlich ab, als sei sie nackt.

Wieder nahm er sie in die Arme, beschwichtigte ihre Verzweiflung, das heftige Zittern, das durch ihren ganzen Körper ging.

»Ich will dich, Friederike«, sagte er heiser. »Ich will dich jetzt. Dann kann morgen geschehen, was will.«

»Ich weiß«, nickte sie an seiner Brust. »Aber es ist so lange her bei mir, deshalb fürchte ich mich – ein bißchen.«

Blackwood fühlte, wie sie zitterte, und konnte sich vorstellen, was es sie kostete, ihre Gefühle zu offenbaren.

»Ich schließe die Tür«, murmelte er. Als er Säbel und Revolver ablegte, beobachtete sie ihn. Die Wahrzeichen des Krieges konnten ihnen jetzt nichts mehr anhaben – bis der Tag anbrach.

Vorsichtig legte Blackwood seine Waffen auf einen Stuhl und knöpfte wie mit linken Händen seinen Uniformrock auf. Nicht einen Gedanken verschwendete er daran, was geschehen würde, wenn die Boxer doch bei Nacht angriffen.

Er wandte sich um und dachte einen Augenblick, er habe sich alles nur eingebildet. Sie war verschwunden.

Dann hörte er aus dem Finstern ihre Stimme. »David!«

Er ging hinüber und sah ihre Arme, die sich ihm vom Bett entgegenstreckten. Sein Fuß verfing sich in dem achtlos hingeworfenen Nachtgewand, dann beugte er sich über sie. Im schwachen Mondlicht schimmerte ihr Körper hell, ihr Haar lag aufgelöst um ihre Schultern. Ihre Hände ballten sich zu Fäusten, als er ihre Haut berührte. Er streichelte ihre Brüste, die zarte Wölbung des Magens, die Schenkel. Mit einem leisen Aufschrei warf sie den Kopf hin und her, als quäle sie ein innerer Widerstand.

Blackwood legte seine Kleider ab und setzte sich neben sie. Er küßte sie und fühlte, wie sich ihre Lippen öffneten. Erst als er über ihr kniete, zeigte sie wirklich Angst.

Sie streckte die Arme nach ihm aus, klammerte sich an seinen Körper.

»Bitte, sei sanft!«

Ihm war, als ob er fiele. So etwas hatte er noch nie erlebt. Alle Scheu vergessend, hob sich ihre Hand und leitete ihn. Dann stöhnte sie auf und bäumte sich ihm entgegen, um ihn zu empfangen und zu halten.

Danach lagen sie noch lange, ohne sich zu rühren. Als er sich von ihr lösen wollte, packte sie mit beiden Händen seinen Kopf und flüsterte: »Nein, bleib. Ich fühle dich noch immer. Versuch in meinen Armen zu schlafen.«

So geschah es. Das Fenster war vom ersten Grau gesäumt, da rührten sie sich zum ersten Male, und zugleich erwachte wieder ihr Verlangen zueinander. Erneut liebten sie sich mit der Raserei von Schuldbewußten.

Blackwood konnte erst wieder klar denken, als er, sich die Waffen umschnallend, zur Treppe eilte. Eigentlich hätte er völlig erschöpft sein müssen, denn er konnte sich nicht erinnern, überhaupt geschlafen zu haben. Nur an ihre Stimme erinnerte er sich, die seinen Namen rief, und an die Leidenschaft ihres Körpers, der wie aus einer Falle befreit schien.

Kurz blieb er draußen auf der von Trümmern bedeckten Straße stehen und starrte in den blasser werdenden Sternenhimmel.

Er hatte das Gefühl, nun für alles gewappnet zu sein.

Sergeant Tom Greenaway rüttelte probeweise an der primitiven Barrikade aus Eisenschienen, Geröllblöcken, umgekippten Karren und Getreidesäcken. Sie rührte sich nicht. Er warf einen Blick auf die beiden Posten, die wie Zwillinge beieinander standen.

»Alles ruhig, Sergeant.«

»Gut.« Greenaway stellte sich auf ein Wagenrad und spähte ins Dunkel. Bald würde es hell werden. In dieser Weltgegend stieg die Sonne wie ein Feuerball hoch, ohne langes Zögern.

Die fahlen Schatten der Boxerleichen lagen wie alte Wäschebündel vor ihm. Zwei von ihnen hatte er beim Sturmangriff selbst getötet. War das erst gestern gewesen?

Dago Trent kicherte. »In der Nacht hat man uns noch was zu futtern gebracht, Sergeant. Hier läßt's sich leben!«

Der andere, ein junger Rekrut namens Vicary, fragte: »Rechnen Sie damit, daß diese Schufte heute angreifen, Sergeant?«

Greenaway dachte nach. »Wahrscheinlich. Bleiben sie weg, können sie nur verlieren. Außerdem wird ihre Verpflegung knapp, so wie das auch bei uns war.« Armes Schwein, dachte er, bisher hat er es ganz gut gemacht, doch er ist noch unerfahren.

»Offizier kommt«, zischte Dago Trent.

Greenaway straffte sich. Es war der Sekondeleutnant, also würde er seine Zunge hüten müssen.

»Alles in Ordnung, Sir«, meldete er forsch.

Ralf musterte die Posten. »Haltet die Augen offen.« Und zu dem Rekruten gewandt: »Wie heißt du?«

»V ... Vicary, Sir.« Bei jeder Aufregung stotterte der Junge.

Greenaway wandte sich ab und blickte über die Mauer hinaus, wo Hauptmann Blackwoods Pferd einen so großartigen Sprung gemacht hatte. Wie konnten er und sein Vetter nur so verschieden sein?

»Hör zu, Vicary«, sagte Ralf, »du solltest langsam wissen, daß du auf Posten ...«

»Er ist noch nicht lange im Corps«, warf Dago Trent grob ein.

»Halt den Mund! Lassen Sie so was zu, Sergeant?« Ralf starrte Greenaway an, der immer noch auf dem Wagenrad stand und sich offensichtlich heraushalten wollte. »Hören Sie, Sergeant ...«

»Still!« zischte Greenaway, der auf den Offizier gar nicht geachtet hatte. »Irgend etwas stimmt da nicht. Ich glaube, nein, ich weiß, eine der Leichen hat sich bewegt.«

»Seien Sie kein Vollidiot, Sergeant!« Plötzlich begriff Ralf, was Greenaway gesagt hatte. »Das ist doch Unsinn, Sie sehen Gespenster!«

Von wegen, du blöder Hund! Laut sagte er: »Dort, in fünfzig Meter Entfernung. Bei den zerrissenen Sandsäcken.«

Ralf spähte ins Dunkle. »Sie müssen sich getäuscht haben.« Diesmal fehlte seiner Stimme jedoch die Überzeugungskraft.

Die Kleider einer Leiche blähte ein leichter Wind, und Ralf fuhr fort: »Meinen Sie das? Ist es der Wind, den Sie gesehen haben?«

»Irrtum.« Greenaway konnte sich kaum noch beherrschen.

»Warum gehen Sie nicht hin und schauen nach?« Ralf war völlig verwirrt.

»Warum gehen Sie nicht selbst, Sir?« kam es von Dago Trent.

»Halt dich da raus, Dago«, bellte Greenaway. Trent passierte es leicht, daß er ein bißchen zu weit ging.

»Ich werde dafür sorgen, daß Sie das noch bedauern, Trent! Wir stehen unter Militärstrafrecht, vergessen Sie das nicht!«

Greenaway erkannte die Gefahr. Insubordination gegenüber einem Offizier konnte sich wie die Pocken ausbreiten.

»Geben Sie mir den Befehl, da hinauszugehen, Sir?« fragte er.

Ralf fand sein Gleichgewicht wieder.

»Ja, das tue ich, verdammt noch mal!«

»Ist recht.« Greenaway nahm sein Gewehr und kletterte auf die Barrikade. Trent schickte sich an, ihm zu folgen.

»Du bleibst hier, gib mir Feuerschutz.« Mit einem Blick auf den Jungen fuhr Greenaway fort: »Du kommst mit, Vicary.«

Dago Trent warf sich in eine Ausbuchtung zwischen den Sandsäcken und legte das Gewehr zurecht. Leise murmelte er: »Aber wenn es die beiden erwischt, dann dich auch, du kleines Mistvieh!«

Stiefel scharrten über den Sand, David Blackwood schritt mit Swan die Barrikade ab.

»Wo ist Vicary?« Blackwood starrte seinen Vetter an. »Was zum Teufel geht hier vor?«

»Er ist mit Sergeant Greenaway draußen, Sir. Sie sehen nach einer Leiche.« Das klang schon nicht mehr ganz so sicher. »Greenaway glaubte, eine Bewegung zu sehen.«

»Hol sie sofort zurück!« Und zu Swan gewandt: »Den Hornisten, schnell!«

Ralf sprang außen von der Barrikade und eilte hinter den beiden Marineinfanteristen her. Einen Augenblick verlor er die Orientierung und wußte nicht mehr, wo er die Deckung verlassen hatte.

»Verdammte Pest!« Vorsichtig zog er seinen Revolver. Die Erinnerung an das Geschehen am Flußufer überfiel ihn wieder.

Da waren sie. Greenaway, der grobe Klotz, tappte suchend herum wie ein altes Weib. »Zurück, Sergeant!« rief Ralf.

Greenaway wandte sich um und starrte ihn an. »Sie wecken noch ganz China auf!« Doch da sah er, daß Vicary sein Gewehr hochriß. Eine der »Leichen« war aufgesprungen, die andere rollte sich herum und lief plötzlich davon.

Greenaway wurde es übel, aber er konnte nichts mehr tun. Erbarmungslos hieb die große Klinge in den Hals des jungen Marineinfanteristen. Vicarys Kopf fiel auf die Brust, die Gewalt des Schlages trennte ihn fast vom Körper.

Greenaway hob das Gewehr und schoß, riß das Schloß zurück und schrie: »Auf den anderen! Schießen Sie, um Himmels willen!«

Ralf hob den Revolver und feuerte, aber dabei blendete ihn der Mündungsblitz. »Ich kann ihn nicht mehr sehen!«

Der Sergeant packte ihn beim Arm und sagte grob: »Zurück mit Ihnen! Laufen Sie, solange Sie noch können!«

David Blackwood sah von der Barrikade aus das meiste und konnte sich den Rest denken. Weitere helle Gestalten erhoben sich und huschten wie Gespenster über das Schlachtfeld auf sie zu.

Swan kam zurück und warf sich neben Trent. Der sagte nur immer wieder: »Er war doch noch ein Kind! Ein armer, kleiner Junge!«

»Hornist, blas Alarm!« stieß Blackwood hervor.

Das Horn zerriß die Stille. Befehle erklangen, die Marineinfanteristen rannten aus ihren Unterkünften in Stellung.

Blackwood knirschte mit den Zähnen, denn immer mehr weiße Gestalten stürzten auf die Mauer zu. »Schicken Sie einen Läufer zum Befehlsstand des Obersten!«

Tief atmend stand Gravatt neben ihm. »Er weiß es bereits, Sir.«

»Auf Stationen! Bajonett pflanzt auf, Blick nach vorn!«

Ralf und Greenaway wurden über die Barrikade gezogen. Das hätte Ralf besser machen müssen, ebenso Greenaway, dachte Blackwood.

Über die kauernden Marines legte sich Stille, unterbrochen nur von den schrecklichen Geräuschen der langen Klingen, die auf Vicarys Leichnam einschlugen.

»Nicht schießen!« Das war Fox. »Sie wollen euch nur aus der Reserve locken!«

Dann folgte, für alle unerwartet, eine Explosion. Es mußte eine Mine gewesen sein. Die hohen Torflügel, durch die sie in die Stadt gestürmt waren, wurden völlig weggesprengt. Als in Blackwoods Ohren die Explosion verklang, hörte er rund um sich die Männer husten und Staub und Sand ausspeien.

Dann ein anderes Geräusch: Ein gewaltiges Bellen, ein erschreckender, haßerfüllter Chor.

»Da kommen sie!«

»Legt an! Fünfzig Meter!« Blackwood zog seinen im schwachen Morgenlicht glänzenden Säbel.

Es stimmte also. Die Boxer hatten sich an die Regeln gehalten.

XV Durchhalten und kämpfen

Im schwachen Sonnenlicht warf Blackwood einen schnellen Blick nach rechts und links. Auf der Mauer und an den Barrikaden waren alle auf ihren Posten. Die Szene glich den Gemälden in Hawkshill, bis auf die Helme mit ihren glänzenden Spitzen. Aber die roten Röcke und die entschlossenen Gesichter konnten von irgendeiner der hundert Schlachten in dem immer größer werdenden Empire stammen.

Das Getöse war betäubend; wie eine menschliche Woge dehnte sich die angreifende Masse der Boxer und kaiserlichen Soldaten nach beiden Seiten.

Ihr gemeinsames monotones Geschrei: »Scha! Scha!« übertönte alles und machte jedes Denken und Planen unmöglich: »Tötet! Tötet!«

Blackwood hob den Säbel. »Fertig, Jungs!« Die Bajonette schwankten und kamen dann zur Ruhe. Jeder Mann suchte sich sein Ziel. Doch das war unwichtig, denn sie konnten unmöglich vorbeischießen.

»Feuer!«

Feuerzungen flammten entlang der Barrikade auf, doch als die Soldaten ihre Schlösser aufrissen und nachluden, hatte die heranstürmende Horde die ersten Gefallenen bereits überrannt.

»Ruhig Blut!«

Gravatt sah ihn verzweifelt an. »Wir können sie nicht aufhalten!«

Blackwood zog seinen Revolver. »Schnellfeuer!«

So schnell krachten die Gewehre als Erwiderung, daß das einfallende Nordenfeldt-MG im Vergleich dazu langsam schien.

Unter dem stetigen Gewehrfeuer, das in ihre dichtgedrängten Reihen fiel, stockte der chinesische Angriff. Die neuartigen Geschosse rissen oft zwei, manchmal drei Mann gleichzeitig nieder. Trotzdem gingen sie wieder vor.

Das Maschinengewehr schwieg, Blackwood starrte hinauf zum flachen Dach. Die fünf Läufe wurden auf das gesprengte Tor gerichtet, durch das die ersten Boxer hereinströmten.

Blackwood mußte plötzlich an das Hotel irgendwo hinter sich denken. Wie wohl das Gebrüll und Gewehrfeuer auf die wirkten, die sich darin verbargen? Zu seiner Rechten erreichten die ersten Boxer die Barrikaden, ihre wilden Augen und markerschütternden Schreie konnten das stärkste Herz zum Stocken bringen.

Einige Marines waren auf die Barrikaden gesprungen, um sich

dem Angriff Auge in Auge entgegenstemmen. Angespornt von Fox und den anderen Unteroffizieren, stießen die Bajonette zu und wurden wie stählerne Zungen gleich wieder zurückgezogen.

Direkt vor Blackwood tauchte der Kopf eines Boxers auf; sein Schrei brach ab, als eine Revolverkugel seine Stirn durchschlug.

Endlich ratterte das Maschinengewehr erneut los und beharkte die in dichtem Keil vordringenden Körper am Tor. Einige versuchten zurückzuweichen, wurden aber von der vorwärts drängenden Menge niedergewalzt.

Unaufhörlich schwenkte das Maschinengewehr hin und her. Korporal O'Neil und sein Freund Willy Hudson kämpften ihre Angst nieder, zielten bedachtsam und konzentrierten sich auf das Tor.

»Sie weichen zurück, Sir.« Gravatt lud hastig seinen Revolver nach, der Schweiß blendete ihn fast.

Eine letzte Salve der Marines warf noch eine Reihe der Flüchtenden nieder, dann gab Blackwood Zeichen, das Feuer einzustellen.

Fremd drangen andere Geräusche durch die plötzliche Stille. Irgendwo in der Stadt blies ein Horn zum Rückzug. Vielleicht war eine Barrikade zusammengebrochen, und die Soldaten zogen sich auf die nächste Verteidigungslinie zurück.

»Sanitäter!« Blackwood überprüfte seinen Revolver und stieß ihn ins Holster zurück. Wie vertraut war dieser Ruf auf allen Schlachtfeldern! Einem vor Schmerz stöhnenden Kameraden versuchte Korporal Lyde die Blutung am Hals zu stillen. Nur ein oder zwei Mann hatten leichtere Wunden erlitten; trotzdem war es ein Wunder, daß sie den ersten Angriff aufgehalten hatten.

Ein Melder der Armee kam die Barrikade entlang, grüßte und übergab Blackwood eine Nachricht.

»Die Franzosen haben sich vom Bahnhof zurückziehen müssen, Toby. Die Boxer brennen weitere europäische Häuser nieder, töten und plündern beim Vormarsch.« Er blickte den jungen Offizier an. »Aber wir müssen diesen Sektor halten.« Ganz egal, was geschieht, hatte er zu Friederike gesagt.

Gravatt wischte sich Gesicht und Hals mit einem schmutzigen Taschentuch. »Links von uns steht japanische Infanterie und Kavallerie. Die geben nicht so leicht auf.«

Blackwood kritzelte etwas auf einen Notizblock und gab es dem Melder.

Jetzt brauchte Oberst Sir John Hay die Marines doch, dachte er bitter.

Er erinnerte sich, wie die Boxer die Japaner haßten. Alle fremden Teufel waren in ihrer Vorstellung minderwertig, das Land Nippon jedoch das minderwertigste von allen.

»Sie werden in Kürze wieder stürmen.«

Blackwood leckte sich die Lippen. Warum wurde er immer so durstig? Er wandte sich um und musterte die Verteidigungsanlagen, die Leichenhaufen unterhalb der Barrikade. Boxer, die sich tot stellten, mußten die Mine ans Tor gelegt haben. Nur Greenaways Erfahrung und die Auseinandersetzung, die ihn selbst hier bei den Posten aufhielt, hatte Schlimmeres verhütet.

»Wir müssen das Tor unbedingt wieder instandsetzen, Toby. Sobald es dunkel ist, schicken wir einen Bautrupp los.«

»Jawohl, Sir.« Gravatt zog Blairs Doppelglas aus der Tasche und beobachtete die große Staubwolke über den chinesischen Soldaten und Boxern. Wenn wir dann noch leben, dachte er.

Die von dem amerikanischen Ingenieur Herbert Hoover angelegten Verteidigungswälle hatten die Form eines Rechtecks. Ihre Stärke hing von der Zähigkeit der Verteidiger in jedem einzelnen Sektor ab. Zur Linken standen die Japaner, irgendwo im Süden, an der alten Lehmmauer, das US-Marinecorps und im Osten, am Fluß, die Franzosen. Damit war der alliierte Verband bis aufs äußerste beansprucht, vielleicht sogar darüber hinaus.

Blackwood beobachtete, wie sich die Chinesen erneut sammelten. Führer waren nicht zu erkennen, die vereinigte Armee schien ein homogenes Lebewesen zu sein.

Neben ihm zogen die Marineinfanteristen die Köpfe ein und hoben die Gewehre an die Wangen. Der führerlose Mob wälzte sich erneut gegen sie. Der am Hals getroffene Mann lag hinter der Barrikade, die Arme wie auf der Parade eng angelegt. Doch sein Gesicht war mit dem Helm zugedeckt.

Sergeant Davis vom ersten Zug erklärte mit seinem starken Waliser Akzent: »Das war Infanterist Frost, Sir.«

Blackwood kannte den Toten kaum. Er war einer von den Stillen gewesen, ein Mann vom Lande, doch seine familiären Bindungen an die Royal Marines waren älter als die Blackwoods.

»Sein Vater ist Fahnenunteroffizier auf der alten *Trafalgar*, Sir«, setzte Davis ergänzend hinzu. »Das wird ihn schwer treffen.«

Blackwood zog seinen Revolver. Die Sonne schien jetzt so heiß, daß er sich anfühlte, als habe er ihn gerade abgefeuert.

Sergeant Davis befeuchtete seinen Daumen und rieb über das Korn seines Gewehrs, damit es sich deutlicher abhob. Er kannte jeden Trick.

»Sie kommen diesmal langsamer. Heben sich ihre Puste für die letzten Meter auf.« Blackwood sah, wie seine Worte weitergegeben wurden. »Wir feuern erst auf fünfundzwanzig Meter. Ans MG durchsagen!«

Man brauchte Nerven wie Stahl, um regungslos zu bleiben, während eine schreiende Horde auf einen zustürmte. Und eine Disziplin, die gleichfalls hart wie Stahl war.

Erneut schoben sich die Gewehrläufe über die Sand- und Getreidesäcke, den Karren und die Balken.

Vor den anderen sprang ein Standartenträger der Boxer hin und her, ein so kräftig gebauter Mann wie der, den Blackwood auf der *Bajamar* niedergeschlagen hatte.

»Siehst du ihn, Swan?«

Swan nickte und schwenkte den Lauf ein paar Zentimeter nach rechts.

»Kein anderer schießt!« Blackwood zählte die Sekunden. »Jetzt!«

Der Kolben schlug gegen Swans Schulter zurück, wie ein sterbender Vogel flog die gelbe Standarte durch die Luft.

Doch das schien den Angriff nur anzuspornen; ein paar blieben befehlsgemäß zurück, andere, durch die Beleidigung ihrer Standarte zur Raserei gebracht, brachen aus dem Glied und liefen wie die Verrückten auf die Barriere zu.

»Legt an! Schnellfeuer!«

Das MG schüttete einen Kugelhagel in das gedrängt volle Tor und schwenkte dann hinüber nach rechts, wo die nächsten Boxer fast die Barrikade erreicht hatten.

Blackwood zog den Abzug durch und fühlte, wie der Rückstoß seinen Arm hochriß. Auch wenn er mehrere Feinde getroffen hatte, würde er das nichts ausmachen. Sie waren zu viele. Seine Magenmuskeln zogen sich zusammen, als erwarte er einen Hieb oder eine Kugel. Im Nachbarsektor bemerkte er Rauch und züngelnde Flammen und überlegte, ob der Feind dort schon durchgebrochen war. Wenn er erst einmal innerhalb des Verteidigungsringes war, würde er kaum noch aufzuhalten sein.

Die Gewehre krachten und blitzten, die Männer luden nach, und einige der Leichtverwundeten schleppten neue Kästen mit Munition heran.

»Da kommen sie!« Blackwood schwang sich auf die Barrikade, die zu wanken begann; wie ein Rammbock stürmte eine Welle von Boxern dagegen. Zu seinen Füßen bildeten schreiende Gesichter und Leichen ein wildes Durcheinander. Hackend und zustoßend, Klinge an Klinge, traten ihnen die Marines entgegen. Weiter zur Linken, beim Tor, waren einige Boxer durchgebrochen, sie teilten sich und rannten gegen die nächsten Hindernisse an. Doch packte sie Schnellfeuer in der Flanke, denn die Japaner stürzten sich ohne Rücksicht auf Verluste in einen Gegenangriff.

»Zweiter Zug, nach links auseinanderziehen!« Mit dem Säbel parierte Blackwood eine Pike und schoß seinen Gegner mit einer einzigen Kugel nieder. Ein weiterer Marineinfanterist fiel kopfüber von der Barrikade und wurde, noch ehe er den Boden berührte, in Stücke gehackt. Sein Nachbar schoß sein Gewehr leer und stieß dann mit dem Bajonett nach einem Boxer, der über die Leichen auf die Barrikade kletterte. Der Boxer holte mit seiner Klinge aus, und selbst als das Bajonett des Soldaten ihm in die Zähne fuhr, mähte sein Arm immer noch hin und her.

Auf ein Hornsignal hin stockte der Angriff. Auf einmal wichen sie, über Tote und Verwundete hastend, von der Barrikade zurück, gefolgt von einem Kugelhagel.

»Feuer einstellen!«

Nur in ihrem Rücken hörte Blackwood noch einzelne Schüsse, dort wurden die Eindringlinge jetzt in den engen Seitenstraßen gejagt. Er wandte sich um, einige weißbehelmte Trupps in Khaki-Uniformen eilten mit Wein herbei. Einer, ein Offizier, blieb stehen und strahlte ihn an.

»Guten Morgen, Herr Hauptmann.« Er überreichte Blackwood eine Flasche und einige Becher. »Man sagte uns, daß Sie hier seien.«

Blackwood erkannte, daß das deutsche Marineinfanteristen vom Seebataillon waren.

Gravatt goß drei Becher voll, etwas Wein rann wie Blut über sein Handgelenk.

»Vielen Dank, Herr Leutnant.« Blackwood hob seinen Becher. Es kam ihm seltsam vor, daß er, während sich der Feind nur hundert Meter entfernt zum nächsten Angriff sammelte, mit diesem unbekannten deutschen Marineinfanteristen plaudern konnte.

Mit einem Blick auf die schwitzenden Marines meinte der Deutsche: »Heiße Arbeit, was?«

Blackwood dachte an die abgelegten weißen Uniformen. Jetzt mußten sie für Hays Geltungssucht bezahlen.

Er wartete, bis Gravatt für seinen Melder etwas hingekritzelt hatte, und fragte dann leise: »Sie wissen, daß die Gräfin von Heiser im Hotel ist?«

Der Deutsche nahm den zurückgereichten Becher. »Ja, ich bin genau über sie unterrichtet, Herr Hauptmann.«

Blackwood wartete, bis der Becher wieder gefüllt war, und bemerkte, daß auch seinen Leuten noch mehr Wein gereicht wurde. Anscheinend bildeten alle Marineinfanteristen eine große Familie.

»Kennen Sie die Gräfin denn?« fragte der Deutsche höflich.

»Ja, recht gut.«

Er nickte. »Verstehe.«

»Sie kommen wieder, Sir!« rief Hauptfeldwebel Fox.

Blackwood wischte sich den Mund mit dem Handgelenk. Du verstehst gar nichts, mein Freund, dachte er. Laut sagte er: »Wenn Sie sie sehen...« Doch als Neugier in den Augen des Leutnants aufflammte, schloß er: »Ach, nichts.«

Der Deutsche schlug die Hacken zusammen und befahl dem Unteroffizier, seine Leute zusammenzurufen.

»Ich werde ihr alles berichten, Herr Hauptmann«, sagte er lächelnd.

Das Stimmengedröhn kam näher, Blackwood zog seinen Revolver, sah, wie seine Männer ihre Gewehre ergriffen, und wartete ab. Der Wein war eine nette Geste gewesen. Für einige würde es der letzte Trunk gewesen sein.

»Feuer!« Das Horn schmetterte, und vom Dach setzte wieder knatternd das Maschinengewehr ein. Würde es denn niemals enden? Es schienen Tausende zu sein, doch um in breiter Front vorgehen zu können, mußten sie entweder durch die Barrikade oder das Tor.

Schätzungsweise knapp sechzig Marineinfanteristen waren noch kampffähig.

Nur vor wenigen Stunden, dachte er, hatte sie noch in seinen Armen gelegen.

Wir müssen die Stellung halten, wir müssen sie halten! Diese Worte waren wie ein Gebet.

Seine Arme zitterten vor Erschöpfung, der Revolver war leer geschossen. Zur Rechten dröhnte Kirbys heisere Stimme, die seine Männer besser als jede Fanfare aufrütteln konnte.

»Los, ihr Muttersöhnchen!« Er litt offenbar unter starken Schmerzen, seine Stimme hörte sich fast wie die eines Wahnsinnigen an. »Schlagt die Hunde zurück!«

Kirbys Energie schien auf die wankenden Marines überzuspringen. In geschlossener, scharlachroter Linie rückten sie gegen die Boxer vor.

Wiederum dröhnte das Horn, zögernd begannen die Boxer, sich zurückzuziehen. Sie müssen Hunderte verloren haben, dachte Blackwood. Und doch rückten sie immer wieder mit weit aufgerissenen Augen, gefletschten Zähnen und Schaum auf den Lippen vor. Kein Wunder, daß die gewöhnliche chinesische Bevölkerung Angst vor ihnen hatte.

Ein Ruck an seiner Revolverleine verriet Blackwood, daß Swan die Waffe durchsah und für ihn nachlud.

In seinem Kopf dröhnte es wie von Hammerschlägen, und sein ganzer Körper bebte unaufhaltsam.

Einige Marines wanden sich im Dreck und ließen sich ihre Wunden verbinden; ein weiterer lag wie im Schlaf, seine leblosen Augen blickten gleichgültig Fremde und Kameraden an, die sich zur Abwehr des nächsten Angriffs rüsteten.

Das Horn zerriß die Stille. Gravatt murmelte: »Lieber Gott, laß mich jetzt nicht im Stich!«

Wie würde Ralf reagieren? überlegte Blackwood. Was würde er tun, wenn de Courcy etwas zustieß?

Dann wurde er von dem durchdringenden Ruf »Scha! Scha!« abgelenkt.

»Feuer!«

Das war die Hölle, dachte Blackwood. Der Himmel war nur ein Traum gewesen.

Hauptfeldwebel Arthur Fox trat gebeugt durch die Tür in den stickigen Raum und sah seine Offiziere unbewegt an.

Blackwood legte seinen Federhalter hin und schaute auf. »Alles ruhig?«

»Jawohl, Sir.« Fox musterte die anderen. De Courcy lag rücklings auf einer Decke, die Arme überm Gesicht verschränkt, als blende ihn die Lampe. Bannatyre saß auf einer leeren Kiste, ein unberührtes Glas Whisky in beiden Händen, und starrte ins Leere. Gravatt wirkte äußerlich ruhig, er atmete gleichmäßig und nippte an seinem Whisky. Trotzdem erlebte er jede einzelne der schrecklichen Minuten und Stunden dieses Tages noch einmal: die wahnsinnigen Angriffe, das Krachen des Gewehrfeuers, das gleichmäßige Rattern des Maschinengewehrs.

Nun war es wieder dunkel, und die Stadt schien friedlich.

»Drei Tote, Sir«, meldete Fox. »Zwölf Verwundete, sechs davon schwer.« Er sah den Schmerz in Blackwoods Gesicht. »Es hätte noch schlimmer kommen können, Sir.«

»Ich weiß.« Blackwood hatte sie sterben oder sich in Schmerzen winden gesehen. Beim letzten Angriff war Korporal Bill Handley gefallen, Korporal Lyde hatte einen Pikenstich in den Magen erhalten und würde die Nacht nicht überleben. Lyde würden sie schmerzlich vermissen. Er hätte den gleichen Rang wie Fox haben können, doch war er öfter degradiert worden, als er sich erinnern konnte. Gewöhnlich wegen einer Schlägerei in einem fremden Hafen oder weil er eine Kneipe in Portsmouth zertrümmert hatte.

Ich habe seit Tagen nicht geschlafen, ich bin nur noch eine Maschine.

»Haben Sie sichergestellt, daß die Männer ihre Rationen bekommen?« Das war eine überflüssige Frage. Trotz seiner wilden Drohungen kümmerte sich Fox vor allem anderen um seine Männer.

»Jawohl, Sir.« Ein Grinsen zog über sein Gesicht. »Und es gibt eine gute Nachricht, Sir: Ich habe einen chinesischen Wäscher aufgetrieben, der jetzt unsere weißen Uniformen wäscht und instandsetzt.«

Blackwood starrte ihn an. Fox war ein Phänomen. Oberst Hay konnte wüten und toben, so viel er wollte, die Marineinfanteristen würden anständig und sauber in den neuen Tag gehen.

»Einen Drink, Mr. Fox?«

»Danke, Sir.« Er nahm den Becher, doch er wirkte befangen.

»Wie ist unsere Gefechtsstärke?«

Fox verzog den Mund. »Sechzig Mann, mehr oder weniger einsatzfähig. Sergeant Kirby war ein Vorbild für die Verwundeten, das muß mal gesagt werden. Alle wissen, wie schlecht es ihm geht, deshalb versuchen sie, es ihm nachzutun.«

Swan spähte durch die Tür und wartete, bis Fox ihn erblickte. »Korporal Lyde ist tot, Hauptfeldwebel.«

Fox seufzte. »Ein guter Mann.«

Blackwood goß noch etwas Whisky in Fox' Becher. »Sie sind auch nicht gerade schlecht.«

»Wie wird das heute nacht, Sir?« fragte Gravatt.

»Ich kann innerhalb weniger Minuten eine Patrouille zusammenstellen«, erwiderte Fox.

Blackwood blickte zu de Courcy und Bannatyre hinüber. Sie waren großartig gewesen, aber nun mit ihrer Kraft am Ende. Das Tor mußte blockiert werden, an Material fehlte es nicht. Aber es mußte bald geschehen, ehe das Mondlicht zu stark wurde. Er versuchte, nicht an Friederikes wunderschönen Körper im silbernen Mondlicht zu denken. Nur einige Meter trennten sie, und doch war sie ihm so fern wie auf der anderen Seite der Erde.

»Mr. Blackwood soll eine Patrouille zusammenstellen.«

Er bemerkte, wie Gravatt zusammenfuhr und sogar de Courcy die Arme sinken ließ und ihn anstarrte.

Nur Fox schien verstanden zu haben: Tod oder Heilung. Das war eine ehrliche Sache. »Ich sorge dafür, Sir. Mr. Blackwood geht gerade Ronde mit Sergeant Davis.«

»Gut. Während das Tor repariert wird, soll der erste Zug in Bereitschaft stehen, der Rest, solange noch Zeit ist, schlafen. Geben Sie weißes Zeug aus, wenn die Posten abgelöst werden.«

»Wird gemacht, Sir.«

Fox schritt davon, ganz in Gedanken und ohne irgendein Anzeichen von Müdigkeit.

Gravatt gähnte. »Manchmal glaube ich, der alte Fox muß besondere Beziehungen zum lieben Gott haben.«

Blackwood sah wieder in sein Tagebuch, merkte aber, wie sein Kopf nach vorn fiel. Was hatte das alles noch für einen Sinn? Würde man jemals seinen Bericht lesen? Erneut versuchte er es: Nachschub, Munition, einsatzfähige und verwundete Marineinfanteristen, solche die noch kämpfen oder beim Nachladen helfen konnten. Und die, die niemals wieder kämpfen würden.

Swan stand an der Tür. »Sekondeleutnant Blackwood möchte Sie sprechen, Sir.«

Blackwood vergaß seine Müdigkeit. »Ich komme.« Offensichtlich wollte Ralf ihn allein sprechen.

Geduckt trat er durch die Tür, seine Augen gewöhnten sich schnell an die Dunkelheit und das blasse Sternenlicht. Es stank nach verbranntem Holz, Pulverdampf und Tod.

Wartend stand Ralf bei der Barrikade. »Ich habe es gerade erfahren. Du willst, daß ich mit einer Patrouille rausgehe?«

»Stimmt.« Blackwood warf einen Blick über die Barrikade: zwischen ihr und dem Tor lagen noch die Leichen. Alles war so still, kaum zu glauben, daß hier Menschen gekämpft hatten und gestorben waren. »Du kannst dir deine Leute selbst aussuchen. Es sollte eigentlich keine Gefahr bestehen, wenn du klaren Kopf behälst.«

Ralf sah zur Seite. »Und was ist mit dir? Wirst du hier das Kommando haben, während ich draußen bin?«

»Natürlich«, entgegnete Blackwood ruhig.

»Ich meine, ich möchte nicht gern, daß du einen Stellvertreter für die Sicherheit meiner Gruppe bestimmst.«

»Was zum Teufel meinst du damit?«

Ralf zuckte die Schultern. »Du warst ja auch vergangene Nacht im Hotel.«

Blackwood machte einen Schritt auf ihn zu, so daß Ralf zusammenzuckte. »Ich wiederhole nur, was mir jemand erzählt hat«, sagte er.

»Morgen, übermorgen, irgendwann kann ich fallen. Und auch die anderen Offiziere. Dann bist du der Verantwortliche. Hast du schon mal daran gedacht?«

Mit erstaunlicher Sicherheit sah Ralf ihn an. »Und hast du schon daran gedacht, was Tante Deirdre oder der General denken werden, wenn sie von deiner Affäre erfahren? Auch Graf von Heiser wird nicht sehr erfreut sein!«

Blackwood ballte die Fäuste, hielt sich jedoch mit äußerster Anstrengung zurück. »Willst du mir drohen, Ralf? Dann hast du dir den Falschen ausgesucht.«

Ralf schien zu lächeln. »Ich wollte nur zum Nachdenken anregen, Sir.«

»Mach was du willst, Ralf. Aber nun geh und mustere deine Patrouille. Der Hauptfeldwebel wird das notwendige Gerät für euch bereitstellen.«

»Den brauche ich nicht, danke.«

Blackwood beobachtete, wie die schlanke Gestalt von der Dunkelheit verschluckt wurde. Furcht trieb manche Leute doch zu seltsamen Dingen. Leider hatte Ralf in diesem Fall recht. Wenn ihre Liebe bekannt wurde, war ein Skandal nicht zu verhindern.

Langsam schritt er die Verteidigungsstellung ab, blieb gelegentlich stehen, um mit einem Posten zu sprechen oder nach den Lagerfeuern des Feindes auszuschauen, die sie wie ferne Leuchtfeuer umgaben.

Wenn sie mehr Leute gehabt hätten, vor allem Kavallerie, hätten sie die Boxer und die Kaiserliche Armee angreifen und eine Schneise hindurchschlagen können.

Seine Gedanken gingen zu Friederike in ihrem stickigen Hotelzimmer und zu dem kleinen Mädchen, das ihr behilflich war. Sicher würde sie an ihn denken. Oder bedauerte sie bereits, daß sie sich ihm hingegeben hatte? Bei einer Frau ihrer Herkunft und Erziehung wußte man nie, wie schmal der Spielraum zwischen Liebe und Ekel war.

Er trat einen losen Stein beiseite. Nein, es war nicht aus Leichtfertigkeit geschehen. Dieser Gedanke gab ihm Kraft und ließ Ralfs Drohungen kläglich und irgendwie traurig klingen.

Wo die Barrikade die alte Stadtmauer berührte, stieß er auf Sergeant Greenaway.

»Alles klar, Sir«, meldete der vierschrötige Sergeant. »Scheint eine ruhige Patrouille zu werden.« Er zögerte. »Das mit Vicary tut mir wirklich leid, Sir. Es war nicht sein Fehler. Mehr als jeder andere trage ich die Schuld.«

Blackwood nickte. »Versuchen Sie, es zu vergessen. Jedem von uns hätte das passieren können.«

»Und was den jungen Mr. Blackwood angeht, Sir: Ich bin sicher, er ist in Ordnung. Man muß ihm nur eine Chance geben.« Er suchte nach Worten. »Er hat das Zeug dazu, Sir.«

Blackwood war froh, daß die Dunkelheit sein Gesicht verbarg. »Wahrscheinlich.«

Im Weitergehen merkte er, daß Greenaway ihm nachsah. Mit gemessenem Abstand folgte ihm Swan, das Gewehr in der Armbeuge wie ein Wildhüter, der seine Fallen abschreitet.

Swan hatte das meiste mitgehört. Armer alter Greenaway, dachte er. Tut sein Bestes, um die Gefühle seines Hauptmanns zu schonen. Diese Nachtpatrouille konnte ja interessant werden.

»Ich habe die Männer zusammen, Sir«, meldete Sergeant Owen Davis.

Ralf trat zu der kleinen Gruppe an der Barrikade und versuchte, sich zu entspannen.

Die Handkarre des Hauptfeldwebels war bereits mit Tauen und Balken beladen, gerade genug, um das Tor zu blockieren und ihnen damit eine Chance zu geben, den nächsten und auch den übernächsten Angriff abzuwehren.

»Hört mal alle her. Das muß ziemlich schnell gehen.« Zum Sergeanten gewandt, fragte Ralf: »Wo ist Korporal Lyde?«

»Tot, Sir.«

Ralf faßte sich an den Schnurrbart, um seine Betroffenheit zu verbergen.

»Jetzt bin ich an seiner Stelle, Sir«, sagte Korporal Percy Addis.

Auch wenn das Gesicht in der Dunkelheit nicht zu erkennen war, hörte Ralf doch den Spott in Addis' Ton. Addis war mit Greenaway dabei gewesen, als sein Revolver zufällig losging und die chinesische Besatzung im Arsenal aufscheuchte. Addis war in bestimmter Absicht hier.

»Sehr lobenswert, Korporal«, fauchte er. »Versuchen Sie diesmal, die Dinge nicht durcheinanderzubringen.«

Es war für ihn befriedigend, wie die anderen kicherten. Addis gehörte nicht zu ihrem Zug, das war's.

»Wir gehen jetzt besser los, Sir«, wisperte Davis.

»Wenn ich fertig bin, Sergeant.« Ralf hantierte an Gürtel und Patronentasche herum. Was war nur mit ihm geschehen? Er fühlte sich vollkommen ruhig, auch die vor ihm liegende Aufgabe schreckte ihn nicht. »Legt eure Waffenröcke ab und laßt sie mit den Helmen zurück.« Er knöpfte seinen Rock auf und gab ihn Davis, dann schnallte er den Gürtel ab. Auch David gab solche Befehle, bei ihm akzeptierten sie das kommentarlos. Nun fühlte er ihren Unmut, doch selbst das gab ihm Kraft. »So, und nun unterrichten Sie die Posten, und dann rücken wir aus.«

Er kletterte durch einen Einschnitt in der Barrikade, wo eine Arbeitsgruppe Platz für die Handkarre gemacht hatte: ein Offizier, ein Sergeant, ein Korporal und sechs Infanteristen. Im Schutz der Barrikade war ihm das wie eine ganze Menge erschienen, aber hier draußen kam es Ralf vor, als ob sie nackt in den Rachen eines Löwen marschierten.

Wie nahe die feindlichen Lagerfeuer nun wirkten! Und jede Leiche sah aus, als könnte sie plötzlich aufspringen, um sie in Stücke zu hakken. Als die Karre laut quietschte, murmelte Sergeant Davis eine Warnung, aber sie schritten offensichtlich unentdeckt weiter.

Plötzlich erhob sich das Tor über ihnen. Der Boden war bedeckt mit zerbrochenen Balken, über denen tote Boxer lagen.

»Korporal, Sie halten Wache!« Vorsichtig schritt Ralf durch das Tor und blickte hinüber zu den blinkenden Feuern. Außer den Flammen bewegte sich nichts. Vielleicht schlafen sie nach ihren schrecklichen Angriffen, dachte er.

»Fangt an, Sergeant!« Ralf hörte das vorsichtige Scharren, mit Holz, Steinen, Tauen und Hebeln gingen die Männer ans Werk. Es würde nicht lange dauern. Ralf lockerte den Revolver und berührte den Hahn mit dem Daumen. Gesichert, aber bereit.

Er mußte an die Ruhe seines Vetters denken, als er ihn wegen der deutschen Gräfin angesprochen hatte. David war tapfer und hatte alle Vorzüge, die er gern gehabt hätte. Überrascht mußte er feststellen, daß er das offen zugab, zumindest sich selbst gegenüber. Aber Viktoriakreuz oder nicht, David war ein Narr, wenn es um Frauen ging.

Plötzlich mußte Ralf an sein Mädchen in England, an Helen, denken. Wenn er sie an seiner Seite hatte, würde alles ganz anders sein, würde er bald an die Spitze kommen. Ihr Vater schien ihn zu mögen, auch wenn das vielleicht nur auf dem beträchtlichen Erbe eines Blackwood beruhte. Seine Lippen verzogen sich zu einem Lächeln.

»Haben Sie das gehört, Sir?« Bei Addis' Frage fuhr er zusammen.

»Was, Mann?« Ralf haßte den Korporal, seine freche Selbstsicherheit, seinen Schweißgeruch.

Addis packte sein Gewehr und spähte in die Dunkelheit. »Ich weiß nicht genau, Sir.«

Verdammter Idiot! Warum mußte er sich immer mit Dummköpfen herumschlagen? Doch dann straffte er sich, denn er hatte das Geräusch nun auch gehört. Wie von Rädern. »Komm mit.« Er schlich weiter nach rechts, Addis kroch hinterher. Räder, ja, aber wo? An den zerbrochenen Mauern und hellen Barrikaden entlang kroch er weiter. Jetzt mußte nur noch ein nervöser Posten auf ihn schießen, dachte er.

Was es auch war, es klang schwer und mußte deshalb gegen die Reihen der Lagerfeuer zu sehen sein. Diese einfache Überlegung entlockte ihm ein Grinsen. Bannatyre oder de Courcy hätten sich wahrscheinlich eiligst auf die Verteidigungslinie zurückgezogen.

Ralf mahnte sich zur Ruhe und zog ein kleines, zusammenlegbares Fernrohr heraus. Es war nur zehn Zentimeter lang, doch auseinandergezogen so stark wie ein Doppelglas. Er hatte es noch niemandem gezeigt; es hatte seinem Vater gehört, damals auf der Krim.

»Sehen Sie etwas, Sir?« fragte Addis nervös.

»Still!« Langsam und sorgfältig schwenkte Ralf das Fernglas. Wenn einige der Leichen in Wirklichkeit lebendige Boxer waren, dann würden sie es nicht mehr bis zu den Barrikaden zurück schaffen. Seine Hand zitterte bei dem Gedanken, was man ihm über die grausigen Schreie des Sekondeleutnants Earle berichtet hatte. Wie man ihn gefoltert hatte, ehe man ihm den Kopf abschlug und ihn als ekelhafte Trophäe auf einen Pfahl steckte. Vorsichtig schwenkte er das Fernglas wieder zurück. Bei den Feuern bewegte sich nur eine einzelne Gestalt, die sich wie ein schwarzer Schatten abhob, wenn sie Holz nachlegte. Doch sonst bewegte sich dort nichts. Da waren keine Boxer! Ralfs Nackenhaare sträubten sich, als ob ein kühler Wind darüber striche.

Er horchte – das Geräusch klang wie vorher, ein sehr langsames Rumpeln wie von eisernen Rädern. Verblüfft über die Entdeckung sah er sich um. Das war doch Artillerie, ganz sicher!

Mein Gott, schon am vorhergehenden Tag hatte es auf Messers Schneide gestanden. Mit schweren Geschützen konnten die Boxer ihre Verteidigungsanlagen zusammenschießen, ehe sie in ganzer Stärke angriffen. Nichts würde sie dann mehr aufhalten.

Addis beobachtete ihn wie ein Kaninchen den Fuchs.

»Ich kann nichts sehen, Sir.«

»Das kommt aus dem Abwassergraben.« Es überraschte ihn selbst, daß er erkannte, was da vor sich ging. Kein Wunder, daß keine Boxer an den Feuern waren, offenbar zogen sie ihre Kanonen durch den gleichen Graben, durch den die Marines gekommen waren.

Aus der Dunkelheit tauchte Sergeant Davis auf. »Wir haben's geschafft, Sir.« Er setzte hinzu: »Haben Sie es auch gehört?«

»Artillerie, Sergeant«, bemerkte Ralf.

Davis rieb sich das Kinn. »Das sollten wir dem Kompaniechef melden.«

Erneut hob Ralf sein Fernglas. »Wir müssen erst sicher sein. Müssen es genauer erkunden.«

Addis schluckte. »Wer soll das machen, Sir?«

»Das ist bestimmt gefährlich, Sir«, sagte Davis.

Ralf hatte beabsichtigt, Davids und einen anderen vorzuschicken, während ein Melder seinen Vetter alarmieren sollte. Aber Addis' offensichtliche Befürchtung, er könne wegen seiner Frechheit neulich am Fluß geschickt werden, reichte ihm. Selbst der verläßliche Sergeant Davis zweifelte an ihm und hätte lieber jeden anderen Offizier hier gehabt. Ralf warf einen Blick zur Gruppe zurück, die nach getaner Arbeit an der Barrikade wartete.

Darunter war einer namens Adams, ein ruhiger, bescheidener Junge, der oft von den Alten gehänselt wurde. Aber er beklagte sich nie, war augenscheinlich froh, dem Corps anzugehören, und immer bestrebt, zu lernen. Nach seinen Unterlagen war er achtzehn, wirkte aber eher wie sechzehn und war im Gegensatz zu vielen anderen der erste seiner Familie bei den Royal Marines.

»Ich werde gehen.« Ganz lässig kam das heraus. »Und Adams.«

Das würde Davis und die anderen treffen, wo es sie am meisten schmerzte: in ihrem Stolz und ihrer Verachtung für jeden Neuen.

Adams dagegen war begeistert. Den Gedanken an Vicarys Freude, als er von Greenaway ausgewählt worden war, um nur ein paar Schritte entfernt getötet und enthauptet zu werden, versuchte Ralf zu verdrängen.

»Darf ich Ihnen einen Rat geben, Sir?« fragte Davis.

»Nein.« Er schob das Fernrohr in die Tasche und zog behutsam seinen Säbel. Der würde weniger Lärm machen, wenn sie auf eine Boxerpatrouille stießen. »Sie gehen mit der Gruppe zurück, Sergeant. Und machen Sie nicht so viel Tamtam darum.«

Er zitterte vor Erregung. Es war so einfach, wenn man nur erst handelte. Warum hatte er das nie begriffen?

Sie verschwanden im Dunkeln, nur der Mond tauchte das verbarrikadierte Tor in Silberlicht.

Adams, das Gewehr quer vor dem Leib, das Bajonett aufgepflanzt, stapfte gelassen hinter dem Sekondeleutnant her. Seine Familie stammte aus Exeter, sein Vater war Schuhmacher. Die Familie war groß und die Zeit schwer, sonst hätte seine Mutter verhindert, daß er Soldat wurde. Doch Adams hatte immer schon zum Corps gehen wollen; kam er nach Plymouth, ließ er keine Gelegenheit aus, sich die Royal Marines beim Exerzieren und die stolzen Kriegsschiffe im Sund anzusehen.

Als ein Rekrutierungskommando nach Exeter gekommen war, hatte Adams mit seinen Eltern verhandelt; nur zögernd hatten sie zugestimmt, nichts über sein Alter zu sagen. Damals war er gerade sechzehn gewesen. Der Rekrutierungssergeant war ein freundlicher Kerl mit einem großen blonden Schnurrbart und einer Brust voller Orden.

Und nun war er, John Adams von der Royal Marine Light Infantry, inmitten der Gefahr und kämpfte gegen die Feinde seines Landes, genauso, wie es ihm der Rekrutierungssergeant beschrieben hatte.

Er war froh, bei dem Sekondeleutnant zu sein. Auch er war jung, vielleicht ein Jahr älter als er, und dazu ein Blackwood, ein Familienname, der in der Forton-Kaserne viel galt. Die anderen hatten ihm ziemlich scheußliche Dinge über ihn erzählt, doch er hatte nicht darauf geachtet. Aus eigener Erfahrung wußte er, daß sie ihren rohen Witz oft an neuen Gesichtern, ob Offizier oder einfacher Soldat, ausließen.

Ralf ahnte nichts von Adams' Bewunderung. Er sorgte sich wegen des heller werdenden Mondes und hielt inne, um auf das nervenzermürbende Rädergeräusch zu horchen: als sei ein riesiges, unterirdisches Monster dabei, jeden Moment aus seiner Höhle hervorzubrechen, um sie zu verschlingen.

Es war wirklich sehr hell. Ein Blick zurück zur Mauer sagte ihm, daß sie schon eine lange Strecke hinter sich hatten. Sein Magen rebellierte gegen den Leichengestank. Warum zum Teufel begrub man sie nicht?

Hinter sich hörte er Adams. Ich muß verrückt gewesen sein, ihn mitzunehmen, dachte er. Wenn die Sache schiefgeht, hat er überhaupt keine Chance.

Jetzt würde Sergeant Davis zu David rennen, dachte er, und bald der Teufel los sein.

Nun sollte er besser zurückgehen und die anderen beenden lassen, was er begonnen hatte. Er sah seinen jungen Begleiter an. »Wollen wir mal hingehen und nachsehen? Was meinst du?«

Adams machte Augen wie Untertassen. »Donnerwetter, Sir, nur wir zwei?«

Ralf seufzte. Ohne Adams wäre er wahrscheinlich längst zurückgegangen.

»Wenn wir jemanden sehen, verhalte dich absolut still.« Ralf sah ihn scharf an. »Verstanden?«

Adams nickte. »Jawohl, Sir. Wir werden's ihnen schon zeigen, was, Sir?«

Ralf wandte sich um und ging langsam auf das Geräusch zu. Es war seltsam bedrohlich. Aber zum erstenmal hatte er anscheinend jemanden gefunden, der zu ihm aufsah.

XVI Wenn die Worte fehlen

Sekondeleutnant Ralf Blackwood stützte sich auf die Ellbogen und starrte den Haufen Steine am Ende des Abwassergrabens an. Der Boden war sehr hart und unbequem, die spitzen Steine stachen durch sein Hemd, während er festzustellen versuchte, was da vor sich ging.

Erstaunlich, wie weit weg sie waren, merkte er bei einem Blick über die Schulter. Neulich, als sie aus dem selben Graben in wildem Angriff gegen die alte Stadtmauer vorgegangen waren, schien ihm die Strecke viel kürzer. Nun war er sich klar, welche Entfernung zwischen ihm und der Sicherheit lag. Sicherheit? Seine Lippen verzogen sich zu einem Lächeln; selbst das Wort klang wie Hohn.

Adams, der dicht neben ihm lag, sah im Mondlicht dieses Lächeln und schöpfte Trost daraus.

Das Rädergeräusch hatte aufgehört. Vielleicht waren es doch nur Wagen mit Verpflegung oder Munition, dachte Ralf. Doch er verdrängte den Gedanken sofort. Da sie die ganze Stadt sowieso umzingelt hatten, hätten sie daraus kein Geheimnis zu machen brauchen. Es mußte so wichtig sein, daß es sich lohnte, dafür das Lager zu entblößen.

»Du bleibst hier, Adams«, sagte er ruhig, »und paßt nach hinten auf. Wenn du glaubst, jemand will uns den Rückweg abschneiden, sagst du's mir.«

»Und Sie, Sir?«

»Ich gehe etwas näher ran. Das muß sein.« Mißlang ihm, was er begonnen hatte, konnte er sich ihren Hohn gut vorstellen. Er wandte den Kopf nach rechts. Wieder strich eine einsame Gestalt um die Lagerfeuer. Selbst im fahlen Mondlicht erkannte er die rote Kopfbedeckkung und fühlte, wie sich seine Magenmuskeln zusammenzogen.

Wie man es ihm beigebracht hatte, begann er zu robben.

Mein Gott, was machten sie für einen Lärm! Die Räder bewegten sich nicht mehr, doch jetzt waren andere Geräusche zu hören. Er versuchte, sie zu analysieren: Es klang wie ein Schiff unter Segeln, wie das Knarren von Tauen und Taljen.

Er hielt den Atem an; einige Gestalten kletterten über den Grabenrand und verschwanden im Dunkeln. Sie schienen Taue hinter sich herzuziehen. Bald danach hörte er Hammerschläge. Offenbar waren die Chinesen dabei, die Taljenblöcke zu befestigen, und riefen dazu Verstärkung herbei.

Innerhalb weniger Minuten waren Hunderte da, sie tasteten sich geduckt durch das Dunkel, um einen Platz an dem straffgespannten Tau zu finden. Ihr Anblick ging Ralf an die Nerven, schließlich war der nächste nur etwa fünfzig Meter entfernt. Eine riesige Gestalt mit einer langen Hellebarde zischte einen Befehl, worauf die ganze Reihe ihr Gewicht in die Taljen warf. Ralf wollte sich zurückziehen, war jedoch wie elektrisiert. Ganz langsam, dann mit wachsendem Schwung, ruckte eine Geschützmündung über den Grabenrand.

Es war eine ziemlich große Kanone, möglicherweise alt, jedoch schon ein Hinterlader. Wahrscheinlich eines der Krupp-Geschütze aus den Forts. Mit ihr konnten sie die Verteidiger, noch während sie bei Tagesanbruch ihre dürftigen Barrikaden bezogen, zuschanden knüppeln.

Die Augen auf die lange Menschenkette gerichtet, kroch Ralf rückwärts.

»Ich hatte recht, Adams. Jetzt wird's Zeit, daß wir verschwinden. Aber hübsch vorsichtig und langsam.«

Adams nickte heftig und gab sich Mühe, sein Gewehr lautlos über die Steine zu schieben. Wie konnte der Offizier nur so ruhig sein? Das würde er nie vergessen.

»Wir halten auf die Lücke in der Mauer zu«, sagte Ralf. Im Geist sah er wieder David auf seinem Pferd mit erhobenem Säbel hindurchspringen.

An der Mauer lagen noch die Leichen, wie sie gefallen waren. Ralf mußte schlucken; er konnte sie riechen, fühlte ihre Augen auf sich gerichtet.

Er zog sein kleines Fernrohr heraus und versuchte, es auf das feindliche Lager und den Rand des Grabens einzustellen. Alles verschwamm jedoch im Dunkel, nur das Quietschen der Taljen konnte er hören. Es mußte noch eine zweite Kanone da sein. Nicht, daß das etwas ausmachte, eine reichte durchaus. Er schob das Fernrohr wieder zusammen und dachte an seinen toten Vater, der es im Krimkrieg benutzt hatte.

»Los, Adams, hoch mit dir!« Er packte seinen Arm. Selbst das Flüstern klang noch zu laut.

Doch Adams starrte ihn nur an und rührte sich nicht.

Ralf folgte seinem Blick und sah einen Boxer, der sich wohl irgendwo ausgeruht haben mußte, wo man ihn nicht sehen konnte. Wie im Schlaf kam er langsam auf sie zu, das Kinn auf der Brust.

»Verdammt!« Ralf war sich klar, daß er sie gleich sehen mußte. Und den Hunderten von Bewaffneten im Graben konnten weder er noch Adams über die Mauer entkommen.

»Gib mir dein Bajonett.« Noch immer lag seine Hand auf Adams Schulter, begütigend wie bei einem erschreckten Pferd. »Ganz ruhig!«

Er sah den Posten näherkommen. Vielleicht war er froh, daß ihm die harte Arbeit an der Kanone erspart blieb.

»Wenn ich dich loslasse, Adams«, er sprach ganz ruhig, obwohl jeder Nerv in seinem Körper schrillte, »dann stehst du auf, die Hände an den Seiten, klar?«

Adams nickte. »Ich denke doch, Sir.«

»Du wirst's schon machen.« Ralf packte das Bajonett und prüfte das Gewicht. Dann preßte er sich zwischen die Steine, die aus der Mauer gesprengt worden waren, und als der Schatten des Postens wie eine schwarze Schlange über den Boden fiel, nahm er die Hand von Adams' Schulter.

Adams rappelte sich hoch, von plötzlicher Furcht gepackt; verblüfft gewahrte ihn der Posten und begann, das umgehängte Gewehr abzunehmen.

Was nun geschah, begriff Adams nicht. Einen Schritt hinter dem Boxer mit dem halb erhobenen Gewehr tauchte der Sekondeleutnant auf, schlang ihm den Arm um die Kehle und riß ihn zurück, wohl wissend, daß der Boxer weit größer und stärker war. Es mußte schnell gehen. Mit aller Kraft stieß Ralf das Bajonett in den Körper. In seiner Umklammerung wurde der erstickte Schrei des Mannes zu einem grauenhaftem Röcheln, er entglitt ihm und lag leblos zwischen ihnen.

Ralf hielt den Atem an. »Besser auf Nummer Sicher gehen.« Doch der Leichnam rührte sich nicht, als er mit dem Bajonett noch einmal zustieß.

Ralf gab die Klinge zurück und hoffte nur, daß Adams nicht bemerkt hatte, wie nahe er daran gewesen war, sich zu erbrechen.

»Also los. Du zuerst.« Er zog seinen Revolver und wischte sich mit dem Ärmel übers Gesicht.

Adams sprang durch die Lücke, und Ralf hörte ein scharfes, metallisches Klicken. Schnell kletterte er hinterher und sah, daß sich der junge Marineinfanterist in furchtbarem Schmerz auf dem Boden wand. Unter dem Haufen Stroh, auf den er getreten war, hatte eine Falle mit stählernen Backen zugeschlagen.

Ralf kniete neben ihm. Es sah schlimm aus. Beim Versuch, die Falle zu öffnen, lief Blut über seine Finger. Ohne den Stiefel hätte es ihm glatt den Fuß abgehauen.

Aus seiner Tasche zog er ein silbernes Zigarrenetui. »Hier, beiß darauf.« Jeden Augenblick mochte Adams zu schreien anfangen, und das konnte man ihm weiß Gott nicht übelnehmen.

Erneut versuchte es Ralf, doch jedesmal warf sich Adams vor Schmerzen zurück; das Etui hatte er bereits halb durchgebissen.

Ralf klemmte einen Stein in die Falle, damit sie sich nicht noch mehr schloß, tastete umher und stellte fest, wo sie befestigt war. Adams beobachtete ihn dabei mit entsetzten Blicken.

Es sah böse aus. Die Kette war unter mehreren großen Steinen befestigt, und um sie wegzuräumen, wäre ein ganzer Zug nötig gewesen.

Ralf spähte durch die Mauerlücke, um nachzudenken. Da sah er es: Auf die Mauer bewegten sich langsam fünf Boxer zu, die wohl die anderen Posten ablösen wollten. Einer rief seinen Kameraden etwas zu. Adams mußte das gehört haben, denn er spuckte das Etui aus und stöhnte: »Bitte, Sir, lassen Sie mich denen nicht in die Hände fallen!« und haltlos schluchzend wie ein Kind: »Töten Sie mich, Sir, um Himmels willen töten Sie mich vorher!«

Ralf spannte den Hahn seines Revolvers und horchte auf die fernen Stimmen.

»Sei still!« Entsetzt sah er, daß Adams die Augen geschlossen hatte und tatsächlich erwartete, er werde ihn erschießen. Er hielt die Mündung so nah wie möglich an ein Kettenglied bei Adams' Fuß.

Jetzt oder nie. Er hatte nur einen Schuß – und der mußte sitzen. Er drückte auf den Abzug, und gleichzeitig mit Adams' Aufschrei zersprang die Kette der Falle.

»Halt das Gewehr fest!« Warum er das sagte, wußte er nicht, wahrscheinlich um Adams abzulenken. Zum Glück war er nur ein Halbwüchsiger, doch mit Gewehr und Munition immer noch schwer genug.

Er hob ihn auf die Schulter und hielt ihn mit einem Arm fest, um den anderen für den Revolver frei zu haben. Wenn er fiel, wollte er sicherstellen, daß keiner von ihnen gefaßt wurde.

Stimmen erklangen, wurden stärker und wieder schwächer. Die Boxer liefen suchend hin und her. Über ihre Köpfe pfiffen gefährlich nahe ein paar Schüsse, einer warf Sand gegen sein Bein. Adams blutete stärker, so daß Ralf glaubte, eine Kugel habe getroffen und er trüge einen toten Mann.

Schweratmend stöhnte er: »Halt durch, Adams!« Sein Herz drohte zu zerspringen. »Du mußt, du bist meine Trophäe!«

Adams Stimme schien aus meilenweiter Entfernung zu kommen. »Ich ... Es geht schon, Sir.«

Die Boxer kamen näher. Ralf versuchte, sich den Schweiß aus den Augen zu zwinkern. Jede Sekunde konnten sie da sein. Er erkannte das Tor, das sie verbarrikadiert hatten – so nah und doch so weit entfernt.

Eine Stimme schnitt durch die Stille. »Erster Zug, Achtung! Legt an, Feuer!«

Wie ein Hornissenschwarm pfiffen die Kugeln an Ralf und seiner schluchzenden Last vorbei. Aus der Finsternis kamen fahle Gestalten herbeigeeilt und nahmen ihm Adams ab, andere feuerten ins Dunkel hinein. Auf nichts – es war, als habe es die Boxer nie gegeben.

»Bringt den Jungen zum Arzt«, hörte er Sergeant Davis rufen.

Adams streckte den Arm aus, warf sich vor Schmerzen hin und her. Ralf lief zu ihm und ergriff seine Hand.

»Wie heißt du mit Vornamen?«

»John, Sir.«

»Gut, John. Wenn du wieder auf den Beinen bist, möchte ich dich in meinem Zug haben.«

Unfähig zu sprechen, nickte der Junge nur.

Sergeant Davis starrte Ralf an. Er schien nicht glauben zu können, was er sah.

»Ich muß den Chef sprechen, sofort!«

Blackwood kam schon auf ihn zu. »Hier bin ich.«

»Ich hab' Geschütze gesehen. Eines, wahrscheinlich zwei.«

»Und ich hab' dich gesehen, Ralf, mit dem Jungen.«

Ralf nahm Rock und Helm von Davis entgegen.

»Ich nehme zurück, was ich gesagt habe«, bemerkte Blackwood.

Unbewegt sah Ralf ihn an. »Reicht das? Bin ich nun endlich gut genug?«

Blackwood lächelte. »Laß uns zusammen zum Oberst gehen.«
»Großartig gemacht«, kam es von Gravatt.
Ralf zuckte die Achseln. »Bringt aber auch nichts. Die hauen uns zusammen, wenn nicht heute, dann morgen.«

Oberst Sir John Hay war in seinem kleinen Gefechtsstand aus kurzer Ruhe durch das Deckungsfeuer aufgescheucht worden. In Reithosen und glänzend polierten Stiefeln, darüber nur ein Hemd, wirkte er nach Blackwoods Ansicht fast menschlich.

Unbewegt hörte er sich die Meldung an. Immer wieder nickte er knurrend: »Weiter!«

»Der Marineinfanterist wird wieder gesund, Sir«, bemerkte Gravatt. »Daß er den Fuß nicht verlieren wird, hat er dem jungen Blackwood zu verdanken.«

»Ja, ja, sicher«, erwiderte Hay ungeduldig, um gleich wieder zur Sache zu kommen. »Eine ganz ähnliche Meldung habe ich aus dem amerikanischen Sektor bekommen: Rückzug der Boxer und kaiserlichen Truppen in der Abenddämmerung. Natürlich wußten wir bisher nicht, warum. Wir mußten jedoch die Gelegenheit nutzen und einen englischen Offizier, begleitet von zwei Kosaken des russischen Detachements, durch die feindlichen Linien schicken. Denn die Telegrafenlinie ist erneut unterbrochen, und die in Taku müssen unterrichtet werden, wie prekär unsere Lage hier geworden ist. Bei Tagesanbruch werden die Chinesen wieder angreifen.«

Blackwood dachte an den englischen Reiter. Vielleicht ein zweiter Twiss? Um zu den Taku-Forts durchzukommen, mußten sie viel Glück haben. Die unglaublich mutige Zusammenarbeit in diesem seltsam gemischten Haufen hätte man noch vor wenigen Wochen für unmöglich gehalten.

»Selbst wenn sie durchkommen«, sagte Hay, »wird das seine Zeit brauchen. Wir müssen uns auf die zweite Verteidigungslinie zurückziehen. Es geht nicht anders.« Zum erstenmal grinste er Ralf an. »Doch ohne Sie, mein Junge, wären all Ihre Leute und einige der meinen das Opfer dieser Kanonen geworden.«

Ebenso schnell verschwand sein Grinsen. »Wir sollten sofort das Hotel räumen. Frauen, Kinder und nicht gehfähige Verwundete werden zur katholischen Mission gebracht. Ihre Mauern sind die dicksten der ganzen Stadt.«

Fasziniert beobachtete Blackwood ihn. Nach Blairs ruhiger Zuversicht und gelegentlicher Unsicherheit wirkte Hay wie ein Tiger. Es war nicht zu fassen, entweder freute er sich wirklich auf die letzte Schlacht, oder er war ein ganz großer Schauspieler.

»Meine Leute evakuieren mit einigen Deutschen das Hotel und die anschließenden Gebäude. Ich schlage vor, Hauptmann Blackwood, daß Sie mit Ihrem Maschinengewehr die Stellung wechseln. Es ist unser einziges, und an seinem jetzigen Standort wäre es ein bevorzugtes Ziel.« Seine Gedanken schweiften ab. »Ich sehe, daß Sie wieder Ihre weißen Uniformen tragen? Wenigstens sehen sie sauberer aus.«

Das sollte wahrscheinlich ein Lob sein, dachte Blackwood.

»Wir sehen uns beim Hellwerden, meine Herren.«

Im Ausgang hielt sie seine scharfe Stimme noch einmal auf. »Vielleicht interessiert es Sie zu erfahren, daß uns China offiziell den Krieg erklärt hat.« Er lächelte über ihre Mienen. »Ich weiß. Das habe ich auch gedacht.«

Blackwood trat hinaus in den Mondschein.

»Ich möchte, daß das Tor sofort vermint wird, Toby. Wir haben keine Zünder mehr, sorgen Sie deshalb dafür, daß zwei gute Scharfschützen bereitstehen, um die Ladung hochgehen zu lassen.« Und zu Ralf gewandt: »Laß den ersten Zug ablösen und kümmere dich darum, daß er anständig verpflegt wird und die Feldflaschen aufgefüllt werden. Es könnte einige Zeit dauern, bis wir dazu wieder Gelegenheit haben.«

Ohne Wort oder Blick ging Ralf davon.

Sie fielen in Gleichschritt, Gravatt schweigend, Blackwood in Gedanken bei Schwierigkeiten, die er nur erahnen konnte. Irgendwo hörte er ein Baby schreien und den gedämpften Knall einer Muskete, mit der ein Boxer in der Hoffnung auf einen Zufallstreffer in die Stadt schoß. Sie gingen an der zweiten Barrikade, ihrer neuen und letzten Verteidigungslinie, entlang. Sie war kürzer, doch das war auch schon alles, was man zu ihren Gunsten sagen konnte.

Seine Gedanken gingen zu Ralf. Endlich hatte er gezeigt, was in ihm steckte. Doch was hatte ihn dazu bewogen? Ohne ihn wären die äußeren Verteidigungsanlagen bei Tagesanbruch blutüberströmt gewesen.

Irgend jemand pfiff fröhlich vor sich hin. Das war O'Neil, der die neue Stellung seines MGs begutachtete.

»Swan«, sagte Blackwood, »bleib beim Adjudanten. Wenn ich gebraucht werde, ruf mich sofort.«

»Jawohl, Sir.« Swan achtete nicht auf Gravatts neugierigen Blick. Ihm brauchte man nichts zu erklären.

Blackwood schloß eine der schweren Türen der Mission hinter sich und erblickte ein Gewirr von Menschen und Dingen. An einer Wand schliefen viele Kinder, die bereits früher gekommen waren, andere klammerten sich an ihre Mütter und blickten sich angstvoll um. Auf der gegenüberliegenden Seite standen Tische und Bänke, die jetzt mit müden Frauen und verwundeten Soldaten belegt waren. Ein schrecklicher grüner Drache bildete an der Wand dahinter einen starken Kontrast zu europäischen Kinderzeichnungen, chinesischen Buchstaben und einem großen Bild der Jungfrau Maria.

Gemessen bewegten sich die Nonnen unter den Neuankömmlingen, jederzeit bereit, ihre kümmerlichen Rationen zu teilen oder die vielen Fragen zu beantworten.

Es war grausam, daß diesen freundlichen Nonnen der besondere Haß der Boxer galt. Alle fremden Missionare bildeten eine Bedrohung ihrer Religion. Die ersten Opfer ihrer langen Messer waren Missionare, männliche und weibliche, gewesen.

Über der Schulter einer Nonne, die knieend ein schluchzendes Mädchen zu besänftigen versuchte, sah Blackwood plötzlich Friederike. Sie wirkte sehr ruhig, schien von dem Gewühl rundum unberührt. Aber sie sah ihn direkt an. Als Blackwood sich einen Weg durch den Raum bahnte, fragte er sich, wie sie es immer wieder schaffte, nicht verängstigt zu wirken. Er wollte ihre Hände nehmen, doch etwas in ihren veilchenblauen Augen warnte ihn. Mehrere Frauen in der Nähe unterhielten sich zwar, doch trotzdem hatte er das Gefühl, daß sie beobachtet wurden.

»Das alles tut mir sehr leid«, sagte Blackwood verlegen, »Gräfin.«

Er sah den Schmerz, aber auch die Erleichterung in ihren Augen. Sie verstand, was es ihn kostete.

»Sie müssen sich nicht immer entschuldigen, Hauptmann. Sie haben diesen Krieg ja nicht angefangen.« Ihr Versuch zu lächeln mißlang; sie sah dabei nur noch trauriger aus.

»Du siehst wunderbar aus«, sagte Blackwood leise. »Ich möchte dich in die Arme nehmen, dich berühren ...«

Sie schlug die Augen nieder, ihr Atem ging trotz aller Beherrschung schneller.

»Bitte, David, ich kann das nicht ertragen. So dicht bei dir ...«

»Ich trage dein Medaillon.« Mit einem Blick auf die hin und her laufenden Gestalten flüsterte er verzweifelt: »Ich liebe dich!«

Sie vergaß alle Vorsicht und streckte den Arm aus, um seinen Mund zu berühren. »Quäl dich nicht.« Kaum konnte sie die Tränen zurückhalten.

»Ich muß gehen, Friederike.« Er roch den Parfüm- oder Seifenduft ihrer Hand, und sein Wunsch, sie zu umarmen und alles zu vergessen, wurde noch stärker.

Sie warf einen kurzen Blick auf die anderen Frauen, möglicherweise die Ehefrauen deutscher Beamter und Kaufleute.

»Unsere gemeinsame Nacht, Liebster, werde ich nie, niemals vergessen, ganz gleich, was geschieht.«

»Es ist noch nicht vorbei, Friederike«, protestierte er.

Sie lächelte schweigend, sah ihn nur so eindringlich an, als wäre es das letzte Mal.

Ein Soldat, den Arm in der Schlinge, stand plötzlich neben ihnen. »Verzeihung, Sir, aber einer Ihrer Männer ist hier.«

Blackwood wußte, daß das nur Swan sein konnte, und wandte sich der Tür zu.

Swan trug seine blaue Feldmütze, denn Blackwood hatte befohlen, die Helme abzulegen. Unter Umständen nahm der Feind dann an, es seien frische Truppen auf den Barrikaden. Doch gegen die Kanonen war mehr erforderlich als kleine Tricks.

»Man braucht mich«, sagte er und stellte sich so, daß ihr Rücken den anderen Frauen zugekehrt war. »Aber es fällt mir schrecklich schwer, zu gehen. Ich liebe dich so sehr.«

Ihre Augen leuchteten im Lampenlicht. »Ich weiß.«

Blackwood nahm ihre Hände und küßte sie. Dann ließ er sie los und sah sie an. »Bis wir uns wiedersehen ...«

Sie hob ihr Kinn, wie sie das so oft tat.

»Sei vorsichtig, David!«

Er rannte aus dem Raum und wagte nicht zurückzublicken.

Swan hielt ihm die Tür auf und warf einen schnellen Blick auf die Gräfin. Mein Gott, es war ein Genuß, sie anzusehen.

»Mr. Gravatt ist dabei, die Männer zu mustern, Sir.« Er blickte Blackwood von der Seite an. »Wir werden die Kerle doch aufhalten, Sir, nicht wahr?«

Blackwood wollte nicht daran denken, daß Friederike den Boxern in die Hände fallen könnte.

»Natürlich.« Das hätte Hay auch gesagt.

Beim Maschinengewehr blieb Blackwood stehen und bückte sich, um an den fünf Läufen entlang zu spähen. Die alte Nordenfeldt wurde zwar mit der Hand betrieben, ein guter Richtschütze wie Hudson konnte jedoch dreihundertfünfzig Schuß pro Minute damit abfeuern.

Korporal O'Neil folgte seinem Blick. »Sobald sie über die äußeren Barrikaden kommen, bereiten wir ihnen einen heißen Empfang, Sir.« Nach den vielen Stunden auf dem flachen Dach hatte er einen Sonnenbrand im Gesicht.

Blackwood musterte prüfend das Tor, die grob und hastig zusammengebauten Schutzwehren. Wieder hatte de Courcy seine praktische Intelligenz bewiesen und zwei große Zielscheiben aufgemalt, damit die Scharfschützen die Minen leichter zur Explosion bringen konnten.

Zwei dieser Scharfschützen, Roberts und Dago Trent, saßen in ihren Sandsack-Stellungen, jeder eine offene Tasche mit zusätzlicher Munition in Reichweite. Unteroffizier Chittock hatte seine Fahne entfaltet, das Rot sah in der Morgendämmerung wie Schwarz aus. Ehe sie auf die zweite Verteidigungslinie zurückgegangen waren, hatte Chittock seinen entliehenen Union Jack auf dem Tor gehißt. Das würde die Aufmerksamkeit des Feindes und seinen Zorn erregen.

Langsam schritt Blackwood die Linie ab. Sergeant Kirby lehnte an einigen alten Stahlplatten und hielt sich mit beiden Händen fest. Es sah aus, als atmete er langsam tief durch, ehe er Blackwoods Kommen bemerkte und sich aufrichtete; seinem groben Gesicht waren die Schmerzen deutlich abzulesen.

»Guten Morgen, Sergeant. Was macht die Wunde?« Blackwood bemerkte den plötzlichen Argwohn in Kirbys Augen. Was war bloß los mit dem Mann? Hatte er etwa Angst, auf die *Mediator* oder zum Feldlazarett zurückgeschickt zu werden? Das konnte er sich aus dem Kopf schlagen. Bis die Schlacht gewonnen oder die Stadt entsetzt war, konnte niemand Tientsin verlassen.

»Es geht schon, Sir.« Kirby starrte auf einen Punkt über Blackwoods Schulter.

»Freut mich zu hören.« Er bemerkte die Erleichterung auf dem Gesicht des Sergeanten. Welche Antwort hatte er erwartet?

Neben dem Fahnenunteroffizier stand der Hauptfeldwebel, und nach seinem entspannten Gesicht zu urteilen, hatte er sich mit der Niederlage bereits abgefunden.

»Haben Sie mit Mr. Bannatyre gesprochen?« fragte Blackwood.

»Jawohl, Sir.«

Der schwierigste Part war, daß sie den Eindruck erwecken mußten, als würden sie die äußeren Barrikaden verbissen verteidigen. Mit zwanzig Mann, einschließlich Bannatyre und dem Hauptfeldwebel. Und das war schon mehr, als sie eigentlich erübrigen konnten.

Irgendwo wurde ein Kommando gebrüllt. Die Japaner rüsteten

sich, ihre Stellungen zu besetzen. Blackwood hatte ihren Major nur kurz getroffen, einen stämmigen kleinen Mann mit blauer Mütze und blauem Waffenrock sowie einem Säbel, der scheinbar viel zu groß für ihn war. Im Kampf ein gefährlicher Gegner.

Gravatt und de Courcy standen mit einem Melder beisammen und tranken aus Riesenbechern Tee, den sie aus ihrer Unterkunft mitgebracht hatten.

Gravatt setzte seinen Becher ab. »Tut mir leid, daß ich Sie so früh rufen mußte, Sir. Jetzt ist wieder alles ruhig, aber die Posten hatten Bewegung auf unserem linken Flügel bemerkt. Es hätte sein können, daß dort eine Kanone in Stellung gebracht wurde.« Er schaute weg. »Konnten Sie schlafen, Sir?« fragte er besorgt.

»Ich brauche keinen Schlaf.« Blackwood kletterte über die Barrikade und ging zur äußeren Verteidigungslinie.

Er stellte sich auf eine Kiste und spähte zum feindlichen Lager hinüber. Die meisten Feuer waren jetzt erloschen, auch die Sterne verblaßten. Ein Schauder durchlief ihn, aber es war keine Furcht. Bald würde es dämmern. Er warf einen Blick auf das beschädigte Tor. Schoß der Feind jetzt, weil er wußte, daß dort Sprengladungen lagen, würde es ihn in Stücke reißen.

Bannatyre wandte sich ihm zu, seine Feldmütze hatte er in das Koppel gesteckt.

»Vielleicht sammeln sie sich hinter der alten Mauer, wo Adams in die Falle trat«, sagte Blackwood. »Das würde ihnen Deckung geben, bis die Kanonen zum Tragen kommen.«

Vorsichtige Schritte sagten ihm, daß die Marines, die diese Verteidigungsstellung besetzen sollten, von hinten anrückten.

»Mein Gott, Ian, sie haben doch nicht etwa Sergeant Kirby mitgebracht?«

»Ich hab' versucht, es ihm auszureden, Sir«, meinte Bannatyre achselzuckend. »Aber er ist mein dienstältester Unteroffizier, und die Männer respektieren ihn.«

»Verstehe.« Blackwood dachte an Kirbys ängstliche Blicke. Auch neulich hatte er sich freiwillig gemeldet, mit O'Neil die Balkensperre über den Fluß zu sprengen. Mit prahlerischem Getue hatte das nichts zu tun, dafür war Kirby viel zu professionell. Aber womit?

»Alles in Stellung, Sir.«

»Gut, Sergeant.« Bannatyres Stimme hörte sich an, als gähne er. Ein schlechtes Zeichen. Männer, die Angst hatten, mußten oft gähnen. Das wußte Blackwood, wenn auch nicht den Grund dafür.

Ein Marineinfaterist meinte mit dem Rücken zum Gegner: »Macht sich gut, was, Sir?«

Blackwood folgte seinem Blick: Über dem Tor entfaltete sich träge in einer schwachen Brise Chittocks Flagge. Jetzt sah das Rot nicht länger schwarz aus, und die weißen Kreuze wirkten so hell wie das Koppelzeug seiner Leute.

»Darf ich ›An die Gewehre‹ blasen lassen, Sir?«

»Noch nicht. Jeder Mann muß zuerst in Deckung sein. Sagen Sie Mr. Gravatt, er soll das durchgeben.« Obwohl er ihn nicht hatte kommen hören, wußte er, daß Fox in der Nähe stand.

»Es wird Zeit, Hauptfeldwebel.« In solchen Augenblicken glich Fox einem Fels, und doch hatte Blackwood das Gefühl, daß er so wenig von ihm wisse wie bei ihrer ersten Begegnung.

Swan blickte zum Tor. Nun waren der ganze Union Jack und die Fahnenstange klar zu erkennen. Die leichte Brise war allerdings eingeschlafen, die Flagge bewegte sich nicht mehr. Die ganze Gegend schien den Atem anzuhalten.

»Viel Glück, Sir«, sagte Bannatyre.

Blackwood nickte und sah auf die weit auseinandergezogene Linie heller Uniformen. »Ihnen auch. Halten Sie die Männer bis zum Signal aus der Schußlinie.« Langsam ging er über das freie Gelände zurück.

Gravatt reichte ihm die Hand, um ihm über die Barrikade zu helfen. Die nächststehenden Marineinfanteristen schauten zu ihm herüber. Sie vertrauten ihm, und doch konnte er ihnen nichts bieten. Sie brauchten ihn mehr denn je, würden aber nie begreifen, daß er ihrer noch mehr bedurfte.

Sergeant Greenaway, das Gewehr wie einen Stock in den mächtigen Fäusten haltend; Kempster, der Bursche aus Leeds, der so begeistert beim Anblick der aus seiner Heimatstadt stammenden Lokomotive gewesen war; Oates, der Hornist; Korporal Addis, der immer alles besser wußte, aber seit Ralfs Rückkehr seltsam gedämpft wirkte. Aber zu viele Gesichter fehlten. Und es würden noch mehr werden.

Er knöpfte sich den Kragen auf, um sich mit dem Taschentuch den Hals abzuwischen. Die Medaillonkette lag warm auf seiner Haut und ließ die eine Nacht, in der sie sich so wild geliebt hatten, wieder lebendig werden.

»Hier kommt Seine Lordschaft«, hörte er einen Mann flüstern.

Blackwood tat, als habe er den Spott nicht gehört, und wandte sich um, Oberst Hay zu begrüßen, der zu seiner Überraschung auf Trooper ritt.

Hay blickte die Verteidigungslinie entlang. »Alles bereit, wie ich sehe.« Das Pferd trat seitwärts weg, doch Hay hatte es sofort wieder in der Hand. »Es braucht Bewegung. Ich hoffe, Sie haben nichts dagegen, daß ich ihn ausgeliehen habe?«

»Keineswegs, Sir. Mir gehört er ja auch nicht.«

»Aha.« Selbst solche Trivialitäten klangen bei Hay wichtig. »Ich komme später noch mal wieder.« Mit gesenkter Stimme fuhr er fort: »Diese Stellung hier muß gehalten werden, ist das klar?«

»Klar, Sir.«

»Gut.« Hay nickte Gravatt zu und sprengte zum nächsten Abschnitt.

Gravatt stieß einen tiefen Seufzer aus. »Ich mußte gerade daran denken, Sir: Jetzt ist Sommer in England. Kaum zu glauben, was? Unwahrscheinlich, daß dort jemand was von Tientsin weiß oder sich gar darum Sorgen macht.«

Blackwood lächelte grimmig. »Aber ich mache mir Sorgen und Sie hoffentlich auch.« Er zog seine Uhr heraus, Gravatt und Swan beobachteten ihn.

»Hornist! Leg los!«

Er stieg von der Barrikade herab; in der schwindenden Dunkelheit setzten die klaren Töne des Horns der Nacht und ihrem Schutz ein Ende.

Blackwood sah zum Himmel auf und dachte, wie er sich tags zuvor um diese Zeit von ihr losgerissen hatte.

Da, ein heftiger Knall, sehr laut und ohne Echo. Sekunden später landete das Geschoß mit ohrenbetäubender Explosion vor der ersten Verteidigungslinie.

»Unten bleiben!« Aber das brauchte man ihnen nicht erst zu sagen. Der Gegner schoß sich ein. Ein junger Marineinfanterist preßte das Gesicht gegen die Sandsäcke, seine Finger krallten sich wie Klauen fest.

Die nächste Granate fiel in die Mitte des freien Geländes, das Blackwood gerade überquert hatte. Er glaubte, die Luft würde ihm aus den Lungen gepreßt, zischend und krachend mähten die Stahlsplitter über Mauer und Barrikade. Ohne Ralfs unerwartet mutige Tat hätte dieser eine Schuß jetzt ein Drittel ihrer Mannschaft verwundet oder getötet.

»Da kommt der nächste«, murmelte Gravatt.

Blackwood wandte das Gesicht ab. Er mußte gähnen, und diese Erkenntnis war schlimmer als alles andere.

XVII Freiwillige vor!

Die Bombardierung der südwestlichen Verteidigungslinien hielt eine Stunde lang an. Während der ohrenbetäubenden Explosionen kauerten die Männer hinter den Barrikaden oder suchten in den eingestürzten Gebäuden Schutz; wie durch ein Wunder wurde keiner ernstlich verletzt.

Ian Bannatyre zählte jeden Schuß. Der Knall, das kurze Pfeifen, dem unmittelbar das Krachen einer explodierenden Granate folgte, zerrissen ihm fast den Schädel. Zwischen jedem Schuß lag eine Pause von zehn Minuten. Entweder waren die Boxer knapp an Munition, oder sie mußten sie über eine längere Strecke bis zum Geschütz tragen, wahrscheinlich aus dem Graben.

Ein Blick nach hinten zeigte ihm, daß überall Rauch emporquoll. Ein paar unwillige Kulis waren angewiesen worden, die Feuer zu löschen und Material zur Verstärkung der Barrikaden herbeizuschaffen; sie hatten jedoch mehr Angst vor den Boxern als vor den Marines.

Hauptfeldwebel Fox spähte durch den Staub. »Sie sammeln sich zum Sturmangriff, Sir.«

Bannatyre hob den Kopf und sah schaudernd, wie die Boxer und Soldaten zu einem festen Keil aus Männern und Waffen verschmolzen. So wie beim letztenmal.

Fox beobachtete ihn grimmig. »Wir wollen noch einmal ordentlich ballern, und dann ziehen wir uns auf die zweite Linie zurück, Sir. Damit können wir ein paar hundert von ihnen binden, ehe sie merken, was los ist.« Bannatyre machte ihm Sorgen. Für einen, der noch nie richtig im Gefecht gewesen war, hatte sich der junge Offizier zwar ganz gut gehalten, doch jetzt verließen ihn die Kräfte.

Bannatyre packte seinen Revolver so fest, daß seine Finger schmerzten. »Mein Gott, wie lange können wir das durchhalten?«

So lange es nötig ist, verdammt, dachte Fox. »Sie haben jedenfalls nur *eine* Kanone«, erwiderte er ermutigend. »Das andere Rädergeräusch mußte von einer Protze für die Munition stammen.«

Bannatyre blickte an der auseinandergezogenen Reihe seiner Männer entlang; nur hier und da waren eine Mütze oder das Aufblitzen eines Bajonetts zu erkennen.

Das dumpfe Stimmengedröhn steigerte sich zu einem erschreckenden Crescendo, der Feind begann sich vorwärts zu schieben. Die langsamere Bewegung machte ihn nur noch bedrohlicher. Bannatyre versuchte, seine Lippen anzufeuchten, die hart und trocken wie Leder waren.

»Die begreifen nicht, was los ist«, stieß Fox hervor. Aber was nützte das? Bannatyre war zu verängstigt, den Feuerbefehl zu geben.

»Feuer eröffnen!« Fox schnappte sich ein Gewehr und stieß es durch die Sandsäcke. »Schnellfeuer! Verdammt noch mal!«

Die Gewehre krachten auf ganzer Länge der Barrikade und spien der näher kommenden Horde ihr Feuer entgegen. Einige Gegner fielen, wurden jedoch niedergetrampelt, so daß es schien, die brüllenden Reihen seien durch nichts aufzuhalten.

Fox fühlte den Rückstoß des Gewehrs und dachte an Blackwood und all die anderen, die sie beobachteten und auf sie warteten. Ihr Rückzug mußte zeitlich genau abgepaßt werden.

Sorgfältig zielte er und feuerte erneut.

Bannatyre schoß seinen Revolver leer, sein Atem pfiff wie bei einem alten Mann.

Einige Boxer waren beinahe schon dort, wo die Barrikade an die zusammengebrochene Mauer stieß. Über dem alten Torbogen rührte sich der Union Jack nur, wenn eine Kugel das Tuch in Streifen riß. Wie ein Magnet schien die Fahne, dieses Symbol für alles, was sie haßten, die Gegner anzuziehen.

Über das Krachen der Gewehre und das Stimmengebrüll schmetterte das Horn: »Rückzug!«

Bannatyre versuchte, vom Lärm wie betäubt, seinen Revolver nachzuladen. Nichts hätte er lieber getan, als jetzt mit seinen Männern, die von der Barrikade herunterkletterten oder fielen, auf die zweite Linie zuzurennen.

»Kommen Sie, Sir«, schrie Fox mit verzerrtem Grinsen. »Für ein Picknick ist jetzt keine Zeit!«

Während die wogende Masse der Boxer und kaiserlichen Soldaten wie ein Mann auf das Tor einschwenkte, liefen die Verteidiger um ihr Leben.

Eine Kugel schlug in die Barrikade, Bannatyre schützte mit einer Hand die Augen vor dem aufspritzenden Sand, stolperte über eine Leiche und fiel der Länge nach hin.

Fox – im Glauben, Bannatyre sei dicht hinter ihm – merkte erst beim Umwenden, was geschehen war, und sah gleichzeitig die jubelnden Boxer oben auf der verlassenen Barrikade.

Von rechts stürmten zwei Gestalten, Marineinfanterist Carver der eine, Sergeant Kirby der andere, heran. Einer der Boxer sprang zu

Bannatyre herunter, um ihn mit aufgepflanztem Seitengewehr an den Boden zu nageln. Im selben Moment stieß Kirby ein unmenschliches Gebrüll aus.

In diesen Bruchteilen von Sekunden sah Fox alles wie auf seine Netzhaut eingebrannt: die an Kirbys Kopf und Nacken vorquellenden Adern, den großen Blutfleck auf seiner Uniform, wo seine Wunde wieder aufgebrochen war. Kirby hob sein Gewehr, warf den Boxer mit einem Kolbenstoß aus dem Gleichgewicht und stieß ihm, als er taumelte, das Bajonett fast bis zum Heft in die Brust.

Fox rannte auf die Angreifer zu und schoß aus der Hüfte auf weitere Gegner, die über der Barrikade auftauchten. Die Masse der Angreifer war jetzt am Tor und riß die improvisierten Brustwehren mit bloßen Händen auseinander.

Kugeln pfiffen über den Platz, Carver fiel tot um. Ein zweiter Boxer sprang leichtfüßig wie eine Katze von der Barrikade, riß die Klinge hoch und hieb sie Bannatyre quer über Nacken und Schulter.

Mit seiner letzten Kugel streckte Fox den Boxer nieder, dann schlang er einen Arm um Kirbys Mitte, und beide rannten stolpernd zur rückwärtigen Barrikade.

Nur vage nahm Fox die Kommandos, die Köpfe und die Gewehre auf der zweiten Brustwehr wahr. Von dort aus schickten die Marines eine vernichtende Salve auf die Angreifer zu Füßen der Mauer. Zwei Schüsse waren genau auf die Sprengladungen im Tor gezielt, und während die erste Barrikade noch unter dem Gewicht der Leiber zusammenbrach und der Feind sie vollends überrannte, wurde die Luft von einer gewaltigen Explosion zerrissen.

Kirby stöhnte im Todeskampf. Hände streckten sich aus, um ihn hinauf in Sicherheit zu ziehen. »Vorsicht«, rief Fox. »Bringt ihn sofort zum Verbandsplatz.«

Mit letzter Kraft riß Kirby sich aus seinen furchtbaren Schmerzen.

»Nein! Laßt micht hier!«

Fox lud sein Gewehr nach und nickte den verbissenen Gesichtern um sich herum zu. »Machen wir, Jeff. Bald bist du wieder wie neu.«

Kirby brachte ein schwaches Grinsen zuwege. »Du warst immer ein verdammt guter Lügner!« Dann verzog sich sein Gesicht erneut vor Schmerz, und er wurde still.

Korporal O'Neil wartete, bis die Boxer zwischen den Verteidigungslinien und dem mit Leichen und Trümmern verstopften Tor in der Falle saßen. Dann setzte sein Maschinengewehr ein, und die Kugeln schlugen wie eine unsichtbare Faust unter die verwirrten Boxer.

»Sie fliehen!«

Blackwood kam schnellen Schrittes, den Hornisten hinter sich, die Barrikade entlang.

»Feuer einstellen!« Er sah Kirby, eine zusammengefaltete Decke unter dem Kopf, auf dem Rücken liegen.

»Er hat versucht, Mr. Bannatyre zu retten, Sir«, sagte Fox dumpf.

Blackwood sah ihn traurig an. »Ich weiß, ich habe es gesehen. Und auch, was Sie getan haben.« Er kniete neben dem sterbenden Sergeanten nieder, obwohl er eigentlich keine Zeit verlieren durfte. Überall wurde er gebraucht. Bannatyre war tot – und wofür? Aber so durfte er nicht denken. Bannatyre hatte seine Pflicht erfüllt. Durch sein verzweifeltes Nachhutgefecht waren mindestens zweihundert Boxer getötet oder schwer verwundet worden. Das konnte die Härte des nächsten Angriffes mindern. Mehr durften sie nicht hoffen.

Kirby öffnete die Augen und sah zu ihm hoch. »Tut mir leid, Sir.«
»Nicht reden.«

Kirby versuchte, den Kopf zu schütteln, doch vor Schmerz wimmerte er wie ein Kind.

»Muß sprechen, muß einfach ...«

»Laß das, Jeff«, warf Fox unsicher ein.

Kirby warf ihm einen Blick zu. »Ich bin fast so lange im Corps wie du. Ich kenne meine Rechte. Die Erklärung eines Sterbenden gilt ...«

Fox kniete sich neben Blackwood nieder. »Jetzt geht's schnell, Sir. Er weiß nicht mehr, was er sagt.«

Kirby knirschte mit den Zähnen. »Meine Frau«, ächzte er, »Nancy. Sie ist tot.«

»Ich weiß«, beruhigte Blackwood ihn.

»Ich hab' sie umgebracht. Der Brand war erst später. O Nance, vergib mir!«

Wie zu einem Aufschrei öffnete sich sein Mund. Doch der Mund blieb stumm, die Augen verloren jeden Ausdruck.

Fox stand auf. »Was hat er da phantasiert, Sir?« Er schüttelte den Kopf. »Armer Kerl. Er war ein guter Soldat.«

Blackwood ging zu seinen Männern und beobachtete, wie de Courcy eine Gruppe Marines wieder zu den äußeren Verteidigungsanlagen führte. Es hatte keinen Zweck, das Tor zu verrammeln, die Boxer hätten es nur mit ihrer Kanone wieder freigeschossen. Ein verwundeter Boxer hob sich auf den Ellbogen und richtete seine Muskete auf einen vorbeigehenden Marineinfanteristen. Doch Sergeant Greenaway trat die Waffe zur Seite und stieß mit seinem Bajonett zu.

»Das nicht mehr, mein Junge!«

Gravatt und Ralf standen an der Barrikade und sahen dem zurückweichenden Feind nach.

»Die kommen wieder«, sagte Gravatt. Dann gewahrte er Blackwood. »Ich hab' von Ians Tod gehört, Sir. Schade um ihn.«

Sie sahen einander an. Jeder hätte fallen können, aber diesmal hatten sie nur den armen Bannatyre und Carver verloren. Und nun noch Kirby, der bis zum Ende wie ein Löwe gekämpft hatte.

Hatte er phantasiert oder wirklich seine Frau ermordet?

Im Grunde schien das Blackwood jetzt ohne Bedeutung. Kirby hatte beachtlichen Mut bewiesen, als ob er den Tod förmlich suchte. Aber wer wollte das schon mit Sicherheit sagen? Und wen würde es jetzt noch interessieren?

Gravatt beobachtete ihn. »Wenn wir bloß wüßten, ob Oberst Hays Bote durch die chinesischen Linien gekommen ist, Sir.«

Bei einem erneuten Kanonenschuß zuckte Blackwood zusammen. Die Granate explodierte auf dem Dach eines Nachbargebäudes. Dort hatte O'Neil mit seinem Maschinengewehr gestanden. Vielleicht hatten die Boxer noch gar nicht bemerkt, daß er die Stellung gewechselt hatte.

»Wir müssen davon ausgehen, daß er nicht durchgekommen ist, Toby. Deshalb müssen wir weiter durchhalten, bis Ersatz eintrifft.« Zornig starrte er die Staubwolke über dem feindlichen Lager an. »Wenn diese verdammte Kanone nicht wäre ...«

»Gibt es denn keinen Weg, sie außer Gefecht zu setzen?« fragte Ralf.

Blackwood sah ihn nachdenklich an. Ohne Zweifel hatte Ralf sich geändert, seit er den verletzten Adams in Sicherheit gebracht hatte.

»Das ist unmöglich.« Hinter Ralfs glanzlosem Blick fiel sofort der Vorhang. »Die Kanone steht mitten unter ihnen«, fuhr David fort. »Das sind Tausende da draußen, bei Tag und Nacht. Es wäre reiner Selbstmord.« Sein Blick fiel auf Swan, der sich mit geschlossenen Augen auf sein Gewehr stützte, als ob er im Stehen schliefe. »Aber ich gebe dir recht, Ralf. Es wäre der einzige Weg.«

Da stellte Ralf sich vor ihn hin. »Ich will es versuchen.« Er schlug die Augen nieder. »Sir.«

Wieder duckten sie sich, ein weiteres Geschoß schlug in einen Schuppen in der Nähe der Mission ein. Irgendwo rief eine Stimme: »Sanitäter, hierher!«

Blackwood blickte seinen Vetter an. »Es würde schon reichen, ihren

Munitionsvorrat in die Luft zu jagen. Ohne das ist die Kanone nur Schrott.«

Ralf fiel in Gleichschritt neben ihm und unterstrich seine Worte mit einer entschlossenen Geste. »Der General hat mir oft genug von meinem Vater auf der Krim erzählt. Wie er die russischen Geschütze gesprengt hat ...«

»Ich will mit Hay sprechen«, erwiderte Blackwood. »Dann werden wir weitersehen.« Mit einem bekümmerten Lächeln schloß er: »Ich sollte eigentlich auf dich aufpassen, erinnerst du dich?«

Ralf zuckte die Achseln. »Ich werd' schon alleine fertig.«

Hay saß in seinem übel zugerichteten Gefechtsstand, nippte an einem Glas Wein und studierte eine Karte. Als Blackwoods Schatten darüber fiel, sah er auf.

»Halten Sie stand?«

Blackwood seufzte. Hay verschwendete nichts, nicht einmal Worte.

»Wir liegen unter starkem Beschuß, Sir.«

»Das weiß ich. Aber können Sie durchhalten?«

»Nein, Sir. Nicht gegen diese Kanone da draußen.«

Hay starrte ihn an. »Wenn wir sie angreifen, hauen sie uns in Stücke. Mein Gott, Blackwood, sie sind zwanzigmal so stark wie wir. Ich habe übrigens gehört, daß sich der chinesische Widerstand versteift. Deshalb kann es noch etwas länger dauern, bis sich Ersatz zu uns durchschlägt.«

War das der richtige Augenblick? überlegte Blackwood. »Ich meine«, begann er, »wir sollten den Versuch unternehmen, das feindliche Munitionslager oder die Protze in die Luft zu jagen, Sir. Ich bin überzeugt, beides ist im Abwassergraben.«

Irgendwo explodierte eine Granate. Von der Decke fiel Staub auf Hays untadeligen roten Waffenrock, ohne daß er Notiz davon nahm. »Das klingt völlig irrsinnig. Aber wenn man das Viktoriakreuz hat, ist einem nichts verrückt genug, was?« Er schüttelte sich vor lautlosem Gelächter. Dann wurde er ernst. »Natürlich nur Freiwillige.«

»Selbstverständlich, Sir.«

»Und kommen Sie nicht auf die Idee, das selbst zu machen. Sie sind hier, um zu führen, nicht um irgendwelche wilden Eskapaden zu unternehmen. Klar?«

Blackwood lächelte bitter. Was erwartet Hay? Wer sich dazu freiwillig meldete, würde wohl kaum zurückkommen. Sie waren hier nicht auf der Krim, wie sie der General in Hawkshill geschildert hatte. Diesmal standen sich keine großen Armeen gegenüber, sondern eine

Handvoll Männer, umzingelt und wahrscheinlich bereits abgeschrieben, kämpfte gegen eine unbekannte Übermacht von Fanatikern. Es bedeutete eine schreckliche Verantwortung, Männer dazu aufzufordern, ihr Leben für irgendeine politische Idee wegzuwerfen.

»Natürlich werde ich versuchen, Unterstützung für Sie zu beschaffen«, sagte Hay abschließend.

Blackwood trat ans Tageslicht hinaus, wo Swan auf ihn wartete.

»Heute nacht, Sir?«

»Ja, es muß sein. Wir kommen nicht drum herum.«

Blackwood fand Gravatt auf seinem Posten und unterrichtete ihn. Ohne Kommentar hörte dieser ihn an und sagte dann ruhig: »Ich melde mich freiwillig.«

»Sie greifen schon wieder an, Sir«, rief Sergeant Greenaway.

»Ich entscheide später darüber, Toby.« Bis dahin hast du vielleicht das Sagen, dachte er.

Gravatt biß sich auf die Lippen. »Gut, Sir.« Er zog seinen Revolver und überprüfte ihn.

»Bis dann, Toby. Jetzt müssen wir erst mal diesen Angriff aufhalten.«

»An die Gewehre!« Mit großen Schritten kam Fox die Barrikade entlang, Kirby war für den Augenblick vergessen. »Auf Stationen! Zeigt's den Hunden!«

Blackwood trennte sich von Gravatt, sie waren zu wenige, als daß es sie gleichzeitig treffen durfte.

Er stützte sich auf die hohe Brustwehr und hob mit beiden Händen den Revolver.

»Fünfzig Meter! Einzelfeuer! Feuer frei!«

Es schien nie aufzuhören.

In den steinernen Ställen, wo die Marines untergebracht waren, wo sie sich ausruhten oder beim Warten auf den neuen Tag vor Angst zermürbten, war es fast dunkel.

Ralf Blackwood war verblüfft, wie ruhig er sich fühlte.

Es war ein grauenhafter Tag gewesen. Zuerst die Beschießung durch die Kanone, dann die wilden Angriffe gegen die Barrikaden. Die japanischen Soldaten schienen unter gleichem Druck zu stehen. Lange konnte das nicht so weitergehen. Diese Erkenntnis gab Ralf ein seltsames Gefühl der Kraft und inneren Stärke.

Drei Marines waren gefallen, weitere verwundet, wie viele, das wußte Ralf nicht. Oder vielleicht kümmerte es ihn auch nicht, denn es half nichts, immer nur an die eigenen Schwächen zu denken.

Bald würde er hinausgehen in die Dunkelheit.

Nachdem auch der letzte Angriff abgeschlagen war und sie keuchend wie waidwunde Tiere auf ihren Posten standen, hatte sein Vetter David sie über den beabsichtigten Vorstoß auf feindliches Gebiet unterrichtet. Einige hatten sich freiwillig gemeldet, und an dem Ausdruck in seines Vetters Augen hatte Ralf erkannt, daß dieser am liebsten selbst gegangen wäre.

»Das ist meine Sache«, hatte Ralf gesagt und ihre Gesichter beobachtet. »Ich war schon einmal im Dunkeln draußen, erinnert ihr euch?«

Er hatte Widerrede erwartet und war ganz überrascht, daß sie es hinnahmen. Vielleicht glaubten sie an seine einfache Erklärung, doch das war unwahrscheinlich. Sie wollten offensichtlich nur zusammenbleiben, wenn das Ende kam. Er brauchte jedoch nur zwei Freiwillige.

Sein Vetter hatte ihn gefragt, ob es wirklich echte Freiwillige seien. Fast hätte Ralf gelächelt. Wie konnten sie vor ihren Kameraden ablehnen?

Der eine war Korporal Addis. Ob der wohl immer noch hinter seinem Rücken spöttelte? Roberts, der Landjunge aus Sussex, der niemals vorbeischoß, war der zweite. Aufgewachsen in Feldern und Hecken, konnte er sich, wenn nötig, wie ein Geist bewegen.

Wie Ralf erwartet hatte, war auch Hauptfeldwebel Fox bereits zur Stelle.

»Sechs Handgranaten, Sir, jeder zwei.«

»Ich kann zählen, Hauptfeldwebel.« Wenn man wußte, wie die Leute zu behandeln waren, ging alles ganz einfach.

Die ungemütliche Stille wurde nur durch die Freßgeräusche von Trooper, dem Pferd, unterbrochen. Ihn störten weder Leichengestank noch die verkohlten Gebäude, weder Geschützfeuer noch Schreie.

»Und nun, ihr zwei, paßt auf«, sagte Ralf. Einige der ruhenden Marines stützten sich auf die Ellbogen, wütend über die Störung. Was er zu sagen hatte, war ihnen gleichgültig.

»Ich möchte, daß ihr euch bis auf die Hosen auszieht.« Er wies auf eine alte, ausgediente Feuerstelle, an der früher wohl ein Hufschmied gearbeitet hatte. »Dann reibt ihr euch völlig mit Ruß ein. Schwarz wie eure Stiefel sollt ihr aussehen.« David hätte vielleicht einen Scherz gemacht, auch wenn ihm nicht danach zumute war. Aber das war ihm egal.

Ich brauche sie nicht. Ich brauche niemanden.

Die deutsche Gräfin fiel ihm ein. Ob die beiden miteinander geschlafen hatten? Seit jener Nacht hatte er seinen Vetter genau beobachtet; wenn er unehrenhaft gehandelt hatte, so verbarg er das gut.

Jener Angriff kam ihm in den Sinn, als ihre Verteidigung fast zusammengebrochen wäre. Am schwächsten Punkt der Linie hatte er David erblickt. Säbelschwingend hatte er in Rauch und Sonnenglut seine Männer angefeuert, sie ermutigt und wieder auf ihre Positionen und damit dem Feind entgegen getrieben.

Als sich David einmal zu ihm umwandte, hatte er den Mann erblickt, wie er wirklich war: erschöpft, angeekelt von dem, was geschah, und sich doch bewußt, daß er sie alle aufrechthalten mußte. Wie ein Schlag hatte es Ralf getroffen, seinen Vetter so zu sehen.

Er knöpfte seinen Uniformrock auf und warf ihn mit dem Hemd zu Boden. Von seiner Bahre aus starrte ihn der junge Adams an, den verletzten Fuß dick verbunden.

»Hier, Sir, lassen Sie mich das machen.«

Lächelnd setzte sich Ralf neben den Jungen, der sich vorbeugte und seinen Rücken mit Ruß beschmierte. Er war feucht, weil das Dach des Stalles irgendwann während des Gefechts Feuer gefangen hatte.

Geschwärzt standen sie da und sahen einander an. Roberts machte sich keine Sorge um den Einsatz. Abgesehen von seinem ehrlichen Stolz auf das Corps und seine Kameradschaft, war er in Wirklichkeit ein Einzelgänger. Auf Urlaub in Portsmouth oder bei Landgang blieb er immer für sich.

Korporal Addis dagegen zitterte fast vor Furcht. Er konnte es immer noch nicht fassen. Als der Sekondeleutnant ihm die freiwillige Meldung nahegelegt hatte, waren sie in Hörweite anderer Marineinfanteristen gewesen, Männer, die er genau kannte, die er mit seinen Kenntnissen beeindruckt hatte, die ihm jetzt aber nicht zu Hilfe kamen.

»Hauptmann Blackwood kommt, Sir«, flüsterte Fox; das war sonst nicht seine Art.

Ralf sah zur Tür. Blackwood und Swan duckten sich unter dem groben Vorhang.

»Alles Gute. Wenn ihr, ehe ihr das Ziel erreicht, entdeckt werdet, dann kehrt sofort um. Es sind schon genug Leben geopfert worden.«

Ralf beobachtete ihn. Das hätte auch Blair sagen können.

»Ich beabsichtige, einen großen Umweg zu machen«, sagte er. »Das ist länger, aber sicherer.«

Blackwood nickte. Er war müde zum Umfallen, jeder Nerv und jeder Muskel schrieen nach Schlaf. Er versuchte, nicht mehr an diesen

Nachmittag mit den unaufhörlichen Angriffen, die seine Männer immer und immer wieder zurückschlugen, zu denken. Vor sich sah er die Gesichter der Gefallenen. Knowles, der Trooper geritten hatte, niedergestreckt durch einen Schuß. Davis, der Sergeant aus Wales, gefallen, als er allein mit drei Boxern kämpfte, und McCulloch, dessen Vater Hauptfeldwebel in der Forton-Kaserne war. So viele Gesichter, daß sie in seinem schmerzenden Kopf durcheinander gerieten.

Das Geschützfeuer hatte anscheinend aufgehört, wahrscheinlich sparte sich der Feind die Kraft für den nächsten Morgen auf, vielleicht ihren letzten. Er beobachtete seinen jungen Vetter und hätte gern etwas gesagt, um die Kluft zwischen ihnen zu überwinden, war sich jedoch klar, daß Ralf ihm das übelnehmen würde. Möglicherweise gab ihm allein völlige Unabhängigkeit genug Kraft.

»Du wirst mir fehlen«, sagte Blackwood schlicht und eigentlich völlig unbeabsichtigt. Überraschenderweise war ihm das ernst.

Ralf sah auf. In seinem schwarz verschmierten Gesicht leuchteten die Augen besonders hell.

»Laß gut sein. Es ist für uns alle bald vorbei.« Er schloß seinen Gürtel und wartete darauf, daß die anderen ihre Handgranaten aufnahmen. »Ich hoffe, der General wird zufrieden sein.« Damit wandte er sich auf dem Absatz um und ging hinaus. Er sah sich nicht einmal um, ob Addis und Roberts ihm folgten.

An der äußeren Barrikade warteten de Courcy und der Fahnenunteroffizier, um sie durch das eingestürzte Tor hinauszulassen.

Viele Leichen waren schon weggeschleppt worden. Für Ralf hatte es den Anschein, als sei eine tote Armee aufgestanden und vom Schlachtfeld marschiert.

Der Nachtwind strich warm um seine nackten Schultern, das Messingfernrohr lag in seiner Hosentasche, und er war dankbar für den Becher Whisky, den Swan ihm besorgt hatte.

Gern hätte er seinen Vater gekannt. Nach dem Bild, das in Hawkshill hing, hatte er mehr wie David ausgesehen. Er biß die Zähne zusammen. Wollte er in Wirklichkeit vielleicht nur David beeindrucken?

Zornig blickte er zu den ersten blassen Sternen hinauf.

»Hierher. Mir nach!«

Plötzlich mußte er an den jungen Adams denken, wie der ihm hatte helfen, zu Diensten sein wollen.

Die Erkenntnis traf ihn wie ein Schlag: Nicht nur Adams, sie alle waren jetzt von ihm abhängig, ob sie wollten oder nicht.

»Aufwachen, Sir, es ist Zeit.«

Swan ließ seine Schulter los, und Blackwood drehte sich knurrend um. Jetzt schien ihm, es wäre besser gewesen, dem Wunsch nach Schlaf nicht nachzugeben. Er fühlte sich schwach, verletzbar, sein ganzer Körper widersetzte sich. Noch war es dunkel, wenn auch nicht mehr lange.

Swan hielt ihm einen Becher Tee entgegen, und Blackwood nickte dankbar. »Nachrichten von meinem Vetter?«

»Nein, Sir, es ist wahrscheinlich noch zu früh.«

»Ich möchte mich rasieren.« Swan stand auf, die Bitte überraschte ihn nicht. Eigenartig, wie die einzelnen sich vor einem Endkampf verhielten. Er hatte gesehen, wie einige Marines mit seltsam feierlichen Gesichtern ihre Tornister packten, als gäbe es für sie nichts Wichtigeres auf der Welt.

In den großen Zeiten der Segelschiffahrt war es wohl so üblich gewesen: sauberes Hemd und ein gutes Essen, bevor die Hölle losbrach.

Blackwood starrte in den Himmel und schlürfte den heißen Tee. Ob Ralf wohl noch in Sicherheit oder irgendwo da draußen schon kaltgestellt war? Ein langer Umweg, hatte er gesagt. War er zu lang, konnten er und seine beiden Freiwilligen die einzigen Überlebenden sein.

Er wandte sich um, Swan kam mit dem Rasierzeug. Vielleicht war Ralf bereits ein Gefangener, mühsam sein Leben verröchelnd und um den Tod bettelnd. Irgendwo bellte ein Hund, hastige Schritte verrieten, daß die Kulis nach ihrer Arbeit, der Leichenbeseitigung, entlassen wurden. Daß Boxer unverwundbar seien, konnten sie unmöglich noch glauben.

Auch zu Friederike im Missionsgebäude gingen seine Gedanken. Gravatt hatte ihm erzählt, daß es nun von deutschen Marineinfanteristen, dem Seebataillon, verteidigt wurde. Vielleicht war es tröstlich für sie, ihre Muttersprache um sich zu hören.

Swan reichte ihm ein Handtuch, mit dem er sich das Gesicht reinigte; nach der schnellen Rasur war die Haut empfindlich. Er stand auf und blickte zum Horizont, über dem immer noch Rauch stand. Die Umrisse der Gebäude waren bereits zu erkennen, eine frühe Dämmerung kündigte sich an.

Blackwood fuhr sich mit den Fingern durch die Haare, die voller Sand waren und schmutzig von Pulverrauch und Schweiß. Da hörte er Gravatt kommen und straffte sich.

Swan merkte, wie er seine Gelassenheit wiedergewann, diese äußere Sicherheit, die andere für selbstverständlich nahmen.

»Alle verfügbaren Männer sind auf Stationen, Sir«, meldete Gravatt. »Einige Verwundete haben sich dazugesellt, sie können die überzähligen Gewehre laden.« Bitter fügte er hinzu: »Davon sind genug da.«

Blackwood kletterte auf eine Steinplatte und hob sein Glas. Es war noch zu dunkel, um viel zu sehen. Irrte er sich in seiner Beurteilung der Boxer, dann würden sie jetzt die äußere Mauer stürmen, sie als Schutz nutzen und direkt auf die inneren Barrikaden feuern.

Sekunden später detonierte die erste Granate am Fuß der Mauer. Steine krachten nieder, Splitter pfiffen über die Köpfe oder schlugen in die Barrikaden.

Er hatte recht gehabt: Der Feind wollte so viele Durchbrüche in die äußere Mauer schießen, daß er an mehreren Plätzen zugleich angreifen konnte.

»Die Leute sollen in Deckung bleiben!«

Die Sonne setzte einen goldenen Rand auf das höchste Gebäude, der aber nach dem nächsten Treffer sofort wieder verschwand.

Swan nahm ihm den Revolver weg und murmelte: »Nur noch drei Schuß drin, Sir.«

Wortlos lockerte Blackwood seinen Säbel. Er traute seiner Stimme nicht mehr. O'Neil zerrte einen Munitionskasten neben das Maschinengewehr, und Sergeant Chittock zog die Fahne aus dem Futteral: einzelne Trotzhandlungen bei schwindender Hoffnung.

Wieder schoß die Kanone, ließ die Erde vibrieren und Steine herabregnen. Die Mauer war vor langer Zeit gebaut worden und stark genug, um Musketenfeuer und Spießen zu widerstehen. An Geschützfeuer war dabei nicht gedacht worden.

Gnadenlos brannte die Sonne auf das Schlachtfeld nieder. Admiral Seymour hatte an einem einzigen Tag in Peking sein wollen. Das war vor zwei Wochen gewesen.

Er ließ das Glas sinken. »Hornist, blas Alarm!«

Zu beiden Seiten machten sich die Marines fertig. Die Gewehrkammern klickten, an den Sandsackbarrieren zeigten nervöse Bewegungen, daß jedermann versuchte, die günstigste Stellung zu finden.

Gleichzeitig erklang das Horn der Boxer, düster und drohend. Blackwood stellte sich vor, wie sich die Menschenmasse formierte, um mit verstärkter Kraft gegen die verhaßten Fremden vorzugehen.

»An die Gewehre!« Wie üblich war Fox überall. Schließlich pflanzte er sich breitbeinig dort auf, wo die Barrikade beinahe zusammengebrochen wäre. Von da würde er nicht weichen, bis er tot umfiel.

Sergeant Greenaway befand sich auf dem linken Flügel, er hatte sich eine Position unter den jüngsten Marineinfanteristen gesucht. Für die war er ein alter Krieger, der ihnen Kraft verleihen konnte.

»Erst schießen, wenn ich Befehl dazu gebe«, rief Blackwood.

Schossen sie zu früh, würde die erste Welle der Angreifer hinter der Mauer Schutz suchen. Mit Hellerwerden erkannte er die großen Lücken in der äußeren Mauer. Nicht mehr zu verteidigen, für den vorgehenden Feind jedoch eine gute Deckung.

Er nahm den Revolver in die linke Hand und zog mit der anderen seinen Säbel. Drei Kugeln noch, hatte Swan gesagt.

Er wischte sich mit dem Ärmel über das Gesicht.

Nun kommt schon, ihr Bastarde! Ein schneller Blick zu Swan, er hatte geglaubt, er habe diese Worte laut gerufen. Doch Swan konzentrierte sich auf eine Lücke in der Mauer. Davor lagen eine Menge heruntergefallener Steine, über die der Gegner stolpern konnte. Andere würden vermutlich nachdrängen, und das gab Swan die Zeit, mehrere niederzuschießen.

Der Lärm war ohrenbetäubend, als er endlich losbrach. Der von Tausenden vorwärtsstürmender Füße aufgewirbelte Staub trieb wie ein Wüstensturm auf die Marines zu.

»Legt an!«

Nur wenig bewegten sich die Gewehrläufe und blieben dann auf die ausgewählten Ziele gerichtet.

»Feuer!«

Die stürmenden Gestalten strömten durch das zusammengebrochene Tor und die Breschen in der Mauer, andere knieten auf der äußeren Barrikade und schossen über den von Granaten aufgewühlten Platz.

Blackwood schwang seinen Säbel. »Noch mal, Jungs!« Dem ihm nächsten Marineinfanteristen schrie er zu: »Genau zielen, Mann! Keine Munition verschwenden!«

»Feuer!« Der Befehl ging im Geknatter des Maschinengewehrs fast unter. Die ersten Reihen der Boxer wankten und fielen oder wurden unter dem Druck der Nachfolgenden niedergetrampelt.

Trotzdem, sie waren fast heran. Blackwood sah zwei Marineinfanteristen von der Barrikade zurückweichen, als könnten sie den Ansturm nicht mehr mit ansehen.

Jetzt oder nie!

Er kletterte auf die Barrikade und überbrüllte das Getöse: »Auf sie! Vorwärts, Royal Marines!«

Gepackt von kalter Wut, sprangen alle aus ihren Deckungen und warfen sich dem anstürmenden Mob im Freien entgegen.

Blackwood parierte eine Pike und stieß seine Klinge in den Hals eines kaiserlichen Soldaten. Dann schwang er seinen Säbel schützend vor einem seiner Männer, der auf die Knie gesunken war, die Finger auf die blutende Hüfte gepreßt.

Immer wieder stieß Oates ins Horn, es war der einzige Ton, der von einem Ende der Kampflinie zum anderen drang. Die Boxer brandeten gegen die Barrikade und versuchten, die Marines herunterzureißen. Aber die Bajonette stießen vor, hier und da fand ein Mann sogar Zeit, sein Gewehr erneut zu laden und in die kreischende Menge abzufeuern, die sich weder vor noch zurück bewegen konnte.

»Schnell, mein Junge«, schrie Korporal O'Neil. »Dreh dieses Rad, wir wollen einen Feuerstoß auf das Tor abgeben!« Doch entsetzt blickte er auf. Sein Freund, der Richtschütze, war nach hinten gefallen, ein Loch klaffte zwischen seinen Augen. »O Willy, du nicht auch noch!« schluchzte O'Neil.

Dann zog er seinen Freund beiseite, warf sich fluchend auf das Maschinengewehr und drehte die Kurbel so schnell, daß seine Hand verschwamm. Einmal streifte eine Kugel seinen Unterarm und hinterließ eine Schramme, doch O'Neil beachtete es gar nicht.

In der Mitte warfen sich einige Boxer mit einer gelben Standarte über den Rand der Barrikade. Die einen wurden von den Bajonetten aufgespießt, ein anderer wurde niedergeschossen.

»Ich kann sie nicht mehr aufhalten, Sir!« rief de Courcy. Er schoß seinen Revolver leer und warf sich dann nur mit seinem Säbel in den Kampf.

Der Fahnenunteroffizier hielt sich mit schmerzverzerrtem Gesicht am Fahnenschaft aufrecht, aus zwei Wunden in seiner Schulter tropfte Blut. Noch hielt er die Fahne fest wie immer. Als er sich aber über seine Situation klar wurde, gelang es ihm, die Fahne einem wild dreinschauenden Kameraden in die Faust zu drücken. »Laß sie nicht los«, stöhnte er, »unter keinen Umständen, Dago.« Dann starb er.

Die Explosion nahmen sie wie ein Erdbeben wahr, viele Meilen entfernt, als ob es sie überhaupt nichts anginge.

Blackwood kreuzte die Klinge mit einem schreienden chinesischen Offizier, als ihm die gigantische Explosion zu Bewußtsein kam. Ralf und seine Männer hatten es also geschafft! Um die Helligkeit und die ersten Schüsse der Kanone abzuwarten, hatten sie mehr als Mut aufbringen müssen. Aber es lohnte sich, denn jeder verfügbare Boxer und Soldat war nach den ersten Schüssen für den Angriff eingesetzt worden.

»Feuer einstellen!« rief Gravatt, und sofort fiel der Hornist mit seinem Signal ein.

Verstört blickte Blackwood dem Feind nach, der über Tote und Sterbende hinweg zur Mauer und weiter durch die Breschen zurückwich, ohne noch einen einzigen Schuß abzufeuern.

Er schob den blutigen Säbel in die Scheide.

»Sie fliehen!« schrie Gravatt wild und schwenkte seine Mütze. »Schaut, wie sie rennen!«

Die Explosion mußte den Gegner völlig aus der Fassung gebracht haben. Blackwood musterte seine atemlosen und blutenden Marines: Fox, mitten im Chaos wie immer ein Fels. De Courcy knirschte mit den Zähnen, während ein Mann ihm seine verwundete Hand verband. Er hatte eine chinesische Klinge mit der bloßen Hand gepackt und würde möglicherweise alle Finger einbüßen. Doch in seinem Gesicht war deutlich zu lesen: *Ich lebe!*

Langsam schritt Blackwood durch seine Männer. Mehrere waren tot, viel mehr als sonst verwundet.

Die Boxer würden wiederkommen. Sie mußten Tientsin erobern.

O'Neil trug seinen Kameraden Willy Hudson vom Maschinengewehr weg zum nächsten Gebäude und legte ihn dort nieder. Mit Tränenspuren im erschöpften Gesicht warf er Blackwood einen Blick zu. »Keine Munition mehr für das Nordenfeldt, Sir.« Er schnappte sich ein Gewehr und sagte stockend: »Ich bleibe bei Ihnen.«

»Da kommen noch drei von diesen Himmelhunden«, brüllte Sergeant Greenaway. Ein paar Gewehre hoben sich und richteten sich auf drei über die erste Barrikade taumelnde Gestalten.

Blackwood riß die Hand hoch. »Halt!«

In gestohlenen Gewändern, die Gesichter immer noch rußverschmiert, schleppten sich Ralf und seine beiden Freiwilligen langsam durch die Toten. An der Barrikade, wo die vom Kampf gezeichneten Marines ohne Hoffnung zu dem über dem feindlichen Lager aufsteigenden Staub hinblickten, blieben sie stehen.

»Ich dachte schon, wir kämen zu spät«, sagte Ralf heiser und deutete auf Fahnenunteroffizier Nat Chittock. Der lag, den einen Arm ausgestreckt, als ob er seine Fahne bis zum letzten Atemzug nicht hätte loslassen wollen.

Blackwood packte seinen Vetter an der Schulter. »Das habt ihr phantastisch gemacht, Ralf! Das hat die Kerle vertrieben.«

Ralf sah ihn mit leerem Blick an. »Sie werden wiederkommen.« Er riß sich das Boxergewand vom Leib und warf es weg. »Wir haben die ganze Nacht zwischen den Leichen gelegen. Ich stinke.«

Schwer wie Blei fielen Blackwoods Arme herab. Ralf hatte recht. Kanone oder nicht, sie würden wiederkommen. Er schaute zu den Marines hinüber, die in großen Abständen an der Barrikade warteten. Ob mehr als dreißig noch kämpfen konnten, war fraglich. Ralfs Tat hatte ihnen jedoch Zeit verschafft, sich neu zu formieren und sich dann zur Stadtmitte zurückzuziehen, oder wo sonst Hay das blutige Ende erwarten wollte.

»Bringt die Verwundeten in Deckung, Toby.« Dankbar nickte er Swan zu, der ihm eine Flasche mit Wasser reichte. »Und verteilt die Munition!« Ihm war bewußt, daß er sehr scharf gesprochen hatte und daß Gravatt ihn besorgt beobachtete.

»Ich kümmere mich drum«, sagte Ralf. »Danach komme ich zurück.«

Blackwood ging zur Barrikade. Wenn es soweit war, würden sie also beieinander sein.

»Smith gibt Signal, Sir«, rief Sergeant Greenaway.

Am liebsten hätte Blackwood aufgestöhnt. So bald schon? Der Feind verlor wirklich keine Zeit, an der zerfetzten Flagge und denen, die sie immer noch verteidigten, Rache zu nehmen.

»Auf, Jungs!« Fox nahm ein Gewehr. »Bewegt euch!« Doch als sich ihre Blicke trafen, sah Blackwood in seinen Augen die Wahrheit: Diesmal war es das Ende.

Blackwood hob das Glas und sah im fahlen Sonnenlicht die gedrängte Masse der Chinesen hin und herwogen, überragt von einigen Bannern. Es war wie ein Alptraum.

Die Sonne fiel auf blitzende Säbel. Dort drüben wurde gekämpft! Und plötzlich sah Blackwood zum erstenmal die Pferde. Ein geschlossener Keil Kavallerie attackierte die in wilder Flucht zurückweichenden Boxer und Soldaten.

Hatte er Halluzinationen? Aber nein, Blackwood erkannte die hohen Mützen der Reiter, es waren Kosaken, die sich mit ihren schweren Säbeln den Weg mitten durch den Feind bahnten. Er zwinkerte, um klarer zu sehen. Auch Soldaten zu Fuß kämpften da mit aufgepflanzten Bajonetten. Selbst der heisere Klang eines Horns war jetzt zu hören.

»Mein Gott, ist das unser Entsatz?« flüsterte Gravatt.

Blackwood ließ das Glas sinken und legte eine Hand auf das leergeschossene Maschinengewehr. Der Gegner war in voller Flucht. Nun stand er, nachdem man sein Geschütz lahmgelegt hatte, zwischen zwei Feuern.

Es schien eine Ewigkeit zu dauern, bis die ersten Entsatzstreitkräfte heran waren. Die Kosaken blieben auf Abstand oder galoppierten hinter einigen Boxern her; ihre Säbel waren den langen Piken durchaus gewachsen.

»Antreten!« bellte Fox. »Macht euch ein bißchen zurecht.« Das kam zornig heraus, denn die fremden Soldaten sollten sie nicht so abgerissen sehen.

Als erster erschien ein Oberstleutnant des Heeres auf einem schönen grauen Hengst im Tor. Wenige Schritte vor den Royal Marines zügelte er sein Pferd und sah sie eine halbe Ewigkeit lang an. Dann stieg er ab und erwiderte Blackwoods Gruß.

»Ich habe in meinem Leben eine Menge Schlachten gesehen, Hauptmann Blackwood«, sagte er ruhig und blickte an der schwankenden Linie der verdreckten Marines entlang. »Aber so etwas habe ich noch nicht erlebt. Wir hielten Sie alle für tot.« Mit Front zu den Marines grüßte er förmlich. »Nun muß ich versuchen, Oberst Hay zu finden.« Er schien sich nur schwer von diesem Bild, das er bestimmt nie vergessen würde, trennen zu können.

»Und dann weiter nach Peking, Sir«, sagte Blackwood.

Voll Kummer sah der Offizier ihn an. »Sie sind abgelöst, Hauptmann Blackwood. Sie und Ihre Männer haben mehr als genug geleistet.« Und mit einem suchenden Blick in den ziehenden Rauch: »Wo ist der Rest Ihrer Kompanie?«

Blackwood ballte die Hände zu Fäusten, um seiner plötzlichen Bewegung Herr zu werden.

»Wir sind der Rest, Sir.«

Der Oberstleutnant sah Hauptfeldwebel Fox an, sah Ralf, auf dessen jugendlichen Zügen selbst jetzt ein Hauch Kritik lag, sah Swan und Oates und alle anderen Überlebenden. Halb zu sich selbst murmelte er: »Was sagt man über Ihr Corps? Die Ersten an Land, stimmt's?«

Vor Blackwoods geistigem Auge erhoben sich auch die, die nicht mehr unter ihnen waren: Bannatyre und der junge Earle, die Sergeanten Kirby und Davis, die Korporäle Lyde und Handley, Chittock, der Fahnenunteroffizier. Und all die anderen, die auf dem Weg hierher gefallen waren.

»Und die Letzten zurück«, ergänzte er die Worte des Oberstleutnants.

Ausklang

Hauptmann David Blackwood lehnte sich in dem bequemen Ledersessel zurück und blickte durch die geöffneten Verandatüren. Innerhalb des großen Hauses hatte sich offenbar nichts geändert. Doch als er vor drei Tagen im Wagen durch das hohe Tor von Hawkshill gefahren war, hatte er doch einige Unterschiede bemerkt. Die großen Torflügel mußten dringend gestrichen werden, und das Gästehaus sah ungepflegt aus.

Später, nach herzlicher Begrüßung, hatte Trent, der Gutsverwalter, ihm berichtet, daß zwei der kleinen Bauernhöfe verkauft worden waren, um wenigstens einige der Extravaganzen des Generals zu bezahlen.

Aber diese Probleme hatten Zeit. Es war schön, wieder in England zu sein, gerade rechtzeitig zum Sommer. Durch die Fenster konnte er die sauber geschnittenen Sträucher und die Farbenpracht der gepflegten Blumenbeete sehen.

Als sein langsamer Truppentransporter endlich in Portsmouth einlief, hatte er erfahren, daß die Alliierten die Belagerung von Peking aufgehoben hatten; die Boxer waren am Ende. Die Bußzahlung von mehreren Millionen Pfund an die Europäer und ihre Verbündeten hatte dem Handel und den Finanzen Chinas schwer geschadet.

Jetzt, beim Blick auf den Garten und die grüne Landschaft Hampshires dahinter, schien es ihm fast unglaublich, daß er mit seinen Männern vor genau einem Jahr zum letzten Angriff bereitgestanden hatte. Ein Angriff, der dann doch nicht kam.

Die meisten Überlebenden seiner Kompanie waren ebenfalls nach England zurückgekehrt, die einen nach Hause, die anderen nach Haslar ins Marinelazarett. Blackwood hatte darauf bestanden, die Verwundeten zu besuchen, bevor er nach Hawkshill fuhr. Sie hatten einen ganz fröhlichen Eindruck gemacht, doch er bezweifelte, daß auch ihre Nächte so friedlich verliefen. Aber nun, da er wieder daheim war, würden vielleicht auch seine Alpträume nachlassen: die verzerrten Gesichter, die Scha!-Scha!-Rufe. Auf dem Truppentransporter war er Nacht für Nacht schweißgebadet wach geworden.

Der General und seine Mutter schienen über Neils Tod hinweggekommen zu sein – oder zumindest hatten sie sich damit abgefunden. Seine Rückkehr sowie Ralfs spontane Tapferkeit hatten ihnen dabei sehr geholfen.

Blackwood mußte oft an seine letzte Begegnung mit Friederike denken. Nachdem die Entsatzstreitkräfte die erschöpften Verteidiger abgelöst hatten, war er zur Mission geeilt. Er kam gerade noch rechtzeitig, um zu sehen, wie sie von einer Eskorte des deutschen Seebataillons zum Wagen geleitet wurde.

Sie hatten sich kurz die Hand gereicht, wobei in ihren Augen Tränen standen. Dann hatte ein schwarzgekleideter Beamter höflich gehustet und ihr den Wagenschlag aufgehalten. Das alles schien ihm wie ein Traum, mit dem er nicht fertig werden, den er nicht begreifen konnte.

Ebenso wie die Nachrichten, die ihn bei seiner Rückkehr empfangen hatten: Die Königin war tot, eine Ära zu Ende. So lange hatten alle ihr Dasein für selbstverständlich gehalten. Aber vielleicht waren die Kriege in China und Südafrika, in Ägypten und auf der Krim während ihrer langen Regierungszeit schließlich doch zuviel für sie gewesen.

Die Erinnerung an Friederike und ihre einzige gemeinsame Nacht verließ ihn nur selten. Wenn er über die Felder ging, neue Gesichter antraf, alte Bekanntschaften erneuerte, fühlte er das Medaillon an seinem Hals und fragte sich, wie es ihr jetzt wohl ging.

Trooper, dieses außerordentlich anpassungsfähige Tier, wurde von Swan zum Stall geführt. Er schien sich hier genauso zu Hause zu fühlen wie in Tientsin. Allerdings sah er ohne Uniform jünger aus. Wenn er überrascht war, daß er noch lebte, so behielt er das für sich.

Die Tür öffnete sich, und Davids Vater ließ sich in einen großen Sessel nieder. Die einzige Veränderung an ihm war, daß es ihn nun nicht mehr störte, wenn ihn die Dienerschaft mit Brille sah.

Immer wieder wollte er alles hören, die Geschichten über die Schlacht, ausgeschmückt mit Namen und Gesichtern, ihren Stärken und Schwächen.

Bei Blackwoods Bericht über Ralf hatte er gekichert. »Junger Windhund! Jetzt ist er in London wieder hinter den Mädchen her.« Seine Züge glätteten sich. »Wahrhaftig, Philip wäre stolz auf ihn gewesen. Ich bin es jedenfalls.«

An diesem Abend sollte ein Dinner zu Ehren von David Blackwood stattfinden. Hoffentlich konnte das sein Magen nach der miserablen Verpflegung und den knappen Rationen des Feldzugs vertragen.

Auch Sarah würde kommen, das Mädchen, das Neil hatte heiraten wollen. Eine reizende, vernünftige junge Dame, so hatte seine Mutter sie beschrieben. Doch schien sie mehr als das. Anscheinend hatte sie sich gefreut, ihn kennenzulernen, hatte ihn scheu und fragend gemustert. Vielleicht suchte sie etwas von Neil in ihm?

Er mußte lächeln. Seine Mutter hatte Sarah ins nächste Dorf mitgenommen. Vielleicht versuchte sie, auf ihre ruhige Art ein bißchen die Kupplerin zu spielen.

Sein Blick fiel auf die Schlagzeile der Zeitung: *Der Kaiser verlangt schnelle Aufrüstung. Enorme Verstärkung der deutschen Flotte.*

Über die Brille hinweg sah sein Vater ihn an.

»Da stand vor ein paar Wochen auch eine Notiz über deine deutsche Gräfin in der Zeitung. Ich wollte dir davon erzählen, aber über deine Rückkehr und die anderen Nachrichten...«

»Was stand darin?« David rückte bis auf die Kante des Stuhles vor.

Der General sah ihn interessiert an. »Es war in der Gesellschaftsspalte. Die Gräfin von Heiser hat endlich Nachwuchs bekommen, einen Jungen. So wird die alte Familie schließlich doch noch weiterleben. Seltsam, im Klub hörte ich, der Graf soll angeblich impotent sein.«

Damit wandte er sich wieder seiner Zeitung zu.

Blackwood stand auf und ging langsam in die klare Juniluft hinaus.

Beide hatten sich heiß einen Erben gewünscht. Friederike würde mit niemandem darüber sprechen, nur er kannte die Wahrheit. Er berührte das Medaillon unter seinem Hemd. *Unser Sohn.*

Der alte General beobachtete ihn, als er über die Terrasse ging, um mit Swan zu sprechen.

Dann lächelte er leise. Noch hatte er nicht vergessen, wie es war, jung zu sein.

Maritimes im Ullstein Buch

Fritz Brustat-Naval
Kaperfahrt zu fernen Meeren (20637)

Horst Falliner
Brauchen Doktor an Bord! (20627)

Lothar Fichtel
Tiefenrausch (20653)

Cecil Scott Forester
11 Romane um Horatio Hornblower

Rollo Gebhard
Seefieber (20597)

Rollo Gebhard/Angelika Zilcher
Mit Rollo um die Welt (20526)

ein Ullstein Buch

Patrick van God
Trismus – Im Winter um Kap Hoorn (20560)

Michael Green
Ruder hart rechts! (20192)
Ruder hart links! (20293)

Horst Haftmann
Oft spuckt mir Neptun Gischt aufs Deck (20206)
Mit Neptun auf du und du (20535)

Heinrich Hauser
Pamir – Die letzten Segelschiffe (20492)

Wolf D. von Heimburg
Zwei in einem Boot (20400)

Gabriele Hoffmann
Sommerhelden (20504)

Tristan Jones
Gefangen im Eis (20546)

Peter Kammler
Das Atoll (20444)

Alexander Kent
16 marinehistorische Romane um Richard Bolitho und 9 moderne Seekriegsromane

Maritimes im Ullstein Buch

Ursel und Friedel Klee
… und immer mal wieder liegt Land im Wege (20354)

Wolfgang J. Krauss
Seewind (20282)
Seetang (20308)
Weite See (20416)
Kielwasser (20518)
Ihr Hafen ist die See (20540)
Nebel vor Jan Mayen (20579)

David Lewis
Ice Bird (20220)

Bernard Moitessier
Kap Hoorn – der logische Weg (20325)
Der verschenkte Sieg (20369)

Nicholas Monsarrat
Der ewige Seemann, Bd. 1 (20227)
Der ewige Seemann, Bd. 2 (20299)

Hank Searls
Über Bord (20058)

Karl Vettermann
Barawitzka segelt nach Malta (20383)
Die Irrfahrten des Barawitzka (20568)

Hugo Wehner
Tagedieb und Taugenichts (20432)

James Dillon White
8 Romane um Roger Kelso

Richard Woodman
Die Augen der Flotte (20531)
Kutterkorsaren (20557)
Kurier zum Kap der Stürme (20585)
Die Mörserflottille (20666)

Elmo Wortmann
Auf Leben und Tod (20341)

ein Ullstein Buch